Andrés Val · Diana García

ESCOCIA TE ATRAPA

Mucho más que una guía de viajes

Publicado a través de Amazon KDP.
ISBN 9781036960568

A quienes viajan para comprender

Índice

Escocia te atrapa es un libro pensado para ayudarte a situarte mejor en el lugar al que quieres viajar. Si lo tienes entre las manos, seguramente llevas tiempo pensando en ese viaje al norte de Gran Bretaña y buscas algo más que fotografías de castillos o listas de lugares famosos. Estas páginas te ofrecen contexto, claves culturales y algunas referencias prácticas que te permitirán recorrer Escocia con una comprensión más profunda.

Escocia está llena de matices. Su historia, su paisaje y su forma de ver el mundo se entrelazan constantemente. Cuando empiezas a reconocer esas capas, el viaje cambia y los lugares adquieren un significado distinto. El tono es cercano y combina explicación con vivencias personales para ayudarte a interpretar mejor lo que encontrarás una vez llegues.

Su estructura permite una lectura flexible. Puedes leerlo antes del viaje para prepararlo con más sentido, abrirlo durante el recorrido cuando quieras comprender mejor lo que tienes delante o volver a él después, cuando muchos recuerdos aún te saquen una sonrisa.

Porque algunos viajes comienzan mucho antes de partir y continúan mucho tiempo después de regresar.

El contenido está dividido en tres partes para:

· Planificar tu viaje
· Asimilar la cultura escocesa
· Conocer sus áreas clave

Introducción

En primer lugar, me gustaría agradecerte tu confianza al comprar este libro.

Escocia te atrapa es un proyecto compartido con mi esposa, Diana, que me ha acompañado en el proceso de escritura y ha contribuido a muchos de sus capítulos, ampliando y mejorando las explicaciones desde su propia perspectiva. Por ese motivo, no bastaba con un simple agradecimiento porque este libro también le pertenece, y su aportación queda reflejada con pleno derecho como coescritora.

En cuanto a mí, llegué a Escocia hace más de trece años, con dos maletas y sin billete de vuelta. En aquel momento no existía el Brexit y probar suerte en Reino Unido era más sencillo. Tampoco tenía otra opción si no quería quedarme esperando a que "pasara la crisis" en España. Casi sin darme cuenta, Escocia se convirtió en mi hogar, encontré mi vocación y en este entorno pude avanzar y crecer.

Poco después, empecé a formarme como guía turístico, con la idea de transformar esa pasión en algo más que un interés personal. Cada vez que mi familia venía a visitarme y recorríamos juntos Edimburgo y las Tierras Altas, veía con más claridad que la forma de saborear esos momentos (sin prisas y sin masificaciones) podía compartirse también con otras personas.

En 2019 fundé mi propia empresa de turismo en español, Mundo Escocia, después de haber trabajado durante años como guía en distintas compañías. No fue un camino sencillo y existe mucha competencia, así que hacerse un hueco en este sector me llevó de mucha constancia y compromiso. Pero ese esfuerzo me permitió al fin disfrutar de mi pasión y seguir sintiendo una inmensa ilusión cada día. Era la primera vez en mi vida que iba al trabajo sin la sensación de ir a trabajar.

Con el paso del tiempo he tenido la suerte de acompañar a miles de viajeros y de conocer a otros guías (ahora también amigos) con los que sigo compartiendo vivencias. Y, aunque los años pasan, mi asombro ante Escocia sigue siendo el del primer día. Lo noto cada vez que atravieso las Highlands por una carretera secundaria o paseo con grupos por las calles de Old Town.

Escocia te atrapa está concebido con una visión interpretativa y cercana, distinta de los manuales de historia y de las guías tradicionales, que ya cuentan con magníficas obras en sus respectivos ámbitos. Mi intención es aportar contexto para que puedas interpretar mejor los sitios que vas a visitar. En algunas páginas encontrarás códigos QR que te llevarán a episodios de mi pódcast *Escocia sin límites*, donde amplío ciertos temas por si quieres ahondar un poco más.

Si este libro consigue que seas capaz de enfocar tu viaje con mucho más alcance, habrá cumplido su propósito y tanto tú como yo seremos un poquito más felices.

Espero que disfrutes de lo que viene.

Andrés

Parte 1
Planifica tu viaje

Capítulo 1. Por qué Escocia

Qué hace a Escocia única y por qué visitarla

Escocia tiene esa magia inexplicable que atrapa a todo aquel que pone un pie en sus páramos. A veces, es difícil describir exactamente qué es lo que te enamora. Puede ser el viento que recorre las colinas cubiertas de brezo o las antiguas piedras que parecen guardar historias milenarias. Sea como sea, hay algo que hace que, después de visitarla, nunca vuelvas a ser la misma persona.

Todo este territorio cuenta con una versatilidad extraordinaria que sabe muy bien cómo cautivarte. La combinación de naturaleza salvaje e historia profunda forman un destino que se adapta a todas las expectativas. Muchas personas llegan buscando paisajes imponentes y se encuentran con relatos históricos fascinantes sin esperarlo. Otras, se sienten atraídas por las antiguas fortalezas y acaban maravilladas por el calado histórico que hay detrás de cada muro…

Aunque suene a tópico, hay que diferenciar bien entre turistas y viajeros. Los primeros vienen buscando comodidad y lugares icónicos; los segundos priorizan la inmersión cultural, la aventura y el ritmo local de las visitas. Seas de unos o de otros, lo cierto es que Escocia te va a sorprender abriendo ante ti todo un abanico de posibilidades, con destinos que mezclan paisaje y pasado histórico.

Naturaleza: Los senderistas y amantes de la aventura pueden perderse en las Tierras Altas (Highlands). Allí los caminos serpentean entre montañas imponentes y lagos ocultos, a menudo cubiertos de niebla, creando una atmósfera mística. No es de extrañar que estos paisajes hayan servido de inspiración a escritores y guionistas de cine. Cada ruta es una puerta a paisajes dramáticos, donde la naturaleza se muestra en su realidad más pura y salvaje. Puedes encontrarte con ciervos cruzando tranquilamente los valles o con águilas reales sobrevolando las cimas. Las Hébridas Exteriores o las Islas Orcadas acogen paisajes costeros impresionantes con playas de arena blanca desiertas, donde solo se escucha el viento y el mar golpeando los acantilados que desafían al Atlántico. Estas islas están impregnadas de un aura de soledad y belleza indómita, lo que las convierte en refugios perfectos si lo que buscas es desconectar de la ciudad o reconectar con la naturaleza.

Historia: Aquellos que prefieren la historia pueden sumergirse en los relatos de antaño explorando fortalezas legendarias como el Castillo de Dunnottar, cuya silueta se alza imponente en medio de un paisaje idílico con el Mar del Norte como telón de fondo. Las abadías dispersas por la región de los Borders, como las de Melrose o Jedburgh, te llevan a una época de espiritualidad y conflicto. Cada piedra parece susurrar anécdotas de clanes enfrentados y pactos secretos que moldearon el alma de cada lugar. Caminar por estas ruinas es adentrarse en un pasado que sigue latente, donde las leyendas cobran vida y puedes sentir la historia en cada rincón. Desde los campos de batalla hasta los pequeños pueblos que conservan tradiciones ancestrales, el viaje a través de los siglos está garantizado.

Cultura: Para los aficionados a las artes en general, ciudades como Edimburgo y Glasgow son auténticos centros de actividad artística. La primera, con su arquitectura neoclásica, se convierte en agosto en el epicentro cultural del mundo con el Festival Internacional y el Fringe, donde las calles se llenan de espectáculos y actuaciones. No hay sitio que no vibre con algún tipo de expresión artística. Glasgow, conocida por su carácter industrial transformado en un centro de creatividad, resuena con una vibrante escena musical que abarca desde el indie hasta la electrónica. Su vida nocturna es dinámica y variada, con locales icónicos que han visto nacer bandas reconocidas internacionalmente. Además, museos como el Kelvingrove Art Gallery o el Riverside Museum reunen propuestas que entrelazan historia y modernidad, haciendo que cada visita sea una nueva aventura cultural.

A lo largo del libro, nos adentraremos poco a poco en todas estas cosas.

Por qué Escocia me atrapó a mí

En este primer capítulo no quiero convencerte de venir a Escocia con una lista de atracciones. No obstante, me gustaría llevarte de la mano a descubrir qué hace que este destino sea tan especial, a través de mi experiencia personal y la de muchos viajeros que he tenido el placer de acompañar. Porque de verdad, hay sitios que no solo se visitan, se sienten.

Al poco de llegar en 2013 Escocia ya me había atrapado, pero recuerdo con mucho cariño el festival Up Helly Aa en las Islas Shetland en febrero de 2024. Aunque ya había estado allí antes, en aquella ocasión asistimos a un festival más pequeño en la región de Nesting. Fue en uno de mis tours con un grupo de mujeres que no dejaron de sorprenderse en todo momento. El fuego de las antorchas iluminando la noche y el sonido de los tambores resonando en el aire acompañaban una procesión de lugareños vestidos de vikingos, que bajaban desfilando por un sendero desde la colina, bordeando la playa. De verdad que aquello fue espectacular. Habitantes de todo el archipiélago acudieron a la cita y, después de quemar el tradicional drakar a orillas de una playa, la fiesta continuó hasta la madrugada en el salón de actos del colegio de primaria del pueblo, algo muy auténtico. Hubo comida y bebida mientras los escuadrones presentaban números que unas veces eran cómicos y otras veces de crítica social. La sensación fue inmejorable y a pesar de ser los únicos extranjeros, nos hicieron sentir como en casa, sacándonos a bailar cèilidh y haciéndonos partícipes de su fiesta. Es difícil describir aquella sensación tan solo con palabras.

Son este tipo de vivencias, tan pequeñas en apariencia, pero enormes en significado, las que te hacen sentir un lazo profundo con esta tierra. Cada momento y cada tradición compartida te recuerda que integrarte en esta cultura (aunque sea por un breve instante) es un privilegio del que puedes disfrutar con orgullo.

Otro recuerdo inolvidable, que por suerte puedo revivir con frecuencia en mis circuitos, fue recorrer las Islas Orcadas por primera vez y descubrir el Anillo de Brodgar al amanecer. Cada vez que llevo a un grupo aquí, la sensación es recurrente y no por ello deja de ser maravillosa para mí también. Estar entre esas imponentes piedras, con la luz dorada del sol cubriendo el horizonte, te provoca una impresión de pequeñez frente a los misterios que las antiguas civilizaciones nos dejaron aquí. Lo mismo ocurre al pasear por Callanish en las Hébridas Exteriores, donde las alineaciones de piedras neolíticas parecen cobrar vida cada vez que vamos. La atmósfera mística nos envuelve a todos, y puedo ver en sus caras la misma fascinación que sentí la primera vez que pisé aquel suelo sagrado. Al menos sagrado para los pueblos que lo construyeron hace casi cinco milenios. No perdamos nunca esta perspectiva cada vez que hagamos un viaje.

Y es que cada paso en Escocia parece desenterrar un pedazo de historia, y muchos de esos instantes se quedan grabados en la memoria como ocurre en pocos destinos. Yendo como guía, he tenido la suerte y el placer de compartir estos momentos con muchas otras personas y me sigue fascinando ver todo esto que te cuento en ellos.

El suelo que pisamos ha sido testigo de enfrentamientos entre clanes con invasiones y resistencias heroicas que han dejado una huella indeleble en el paisaje y en el corazón de su gente. Me gustaría señalarte estos lugares e invitarte a sentirlos con la misma intensidad que yo lo hago, acompañándote a descubrir lo que hace de Escocia un destino tan especial.

Capítulo 2. Cómo planificar tu viaje

La preparación de un viaje a Escocia depende de muchos factores, y cada persona tiene su propio enfoque y sus propias necesidades. Antes de entrar en materia, quiero invitarte a ajustar tus expectativas siendo realista. ¿Por qué? Porque es probable que hayas visto, leído o escuchado sobre muchos lugares que ahora deseas visitar, y eso es fantástico. No obstante, para que tu viaje sea satisfactorio, es clave considerar el tiempo disponible y orientar tus planes en consecuencia.

Una planificación realista que tenga en cuenta el tiempo, las distancias, el presupuesto y las personas con las que lo compartirás, será la base para disfrutarlo cuando llegue el momento. Así que, dicho esto, empezaremos por el tiempo del que dispones para hacer tu viaje.

El tiempo: factor clave

Como dijo el arquitecto alemán Mies van der Rohe: "menos es más". Porque no se trata de preparar un viaje perfecto (hay detalles que no podrás controlar), se trata de optimizar la planificación para poder disfrutarlo al máximo. Por desgracia, las redes sociales han afectado nuestra capacidad de sorprendernos y han convertido a muchas personas en coleccionistas de fotos. Es común ver a muchos viajeros en escenarios sobrecogedores como el valle de Glencoe contemplando el paisaje a través de las pantallas de sus teléfonos móviles, con prisa por capturar la imagen perfecta antes de seguir adelante al sonido de un claxon. No es la opción que aquí te recomiendo, aunque, en última instancia, tu viaje será como tú decidas.

Es normal que quieras abarcar el mayor número de lugares posible para sentir que has aprovechado al máximo el tiempo y el presupuesto. Pero, ¿y si la mejor manera de aprovecharlo fuera, precisamente, no tener prisa? ¿Disfrutar cada rincón sin la presión de una agenda abarrotada? Piensa con detenimiento en esto…

Un viaje memorable se mide por la intensidad con la que vives cada parada, no por la cantidad de sitios visitados. Por eso, deberías ser realista con el tiempo que pasarás en cada sitio, pero también tienes que dejar espacio para lo inesperado. Habrá áreas que no estaban en tus planes, pero que te invitarán a parar solo para disfrutar del momento.

No sientas que debes verlo todo o hacerlo todo. Que el hedonismo no se convierta en una carga. Planifica con conciencia plena y por ejemplo, si solo tienes tres días, disfrútalos en Edimburgo sin prisas. Si cuentas con más tiempo, elige una región que de verdad te interese y sumérgete en ella haciendo noches allí y enfocándolo sin la presión autoimpuesta de tachar renglones en una lista.

Antes de seguir adelante con otras cuestiones, hay un punto clave que puede influir en cómo disfrutas y organizas tu viaje: ¿es mejor explorar Escocia por tu cuenta o con la ayuda de un guía turístico? Cada opción tiene sus ventajas y depende de tu estilo de viaje y de lo que verdad estés buscando.

¿Escocia con o sin guía turístico?

La figura del guía turístico tiene raíces que se remontan al Imperio Romano. Cuando los romanos expandían su territorio, los patricios, ansiosos por conocer las nuevas tierras conquistadas, eran acompañados por militares que actuaban como guías, mostrando los emplazamientos estratégicos y culturales. De esta manera, podemos decir que los primeros guías nacieron en Roma.

Muchos siglos después, en 1160, se escribió la primera guía turística en papel. Fue obra del monje Aymeric Picaud, quien redactó una sección del Códice Calixtino. Este manuscrito se convirtió en una referencia indispensable para los peregrinos que recorrían el Camino de Santiago, detallando los lugares de interés y puntos de relevancia espiritual, pero también ofreciendo advertencias y recomendaciones prácticas para sortear los peligros del trayecto.

Pasó casi un milenio más y llegó el año 2005. Yo trabajaba en aquel momento como agente comercial en Valencia y estaba pasando una etapa personal muy complicada. Pedí una semana de vacaciones y entré por primera vez a una agencia de viajes para pedirle a aquella mujer que me enviara a cualquier destino. No me importaba. Viajaba solo y contaba con un presupuesto definido. La señora, sorprendida, con toda su buena intención me organizó un viaje a Egipto.

Antes de ir me documenté todo lo que pude. Leí libros, artículos de arqueología egipcia y preparé el viaje todo lo posible. No era un destino en el que hubiera pensado antes, pero reconozco que empecé a ilusionarme por el crucero en el Nilo y por todo lo que iba a ver allí. Al final, el recorrido me encantó y una vez regresé, me quedó clarísimo que no lo habría vivido de la misma manera sin el guía que me acompañó. Fue mi primer viaje guiado, lo recuerdo y no me imagino solo frente al templo de Abu Simbel maravillado, pero sin entender nada. Ni en el templo de Hatshepsut sin saber qué historia había detrás. Tampoco recorriendo el Valle de los Reyes sin referencias. Fue un viaje que me marcó, y sé que por mi cuenta habría sido todo muy bonito, pero muy distinto. ¿Peor? No lo sé, pero distinto seguro.

Después de muchos años viajando por Escocia, he visto que no hay una única forma correcta de hacerlo. Pero una cosa es segura: tener contexto te cambia el viaje.

Hay quien disfruta organizándolo todo solo y quien prefiere dejarse llevar. Ninguna opción es mejor que la otra, pero el resultado va a ser diferente.

Planificar es necesario y aporta tranquilidad, sobre todo en una zona que no controlas del todo. Aun así, viajar con alguien que conoce bien Escocia puede darle otra dimensión al recorrido, porque te aporta el contexto.

Da igual si al final decides viajar con guía o por tu cuenta. Todo viaje pasa por tres fases muy claras, y ser consciente te lleva a poder disfrutarlo mejor:

La primera fase es antes de salir, la planificación. Son esas semanas, a veces meses, en los que empiezas a imaginar cómo será todo. Lees, miras enlaces, apuntas sitios, haces números y construyes en tu cabeza una versión de lo que crees que vas a vivir. Ahí ya ha empezado tu viaje, aunque todavía no hayas hecho la maleta.

La segunda es cuando llegas al destino. El viaje en sí. En ese momento todo lo que hayas preparado antes pesa más de lo que parece. De aquella primera fase depende en gran medida esta segunda. Cómo te mueves, cómo reaccionas a los imprevistos y, al final, si vuelves con satisfacción o con la sensación de que algo no fue como esperabas. Lo que ocurre sobre el terreno es una mezcla entre expectativas y sorpresa.

Y luego está la tercera fase, el recuerdo. Ese viaje que, aunque ya pasó y no existe, se queda contigo. Si la preparación fue buena y el resultado estuvo a la altura, ese recuerdo te acompaña el resto de tu vida.

Con esto en mente, entramos en materia…

Cómo planificar y presupuestar el viaje

Una de las preguntas más frecuentes que recibo por correo electrónico y en redes sociales es: "¿Cuánto cuesta un viaje a Escocia?". La respuesta, como cuando preguntamos cuánto cuesta un coche, depende de muchos factores. Al igual que al comprar un coche, planificar un viaje a Escocia implica tomar decisiones que afectan al precio final. ¿Estás buscando un viaje económico y sencillo o prefieres algo más completo con mejores comodidades? Optar por un recorrido centrado en las dos grandes ciudades es muy diferente a embarcarse en una aventura que incluya las Highlands, islas y zonas remotas. Los extras pueden variar mucho el precio, como alojarse en un hotel de lujo, alquilar un vehículo de alta gama o apuntarte a actividades exclusivas. Por eso, al igual que antes de ir a comprar un coche, es fundamental evaluar tus necesidades, las expectativas y el presupuesto. Entiendo que la mayoría de los que me escriben preguntando esto buscan tener una noción de un mínimo o de un rango, pero dar una respuesta precisa puede ser complicado.

A continuación, veremos algunas consideraciones que tienen relevancia y los siete puntos que debes tener en cuenta al planificar y presupuestar tu viaje a Escocia.

1. Vuelos

El coste de los vuelos varía bastante en función de la temporada y de la ciudad desde la que viajes. Durante los meses de verano y en fechas como Navidad o Año Nuevo, los precios suelen aumentar bastante debido a la alta demanda, mientras que en temporada baja se pueden encontrar ofertas más asequibles. Escocia cuenta con varios aeropuertos internacionales que facilitan la llegada desde distintos puntos del mundo, siendo los principales los aeropuertos de Edimburgo, Glasgow, Aberdeen e Inverness. El primero y el segundo concentran casi todo el tráfico aéreo, y Aberdeen es una excelente opción para quienes planean recorrer solo el norte. Inverness tiene vuelos a destinos bastante limitados. Y luego tenemos también el aeropuerto de Prestwick en la costa oeste, aunque con menos tráfico, es conocido por operar solo aerolíneas de bajo coste.

Una vez en suelo escocés, es fundamental considerar cómo trasladarte desde el aeropuerto hasta tu alojamiento. Las opciones son variadas y se ajustan a diferentes presupuestos. Desde los aeropuertos principales, existen servicios de autobuses y trenes que conectan con el centro de las ciudades, ofreciendo una alternativa eficaz y económica. Si buscas más comodidad o flexibilidad, el alquiler de coches es una buena alternativa (en el siguiente punto lo veremos con más detalle). Además, tienes disponibles los servicios de taxi y transporte privado, aunque te recomiendo reservarlos con antelación dependiendo de tu horario de llegada.

2. Transporte y desplazamientos

Existen diversas alternativas para desplazarte y disfrutar del paisaje, aunque es importante tener en cuenta que el transporte público en Escocia, si bien conecta las principales ciudades y pueblos, puede tener un coste elevado y horarios limitados. Los trenes, por ejemplo, atraviesan rutas escénicas espectaculares, especialmente en las Highlands, pero no siempre son la opción más rápida ni tienen la frecuencia que cabría esperar a algunos destinos. Los autobuses, aunque llegan a zonas más remotas, también están sujetos a horarios restringidos que pueden dificultar la flexibilidad del itinerario. Todo esto hay que tenerlo en cuenta si no puedes o no quieres conducir por la izquierda.

Si tu plan es explorar sin depender de los horarios del transporte público, alquilar un vehículo te dará la libertad de moverte a tu propio ritmo y alcanzar lugares que los trenes y autobuses no cubren. Sin embargo, es fundamental tener en cuenta los costes adicionales asociados. En los últimos años, las empresas de alquiler de coches han incrementado sus tarifas, y es habitual que se requiera la contratación de seguros adicionales o el depósito (fianza por franquicia) de sumas que pueden superar sin problema las tres cifras. Este incremento responde a los accidentes que se producen cada semana en las Highlands, donde muchos turistas se detienen de repente para hacer fotos. Al regresar a la carretera, muchos conductores, sin darse cuenta, se van hacia el lado derecho, lo que provoca incidentes en vías rurales estrechas y de doble sentido. Por tanto, si decides alquilar un coche, es esencial ser consciente de las normativas de circulación y mantener siempre la precaución en carretera. Conducir por la izquierda en Escocia puede parecer desafiante al principio, pero con un poco de práctica y atención se vuelve manejable. La principal diferencia es que estarás sentado en el lado opuesto al que estás acostumbrado, lo que puede afectar tu percepción al centrar el coche en el carril. Es común que los conductores novatos en estas condiciones se acerquen demasiado al lado izquierdo de la carretera, lo que puede resultar en la pérdida del retrovisor o roces imprevistos. Para evitarlo, mantén la concentración y sé consciente de la posición del vehículo en todo momento, ajustando siempre la distancia en referencia a las líneas del carril y a los otros vehículos.

Otra cosa importante que debes tener en cuenta si quieres visitar las islas de Escocia es el uso de ferris. Según las islas en las que te quieras mover deberás contratar los servicios de operadores locales, como Northlink en la zona de Orcadas y Shetland o Calmac en las Hébridas.

3. Alojamiento

Alojarse en Escocia puede resultar costoso en comparación con otros países como Marruecos, Portugal o incluso España, donde los precios de los alojamientos suelen ser más bajos y las prestaciones, en general, más completas. Sin embargo, como en cualquier destino, existen opciones que se adaptan a distintos presupuestos. Lo esencial es reservar con suficiente antelación. **Con mucha antelación** (y fíjate que te lo resalto en negrita). Ten en cuenta que turistas de países como Estados Unidos o Alemania suelen hacer sus reservas con casi un año de anticipación. Si esperas a buscar alojamiento dos o tres meses antes de tu viaje, es probable que muchas opciones ya estén agotadas. En ciudades grandes no tendrás problemas, pero en áreas muy demandadas como las Highlands o la Isla de Skye podrías tenerlos. Hay pocas opciones de alojamiento disponibles y, en muchos casos, podrías no encontrar ninguna si esperas. Por eso, la mejor estrategia es realizar una pre-reserva con bastante antelación, incluso antes de definir otros aspectos.

Dependiendo de tus necesidades y gustos puedes optar por distintos tipos de alojamiento. En algunos lugares no podrás decidir. Me vienen a la mente las consultas que recibo de agencias de viajes que me piden viajes organizados a destinos como Skye donde sus clientes quieren hoteles de un mínimo de cuatro estrellas. Hay alojamientos que merecen mucho la pena, pero no vamos a encontrar un Ritz en Kyleakin y esto es algo que muchos agentes de viajes parecen no saber.

Hoteles, bed and breakfast, casas rurales o apartamentos. Hay una amplia variedad de opciones de alojamiento en Escocia, siempre y cuando llegues a tiempo para reservarlas. Cada tipo de alojamiento presenta opciones y comodidades distintas, por lo que es crucial evaluar cuál se ajusta mejor a lo que buscas.

Los bed and breakfast te ofrecen un trato personalizado que a menudo falta en los hoteles. Mientras que éstos brindan más opciones y servicios adicionales, pueden resultar menos cercanos y más impersonales. Créeme cuando te digo que en ambos casos los costes van a ser bastante similares. En estos establecimientos, por lo general, hay menos habitaciones y es el mismo propietario quien te atiende y prepara el desayuno, lo que crea un ambiente acogedor. Esta cercanía y trato directo se convierte en uno de los aspectos más apreciados del viaje, dejando recuerdos entrañables que pueden perdurar mucho tiempo.

Las casas rurales y apartamentos son una excelente opción si buscas mayor independencia o viajas en grupo. Contar con una cocina propia marca una gran diferencia, en especial para aquellos que prefieren no depender de restaurantes durante todo el recorrido o tienen restricciones alimentarias que necesitan gestionar de forma más precisa.

4. Actividades guiadas y entradas

Cuando planifiques tu presupuesto de viaje, considera incluir actividades guiadas en algunos puntos clave. Recorrer la Old Town a pie con un guía te dará una nueva perspectiva y enriquecerá tu recorrido con historias y detalles que de otro modo seguro que pasarías por alto. Claro, siempre puedes hacerlo por tu cuenta, pero un guía (o al menos un audio-guía) aporta un contexto y una base histórica que de difícil manera encontrarás solo.

Este tipo de propuestas no se limitan a los recorridos a pie por las ciudades. En enclaves emblemáticos como el Castillo de Edimburgo puedes encontrar visitas guiadas en español que te sumergen en su historia, y te explican mejor su importancia y los acontecimientos que allí sucedieron. El castillo cuenta con un audio-guía en español, aunque bajo mi punto de vista su calidad es muy mejorable y en algunos puntos se queda bastante corta en detalles.

Cuenta con un margen en tu presupuesto para este tipo de actividades. Los tours, ya sean privados o en grupo, suelen poder reservarse con antelación, algo que te recomiendo siempre para asegurarte disponibilidad y evitar imprevistos.

También hay excursiones desde Edimburgo en autobús a regiones como las Highlands, Stirling, St Andrews o incluso rutas temáticas, como las de localizaciones de grabación de la serie Outlander. Antes de elegir una, revisa bien el itinerario, el ritmo del recorrido y cuánto tiempo se dedica a cada parada. Tal vez no te entusiasme hacer una visita exprés con paradas de diez minutos y pasar la mayor parte del tiempo en el autobús. Quizá prefieras disfrutar del lago Ness con una noche en Inverness en vez de verlo sin ver nada en un viaje de ida y vuelta con cuarenta personas más. La decisión es tuya, pero recuerda que según el tiempo del que dispongas te interesa priorizar y no abarcar demasiado.

5. Comida y bebida

Desde que pongas un pie en Escocia hasta el vuelo de regreso, la alimentación será un gasto constante que debe tener su margen en tu presupuesto. Algunos alojamientos incluyen el desayuno mientras que otros no, por lo que es necesario prestar atención a este detalle al hacer las reservas. Para comidas y cenas, las alternativas son variadas. Desde el popular "meal deal" (una oferta que hacen en supermercados que incluye un sándwich, una bebida y un snack o postre), hasta restaurantes de distintos precios y categorías que se adaptan a todos los gustos y bolsillos.

En ciudades como Edimburgo, Glasgow o Inverness, la oferta gastronómica es amplia. Puedes encontrar desde restaurantes de cocina tradicional escocesa hasta pubs acogedores, así como opciones de cocina internacional, que incluyen platos tailandeses, mexicanos, italianos o incluso intentos de cocina española. Sin embargo, en las zonas más remotas, las alternativas son más limitadas y es posible que tengas que adaptarte a lo que haya disponible. Por lo tanto, es muy aconsejable reservar mesa con antelación, más todavía en las Highlands y las islas, donde la oferta gastronómica es más reducida y la demanda de los turistas en primavera y verano supera con creces la capacidad de los restaurantes.

6. Seguros, equipamiento y contingencias

Si vives fuera de la Unión Europea te recomiendo al 100% un seguro de viaje. Si resides en Europa, aunque la tarjeta sanitaria europea (de momento) permite acceder a la atención médica necesaria en el sistema público de salud del Reino Unido (NHS), piensa en contratar un seguro de viaje adicional. Esto se debe a que la tarjeta sanitaria no cubre gastos como tratamientos en el sector privado, repatriación de emergencia o servicios con copagos no reembolsables.

Además, ten presente la época del año en la que viajas, ya que las condiciones climáticas no son iguales en mayo que en Diciembre (por ponerte un ejemplo). Es posible que necesites llevar equipamiento adicional que quizá ahora mismo no tienes, como chubasquero, calzado impermeable, gorro, bufanda, guantes y ropa térmica para mantenerte abrigado. Asimismo, si tienes intención de hacer actividades específicas como senderismo o visitar zonas muy aisladas, asegúrate de contar con el equipo adecuado, como botas de montaña o mochilas resistentes.

Reserva también un porcentaje de tu presupuesto para imprevistos. Aunque es poco probable que pierdas un ferry o te enfrentes a problemas no cubiertos por un seguro, nunca se sabe.

7. Margen para souvenirs

Por último, conviene reservar algo de presupuesto para los recuerdos del viaje. Me refiero a los clásicos (bufandas de tartán, galletas escocesas o el típico imán de nevera) y también a esos objetos únicos que encuentras por el camino: artesanía local, fotografías antiguas de pueblos, ilustraciones de artistas escoceses o incluso algo especial en una visita a una destilería. En Escocia hay tiendas de artesanía que trabajan con productos locales; sus precios suelen ser más altos que los de una tienda de recuerdos genérica, pero la calidad y autenticidad compensan el coste. En zonas rurales o islas, es habitual encontrar mantas, cerámicas, jabones artesanos o alimentos locales que no verás fuera de ese ambiente (por ejemplo, en las "honesty boxes"). Si algo te llama la atención, puede que no lo vuelvas a encontrar, así que piensa bien la compra antes de descartarla.

Otro recuerdo habitual es una botella de whisky. Hasta hace poco, podía ser un problema llevarla en la maleta de mano, pero desde 2025, si vuelas desde el aeropuerto de Edimburgo, la antigua restricción de 100ml ha sido eliminada y puedes transportar envases de hasta 2 litros en tu equipaje de cabina.

Esto facilita llevar una botella interesante sin tener que facturar maleta. Ojo: esta norma podría variar, así que conviene consultar las reglas vigentes en cada caso.

El coste de los souvenirs varía bastante según la zona. En áreas turísticas muy saturadas los precios tienden a ser altos, mientras que en pueblos pequeños o barrios menos visitados puedes encontrar objetos auténticos a precios más razonables. Por eso es mejor incluir este gasto en tu presupuesto desde el principio si eres de aquellos que quieren llevarse un trozo del viaje a casa. Se trata de darte la posibilidad de comprar un recuerdo de lo que has vivido sin preocuparte por pasarte, más allá del dinero.

En resumen: deja un margen realista para recuerdos. Un viaje a Escocia no termina al regresar, se prolonga con esos objetos que te devuelven (aunque sea por un instante) al paisaje que recorriste.

Otras consideraciones en cuanto a los precios

Muchas veces tendemos a confundir conceptos al evaluar un precio, usando los términos "barato" y "caro" cuando en realidad queremos decir "precio bajo" o "precio alto". Por ejemplo, una camiseta que cuesta 7 libras (precio bajo) podría considerarse "cara" si al tercer lavado queda inutilizable. En cambio, una chaqueta de Harris Tweed por 300 libras, que puedes usar cientos de veces a lo largo de cinco o seis años, resulta mucho más "barata" en términos de calidad y duración.

Lo mismo aplica al presupuesto de un viaje. Un alojamiento de 60 libras por noche (precio bajo) puede parecer barato, pero puede acabar siendo caro si al final te decepciona o no te permite descansar en condiciones. Sin embargo, pagar el triple por hospedarte en un castillo escocés reconvertido en hotel, podría tratarse de una opción que termine resultándote barata. La clave está en tomar decisiones dentro de tu presupuesto que más allá del coste no resulten "caras" dentro de tus posibilidades.

Piensa que este es el viaje que has soñado y por el que tienes este libro en tus manos, pero no presupuestes por encima de tus recursos. Dedicar tiempo a planificar con atención dentro de unos límites realistas es lo que garantizará que tu viaje sea memorable y acorde a tus expectativas.

Después de revisar todos los aspectos necesarios para presupuestar el tipo de recorrido que deseas hacer, también es importante considerar otras variables en las que entraremos más a fondo a continuación.

Las cuatro estaciones en Escocia

Planificar tu viaje a Escocia implica también elegir la época adecuada según lo que quieras experimentar. En muchos casos, es cierto que las fechas de las vacaciones están predeterminadas, pero si tienes la posibilidad de elegir, vamos a por algunas cosas a tener en cuenta. Ninguna estación es mejor o peor que otra, cada una tiene su propio encanto, características únicas y ventajas que pueden hacer de tu viaje algo realmente enriquecedor.

No es por casualidad que otra pregunta bastante común entre quienes desean visitar Escocia sea: ¿cuál es la mejor época para ir?... y mi respuesta siempre será depende.

– Invierno: Aunque puede ser la estación más dura si vives en Edimburgo, para ti es una oportunidad de encontrar vuelos y alojamiento con un precio más bajo, además de disfrutar sin tantas aglomeraciones. Edimburgo de noche es espectacular, con una atmósfera especial gracias a la falta de turismo masivo en estos meses (hay turismo, pero mucho menos). Pasear por sus calles iluminadas y luego refugiarse en un pub para degustar un whisky puede ser una gran elección. Diciembre destaca en especial por el Christmas Market, que transforma el centro de la ciudad en un encantador mercado navideño con puestos de comida, regalos y actividades para toda la familia. Al mismo tiempo, se celebran espectáculos nocturnos, como el show de luces en el Castillo de Edimburgo y las iluminaciones mágicas en el jardín botánico. Febrero suele traer días fríos pero despejados, aunque nunca es algo seguro. Si te gusta la nieve, las Highlands y a veces Edimburgo te brindan paisajes nevados en invierno. No todo es negra oscuridad, aunque amanezca a las 9am y anochezca a las 4pm; la Navidad en Escocia es vibrante y culmina con la espectacular celebración del Hogmanay, la víspera de Año Nuevo. Como aspectos negativos debo destacar el frío y las pocas horas de luz. Sin embargo, como reza aquel dicho popular: "No hay frío, sino ropa inadecuada".

– Primavera: Las horas de luz comienzan a alargarse. Aunque la temporada alta arranca en abril, los precios siguen siendo más accesibles que en verano. Mayo y junio son meses ideales para venir porque hay menos turismo que en pleno verano y el clima suele ser agradable. Es un periodo de esplendor natural, con jardines llenos de azaleas y la llegada de muchas especies de fauna, como los frailecillos, visibles desde abril hasta junio. Aunque el tiempo puede ser impredecible, desde lluvias hasta nevadas ocasionales, la primavera trae eventos únicos como el Beltane en Calton Hill, una festividad celta que celebra la llegada del verano y la fertilidad de las tierras de cultivo. Las Highlands tardan en ponerse verdes del todo, pero el paisaje sigue siendo impresionante.

– Verano: Los días ya son muy largos, el clima es más estable y las calles están llenas de vida. Es la mejor época para disfrutar al máximo de actividades al aire libre, con las Highlands en su máximo esplendor y la flora y fauna en plena vitalidad. Durante esta estación, los Highland Games son un evento destacado, celebrados en varias localidades con competiciones tradicionales como lanzamiento de troncos, carreras de highlanders y bailes típicos escoceses que aportan una inmersión única en la cultura local. Sin embargo, el verano trae consigo precios elevados, sobre todo en agosto, cuando es imprescindible reservar con mucha más anticipación. Por otro lado, es un mes a veces lluvioso y los midges (esos pequeños insectos molestos que vienen en nubes y sí, pican) pueden ser un inconveniente en las Highlands. En el lado positivo, eventos como el Festival Internacional de Edimburgo enriquecen la experiencia. Considerado uno de los festivales de artes escénicas más importantes del mundo, convierte la ciudad en un escenario cultural vibrante, donde el teatro, la música, y otras disciplinas copan cada rincón.

– **Otoño:** Es la temporada perfecta para descubrir la Escocia más auténtica. A partir de octubre comienza la temporada baja, lo que se traduce en precios más accesibles y menos masificación. Los paisajes se tiñen con los colores del otoño, ideales para la fotografía. Además, es la época de la berrea, un espectáculo natural en el que los ciervos machos emiten su característico bramido. Eventos como el Samhain en Halloween y el St Andrew's Day añaden un toque especial a esta estación. Como aspectos negativos, las horas de luz disminuyen y es la época más lluviosa del año, lo que puede limitar algunas actividades.

Cada estación en Escocia tiene algo único que ofrecer. Según lo que busques y cómo quieras que sea ese viaje creo que debes tener en cuenta la época en la que vas a venir.

Episodio: "Las cuatro estaciones en Escocia" (21:45)

La importancia de la compañía en tu viaje

Viajar no trata solo de los lugares que visitas, también de con quién los compartes. Siempre lo digo y creo de corazón en la fuerza de esta idea, porque la compañía que elijas para tu aventura es tan importante, o incluso más, que el destino en sí. Seamos sinceros, todos llevamos dentro la necesidad de compartir momentos, de mirar un paisaje impresionante y sentir que alguien a quien apreciamos está experimentando lo mismo. Esa conexión es la que transforma una estancia en una experiencia.

Viajar en grupo, con amigos o familia, nos permite crear recuerdos compartidos que acaban convirtiéndose en historia común con ellos. Las risas espontáneas, las conversaciones en un pub perdido en las Highlands o ya solo el apoyo mutuo cuando el clima escocés decide ponernos a prueba, son pequeños detalles que hacen que todo sea más especial. Imagínate recorriendo una carretera remota junto a alguien a quien aprecias, donde cada curva del camino se convierte en una anécdota para recordar. O imagínate dando un paseo juntos por la Royal Mile en Edimburgo, donde en cada rincón puede surgir un momento especial.

Algunas personas prefieren viajar solas y la experiencia también puede ser enriquecedora. Muchas veces se encuentran conexiones inesperadas en el camino, con consejos o conversaciones interesantes. Los escoceses suelen ser de trato fácil.

Estar solo también es un buen momento para conocerte mejor, desafiarte a ti mismo y sentirte parte de una comunidad global que busca lo mismo que tú, como ocurre en muchos "hostels" repartidos por toda la geografía. Parajes como los de la Isla de Skye invitan a la introspección, pero también proporcionan momentos para compartir con otros mientras contemplas la belleza del Quiraing o el icónico Old Man of Storr.

Ya sea en compañía o en solitario, cada travesía por Escocia es una oportunidad única para guardar momentos que permanecerán contigo para siempre. Porque se trata de los sitios que vas conociendo, de cómo los experimentas y de con quién decides compartirlos. Al final, son esos instantes los que crearán en tu memoria los recuerdos más valiosos del viaje.

También tiene relevancia la conexión que estableces con tu alrededor. Sentir la historia de un castillo abandonado, dejarte envolver por la tranquilidad de un lago escondido o simplemente escuchar el murmullo de los lugareños en un pub tradicional… todo contribuye a la magia del camino.

Herramientas útiles de planificación

Hoy en día, la tecnología pone a tu alcance numerosas aplicaciones que facilitan la planificación. Las apps de plataformas como Booking o Airbnb te sirven para hacer reservas de alojamiento y te permiten mantener contacto directo con los locales para gestionar horarios y reservar en sus propios restaurantes. Por otro lado, existen herramientas especializadas en la gestión financiera, que te ayudan a controlar tu presupuesto en tiempo real y aseguran que ningún detalle importante pase por alto.

Una app imprescindible para tu recorrido será Google Maps (o quizá una aplicación similar). Estas soluciones han reemplazado los antiguos mapas de carreteras y además disponen de funciones in situ muy útiles. Por ejemplo, pueden indicarte qué autobús tomar a un destino determinado, a qué hora y desde dónde, o alertarte sobre carreteras cerradas por obras o accidentes en tu ruta. Sin embargo, te recomiendo no confiar ciegamente en las estimaciones de tiempo que proporcionan, ante todo en las zonas más remotas de Escocia. Google Maps a menudo calcula los tiempos basándose en los límites de velocidad máxima de las carreteras, pero en la práctica, esto no es realista en determinadas zonas. En muchas carreteras rurales de un solo carril (single track) tienen límites de velocidad mal definidos en la aplicación de 50 o 60 mph, cuando en realidad rara vez podrás superar los 30-35 mph debido a las condiciones del terreno. Esto puede llevar a que pases más tiempo en el vehículo del que habías previsto si no ajustas bien tus estimaciones.

Es fundamental contar con una conexión a internet mediante roaming si planeas usar estas herramientas en tiempo real. En caso contrario, asegúrate de descargar los mapas antes de viajar para poder acceder a ellos sin conexión. Es una opción muy útil si planeas pasar tiempo en áreas rurales con poca (o sin ninguna) cobertura, es decir si no te queda más remedio. Si puedes disponer de datos móviles y sabes que tendrás zonas con buena señal de red, te recomiendo siempre que lleves estas apps online para estar alerta de posibles accidentes, carreteras cortadas y tráfico en ese momento. Ten en cuenta que, desde el Brexit, las políticas de roaming han cambiado; algunos operadores aún respetan este servicio de manera gratuita dentro del Reino Unido, mientras que otros cobran un cargo diario para permitirte usar tu plan habitual. Te recomiendo revisar las condiciones específicas de tu operador antes de salir, ya que podrían aplicarte restricciones o tarifas adicionales dependiendo de tu contrato. Por último, valora la opción de comprar en cualquier tienda o supermercado una tarjeta SIM prepago británica si tu compañía se pasa con los cargos extra.

Búsqueda activa

Cuando planificas un recorrido por Escocia, ya no dependes de guías en papel ni de recomendaciones de conocidos que un día hicieron un viaje. Ahora cualquier persona tiene acceso a una cantidad enorme de información que, bien escogida, puede servir para construir un trayecto mejor estructurado y más realista. Blogs especializados, vídeos de YouTube o mi podcast Escocia sin límites, dedicado en su totalidad a Escocia, te permiten llegar con una mirada mucho más formada.

Los blogs aportan conocimientos y detalles que las guías tradicionales suelen pasar por alto, como ritmos de viaje, estado de los caminos, limitaciones de servicios en zonas rurales, mejores franjas horarias para visitar un lugar… Ese tipo de información práctica es oro para quien intenta evitar sorpresas innecesarias. YouTube, por otro lado, tiene una capacidad única para situarte con un impacto visual. En medio de tanta oferta, podrás encontrar también algunos vídeos hechos por mí, pensados para mostrar carreteras, paisajes y experiencias tal como son, sin filtros que distorsionen la realidad. Y para facilitarte el acceso, al final del capítulo pondré un código QR que te llevará a mi canal en la plataforma.

Los podcasts añaden a su vez la ventaja de aprender mientras haces cualquier otra cosa. Escuchar episodios sobre historia, cultura, anécdotas locales o consejos prácticos hace que llegues a Escocia con una base mejor, sin necesidad de estar frente a una pantalla.

Ahora bien, no todas las cosas funcionan igual cuando hablamos de planificación. Instagram y TikTok cumplen su función como inspiración visual, pero rara vez ayudan a preparar bien una experiencia. Los algoritmos tienden a repetir siempre el mismo tipo de contenido: la foto de moda, el mirador viral, el encuadre perfecto que se ve miles de veces. Eso, lo admito, puede motivar, pero no te va a informar demasiado. En mi propio Instagram intento escapar de esa tendencia y mostrar Escocia desde mi perspectiva, aunque eso no siempre guste al algoritmo. Prefiero aportar algo honesto que seguir la corriente de lo que se supone que "debería" publicar para tener muchos más seguidores.

Por todo ello, te propongo tu propia búsqueda activa con base en elegir bien qué fuentes te aportan valor, combinar formatos distintos y apoyarte en contenidos creados desde la experiencia real. La calidad de la información que consultes ahora influirá bastante en la calidad del viaje que finalmente hagas.

Con este punto cerramos el segundo capítulo y la primera parte del libro, dedicada a la planificación. A partir de aquí, entramos en Escocia desde dentro.

Canal Escocia sin límites en Youtube

Parte 2
Entiende la cultura

En la segunda parte del libro voy a intentar ser más objetivo en la manera de escribir cada uno de los capítulos que siguen. Es importante que formes el perfil mental de Escocia que tú decidas sin que interfiera demasiado mi opinión ni mi punto de vista, especialmente en capítulos históricos, religiosos, literarios, etc.

Antes de entrar en los lugares que puedes visitar, conviene ahondar en el mundo que los sostiene. Escocia se entiende a través de las personas que han vivido aquí, de sus historias y de las costumbres que han pasado de generación en generación. Si uno no se acerca a esa capa cultural, sería como recorrer un museo sin fijarse en los detalles que dan sentido a las obras, o como ver una película moderna en blanco y negro.

Por eso, este segundo bloque del libro está pensado como una brújula que pueda orientarte con el contexto. Hablaremos de literatura porque la imaginación ha sido siempre una manera de explicar un territorio difícil de encasillar; de la historia bélica porque los conflictos, internos y externos, han incidido en su política y su memoria; y de religión porque aquí la fe estructuró templos, comportamientos y formas de razonar. Asimismo, pasaremos por temas que te pueden interesar como la gastronomía, la música, las raíces celtas y otros aspectos determinantes para desentrañar cómo se construyó esta identidad que a veces parece contradictoria, pero que no deja indiferente a nadie.

El objetivo es que cuando llegues a un pueblo, entres en un pub, escuches una melodía tradicional o te asomes a un valle, puedas reconocer algo más que una imagen. Que sepas leer lo que hay detrás. Que Escocia sea un territorio lleno de significado en tu viaje, capaz de despertar distintas emociones más allá de una foto bonita.

Capítulo 3. El carácter escocés

Para entender Escocia hay que empezar por entender a los escoceses. Y con esto me refiero a cómo son en la rutina de cada jornada y en su manera de relacionarse con el visitante o con su vecino. En cómo afrontan su pasado y el clima en un territorio donde la naturaleza marca los ritmos.

Hay tres rasgos que aparecen cuando analizas esta identidad. Son el orgullo, la resiliencia y el sentido de pertenencia.

Orgullo

Los escoceses no necesitan levantar la voz para sentirse orgullosos de su tierra. El orgullo aquí no es estridente ni propagandístico porque vive en detalles. Lo ves en cómo te hablan de su pueblo o su isla. Lo ves en el cariño con el que cuidan su historia (por ejemplo, en cómo reaccionan si alguien compara, o por error confunde, Escocia con Inglaterra). Lo ves también en el respeto hacia las tradiciones, incluso las más humildes. Aquí casi siempre han luchado para defenderse, no para expandirse, y su orgullo se sostiene en la supervivencia cultural, en el hecho de haber resistido guerras y todo tipo de calamidades para poder seguir adelante.

Resiliencia

La naturaleza tiene una incidencia que no se puede negociar ya que el clima no obedece a los planes de nadie. Es el viento quién va a decidir tu peinado, te guste o no te guste. La lluvia aparece, aunque el pronóstico de ayer dijera lo contrario, o a lo mejor puede ocurrir al revés, lo cual se puede convertir de repente en una grata sorpresa.

Este clima ha dado forma tanto al paisaje verde como al carácter de quienes viven aquí, forjados en la adaptación constante incluso cuando las condiciones no acompañan. Esa actitud se expresa en cosas pequeñas, como un pescador que trabaja, aunque llueva de forma horizontal… Una anciana que cruza un puente bajo un temporal sin quejarse… O un guía que improvisa un plan alternativo porque el ferry no puede salir…

Nadie deja de hacer lo que tiene que hacer por cómo amanezca ese día. Tenlo en cuenta tú también. La resiliencia se encuentra en el núcleo del ADN escocés.

Pertenencia

En un territorio pequeño, con una densidad de población baja fuera de los núcleos urbanos, la sensación de comunidad y de "nosotros" toma una dimensión desconocida si vienes de una gran ciudad. Muchos pueblos (mención especial en las islas) funcionan casi como familias ampliadas. Todos se conocen y todos saben quién es el hijo de quién. Cuando visitas estos lugares y te reciben con amabilidad, no es un simple gesto comercial, es que su cultura funciona así, por lo que, si entras en su mundo, aunque sea por unos días, lo vas a notar.

El sentido del humor escocés

Si no entiendes el humor escocés, corres el riesgo de malinterpretar la mitad de las interacciones sociales en tu viaje. Su humor es diferente y te resultará seco, autocrítico y, a menudo, de una honestidad brutal. Ten por seguro que alguna broma, en algún momento te va a caer.

El humor aquí, en ocasiones, podría parecer incluso agresivo. Es una mezcla entre ironía y autenticidad que se podría considerar brusca si no estás acostumbrado. Pero este comportamiento y estas bromas sirven muchas veces para romper el hielo o descargar tensiones. Es frecuente escuchar entre amigos frases lapidarias con total naturalidad y por ejemplo, la auto-burla constante les sirve como mecanismo de unión. La recomendación que te doy es que no te lo tomes a pecho porque detrás de esa ironía suele esconderse su calidez.

Relación con el clima

Decir que aquí el clima influye en la cultura es quedarse corto. En realidad, define la identidad. En Escocia hablar del tiempo va más allá de la cortesía porque es algo que para el escocés ha estado ahí toda su vida. El clima condiciona la manera en que se construyen las casas. Incluso explica muchas decisiones agrícolas y ganaderas, desde las razas que prosperan en las Highlands hasta los cultivos capaces de sobrevivir a estaciones imprevisibles. Con el paso de los siglos condicionó los desplazamientos de clanes y comerciantes, que debían adaptarse a rutas cambiantes y pasos de montaña que permanecían cerrados por semanas. Y aún hoy, en pleno siglo XXI, sigue teniendo impacto en cómo se organiza todo: el trabajo, los planes del día, etc. Para muchas personas, el estado de ánimo baja o sube con la luz escasa del invierno o con los largos días del verano y es algo natural. En otros lugares no hay tanta diferencia en este sentido, pero hablar del clima aquí es, en realidad, hablar de cómo se vive.

Para ti como visitante, esto se traduce en algo crucial porque si aceptas el clima tal como es, Escocia se abre. Si luchas contra él, te agotará. Los escoceses crecieron aceptándolo y de ahí nace su carácter práctico y poco dramático ante las incomodidades.

Una nación de islas

En la costa escocesa de Gran Bretaña hay en torno a 790 islas de las cuales 130 están habitadas. Por eso, tampoco se puede explicar el carácter escocés sin tener en cuenta la relación de este territorio con las islas. Piensa en archipiélagos como Orcadas, Shetland, las Hébridas o en las pequeñas islas con menos de una veintena de habitantes… Te puedo decir que esto es algo de lo que disfruto especialmente cuando voy.

La vida en las islas escocesas forja una personalidad distinta y la gente aprende a ser más autónoma. En algunas zonas, muchos granjeros, todavía dependen de sus propios recursos y cuidar de sus vecinos es algo natural muy interiorizado en su carácter. El paisaje agreste y el tiempo, a veces muy severo, convive con ellos y marca el compás de cada día justificando por qué en las islas van a su propio ritmo.

Hace poco lo vi claro en Rona. Se trata de una pequeña isla que se encuentra entre Skye y Gran Bretaña. Siempre había pensado que estaba deshabitada, pero no, allí hay cuatro personas que viven de la ganadería. Cuando un camarero en Portree me lo contó, me impresionó imaginar ese día a día, sin un ferry regular para ir a Skye. Algo tan simple como ir al supermercado requiere planificación y esperar a que el mar lo permita, dependiendo además de su propia embarcación. Si algo se tuerce, no hay cruce posible.

Cuando visitas una isla escocesa, estás llegando a una zona apartada en el mapa y entrando en una comunidad con una identidad genuina, con costumbres que han sobrevivido gracias en cierto modo a ese aislamiento. Cada isla es un pequeño mundo y en sitios como Rona te puedes imaginar todo lo que implica vivir así.

Capítulo 4. Raíces celtas

La identidad escocesa hunde sus raíces en un pasado mucho más antiguo de lo que a veces podemos imaginar. Para comprenderla de verdad hay que viajar atrás en el tiempo, a una época en la que Escocia ni siquiera existía como nación. Antes de castillos, de reyes medievales y de guerras de independencia, ya existía aquí una cultura propia. Esa cultura primigenia, casi oculta bajo la superficie del paisaje, era la cultura de los celtas, y profundizar en ella nos acerca a la esencia de todo. ¿Quiénes eran los celtas? Pues no se trataba de un solo reino ni de un imperio unido, más bien fueron una constelación de tribus indoeuropeas que, desde la Edad de Hierro (hace más de dos mil años), se extendieron por buena parte de Europa. Sus huellas aparecieron desde la Península Ibérica y las costas atlánticas hasta los bosques de Europa Central e incluso Asia Menor. A pesar de la distancia entre unas tribus y otras, compartían un tronco común en sus lenguas y creencias. Hablaban diferentes lenguas emparentadas entre sí y rendían culto a dioses similares organizando sus pueblos de modo parecido. Por otro lado, cada pueblo tenía sus propias particularidades, pero en términos generales los celtas tenían una forma de vida similar.

El mundo de los celtas

La visión del mundo celta estaba muy conectada con la naturaleza. Para ellos, la naturaleza y los animales eran manifestaciones de lo sagrado y un elemento esencial del paisaje. Creían que cada árbol, cada fuente y cada colina guardaba un espíritu y estas creencias, conocidas como animismo, hacían que lo natural y lo sobrenatural formasen dos caras de una misma moneda. A diferencia de lo que ocurría en otras culturas mediterráneas como la romana, los celtas no levantaban templos de piedra para sus dioses, porque para ellos sus templos estaban en el propio marco natural. Así, un claro del bosque o la simple orilla de un lago podían convertirse en lugares de culto. Imaginemos una ceremonia celta en un bosque centenario, de noche, alrededor de una hoguera. Bajo las estrellas, la tribu sentía la presencia de sus dioses y sus antepasados. Su religión era politeísta y estaba vinculada a los ciclos naturales en muchos aspectos. Celebraban festividades que marcaban el cambio de estaciones (por ejemplo, Samhain, al final del otoño, origen remoto de nuestro actual Halloween), hacían ofrendas de comida, armas o joyas a sus dioses y orquestaban rituales de fertilidad en la tierra para asegurar futuras cosechas. Todo este conocimiento sagrado y sus tradiciones se transmitían de palabra, de persona a persona, ya que no contaban con un sistema de escritura.

La sociedad celta se organizaba en "clanes" o tribus encabezadas por un jefe (a veces llamado rey local). No existía un Estado central que unificara a todos los celtas y cada comunidad era en la práctica un pequeño universo autónomo. Los lazos entre clanes vecinos se fortalecían mediante alianzas, o de formas tan diversas como pactando matrimonios entre miembros y los pueblos solían tener una estructura social bien definida con unas jerarquías establecidas. En lo alto se encontraba la nobleza tribal, que incluía al jefe y a su familia, así como a los guerreros de élite. Junto a ellos destacaban los artesanos especializados, en particular los herreros, a quienes se les atribuía un estatus casi mágico por su habilidad para domar el hierro y transformarlo en armas y herramientas. Después venía el grueso de la población como campesinos y pastores que trabajaban con la tierra y el ganado. También había esclavos capturados en guerras entre tribus, aunque la esclavitud en el mundo celta tenía un carácter más doméstico y parece que no alcanzó ni de lejos la escala de las sociedades clásicas.

Un detalle notable para la época es que las mujeres celtas disfrutaban de mayor consideración y libertad que en muchas otras culturas antiguas. Por ejemplo, sabemos que podían heredar propiedades y decidir sobre su matrimonio. De hecho, la historia celta de Britania recuerda figuras femeninas poderosas, como la reina Boudicca, que encabezó la rebelión de su tribu contra Roma poniendo de manifiesto que en su realidad el valor y el liderazgo no eran rasgos solo masculinos.

Dentro de cada comunidad, la guerra ocupaba una posición importante en su cultura. Los guerreros celtas eran famosos por su valentía y los cronistas romanos así los describieron, cargando contra sus enemigos con el torso pintado de azul y el cabello recogido con cal para infundir temor mientras lanzaban alaridos ensordecedores. Combatían con ferocidad individual, en ataques espontáneos, lo que contrastaba con la rígida disciplina y formación en legiones típicas del ejército romano. Muchas tribus practicaban la inquietante costumbre de decapitar a los enemigos derrotados en batalla. Lo hacían porque para ellos, esas cabezas eran trofeos y al mismo tiempo ofrendas rituales a los dioses de la guerra. Las conservaban como objetos de prestigio o las clavaban en estacas alrededor de sus aldeas, convencidos de que en esos cráneos habitaba parte del poder del enemigo vencido. Este detalle, recogido en relatos clásicos, contribuyó a la feroz reputación de los celtas como guerreros temibles y "bárbaros" a ojos de Roma.

Por encima incluso de los jefes tribales, existía una figura clave que ejercía su autoridad cultural y política, pero sobre todo espiritual: el druida. Los druidas eran como sacerdotes celtas, pero su rol iba mucho más allá del culto. Actuaban como sabios consejeros en disputas y maestros supremos del conocimiento. Para alcanzar ese rango, un aprendiz de druida debía memorizar poemas, leyes, rituales y una serie de secretos sobre la naturaleza practicando muchos años (y recordemos que todo se transmitía de palabra). Fuentes romanas aseguraban que su formación podía durar cerca de veinte años.

Una de las funciones principales de los druidas era presidir las ceremonias religiosas, interpretando los designios de los dioses mediante augurios. Esto les daba la potestad de convocar la guerra o de evitarla y tal era su influencia que, si un druida se interponía entre dos ejércitos celtas rivales, con toda probabilidad, podía frenarlos solo con sus argumentos y su autoridad moral. Los romanos los tomaron muy en serio hasta el punto que se prohibieron las reuniones de druidas en la Galia (la actual Francia) una vez que la conquistaron, por el miedo al poder que estos líderes espirituales ejercían sobre la población ya sometida. Pero en los confines del mapa, lejos del control romano, los druidas continuaron siendo los referentes de su pueblo durante muchos siglos más.

Episodio: "Cultura celta" (13:36)

Los celtas en Gran Bretaña

Ahora bien, ¿cómo llegó todo este mundo celta a las islas británicas y, en particular, a la tierra que hoy llamamos Escocia? Los historiadores sitúan la llegada de la cultura celta a Britania varios siglos antes de Cristo y se cree que fue mediante migraciones y contactos comerciales desde el continente europeo. Para el comienzo de nuestra era, la isla de Gran Bretaña casi en su totalidad estaba habitada por diversos pueblos celtas. En el sur vivían los celtas britanos (ancestros de los galeses y bretones), mientras que más al norte, en las tierras altas y valles de Caledonia, residían tribus que los romanos conocerían como *pictos*. Este nombre latino (picti) significa "pintados", y era una clara alusión a la costumbre de aquellos guerreros de decorar su cuerpo con tatuajes y pigmentos azules (obtenidos de las plantas) antes de entrar en combate. Los pictos, al igual que sus parientes del resto de Britania, hablaban lenguas celtas y seguían prácticas paganas similares, pero su posición geográfica aislada, junto a su carácter independiente, les dio fama de indómitos.

El Imperio Romano hizo sus primeras incursiones militares en Gran Bretaña en el 55 a.C. con Julio César. Pero cuando invadió la isla casi un siglo después (43 d.C.), bajo las órdenes del emperador Claudio, logró someter con relativa rapidez a las tribus de la mitad sur (lo que hoy es Inglaterra y Gales), asentando Britania como provincia. No obstante, las tribus del norte ofrecieron una resistencia tenaz. Los romanos, tras algunas campañas militares difíciles en Caledonia (el territorio no conquistado), decidieron consolidar su dominio hasta cierto punto y trazaron una frontera fortificada para no seguir avanzando hacia el norte. Así nació el Muro de Adriano, una extensa muralla de piedra erigida alrededor del año 122 d.C. que cruzaba de costa a costa para marcar el límite. Al sur del muro, el Imperio imponía sus calzadas y sus ciudades, llevando consigo su tecnología. Al norte, comenzaba una tierra misteriosa y libre donde Roma nunca llegó a gobernar. Por un breve período intentaron avanzar levantando otra muralla más al norte, el Muro de Antonino, hecha de madera y tierra, pero al final desistieron. Escocia, o mejor dicho Caledonia, nunca fue conquistada por ningún emperador. Este hecho marcó una diferencia importante. Mientras gran parte de Europa occidental adoptaba la cultura romana y la lengua latina, los pueblos de Escocia siguieron desarrollando su propia cultura celta, al margen de la influencia imperial. En otras palabras, Escocia nació fuera del paraguas de Roma, algo que en la historia europea es bastante excepcional.

Para mí, el Muro de Adriano es la forma más fácil de visualizarlo. Al sur, Britania y al norte, otra historia.

Después del Imperio Romano

Tras la retirada romana de Britania (siglo V d.C.), el mosaico de pueblos celtas en el norte experimentó nuevos cambios.

Desde la isla vecina de Irlanda (que a su vez fue un bastión celta nunca conquistado por Roma) llegaron migrantes conocidos como *scoti* (escotos), antepasados de los escoceses gaélicos. Estos colonos irlandeses se establecieron en la costa occidental de Caledonia y fundaron pequeños reinos de cultura gaélica. El más conocido de ellos fue Dalriada. Junto con ellos trajeron su idioma gaélico y también la fe cristiana, puesto que Irlanda ya había sido evangelizada. Así, en los siglos V y VI, el paganismo celta de Escocia empezó a cambiar poco a poco al cristianismo, aunque fue un cristianismo con sabor aún celta. Un buen ejemplo de esta transición es la figura de St Columba (de hecho, hablaremos de él en otros capítulos), un monje irlandés que en el año 563 d.C. fundó el monasterio de Iona, en una isla diminuta al oeste de la actual Escocia. Columba y sus discípulos se dedicaron a convertir a los pictos y a las demás tribus locales, integrando muchos símbolos y sensibilidades celtas en la nueva religión en vez de imponer una cultura nueva por la fuerza.

Poco a poco los antiguos dioses fueron reemplazados por santos locales, y los rituales al aire libre se transformaron en procesiones cristianas, pero el respeto sagrado a la naturaleza perduró. De aquella síntesis entre lo celta y lo cristiano nació también un arte único. Y de él quedan manuscritos y cruces talladas, además de monumentos que combinaban nudos entrelazados, espirales y figuras fantásticas de estilo celta con la iconografía cristiana. La obra más destacada de este periodo es sin duda el Libro de Kells, una maravilla ilustrada creada por monjes de herencia irlandesa y escocesa hacia principios del siglo IX. Sus páginas están decoradas con espirales y animales entrelazados, con símbolos que reflejan ese universo de religiones compartidas y mezclan las creencias celtas con la fe cristiana. Aunque el Libro de Kells se conserva ahora en el Trinity College de Dublín, su origen está en la isla de Iona y su espíritu engloba toda la tradición gaélica de las islas británicas, Escocia incluida.

¿Y cómo era la vida cotidiana de aquellos antiguos celtas en tierra escocesa? A pesar de la imagen guerrera que a veces transmiten las crónicas, la mayoría del tiempo estas gentes llevaban una vida sencilla y agraria. Vivían dispersos en aldeas pequeñas, cultivando cebada y trigo, criando ganado y practicando el trueque. Se sabe que sus viviendas eran construcciones ovaladas, hechas con paredes de madera o piedra seca recubiertas de barro, y techumbres de paja muy espesa. Estaban diseñadas para ser cálidas y resistir los vientos y la lluvia, ya que el clima duro del Atlántico Norte era una constante. No fueron grandes constructores, pero sí levantaron estructuras que todavía siguen ahí y que están cargadas de simbolismo. Por toda Escocia encontramos restos de esa herencia prehistórica. Hacían túmulos funerarios de piedra (cairns) donde enterraban a sus difuntos junto con sus pertenencias, o fortalezas en lo alto de las colinas (hillforts) que servían de refugio en tiempos de conflicto; e impresionantes círculos de piedras cuyos fines exactos seguimos sin conocer (tal vez lugares de reunión ritual o calendarios astronómicos comunitarios). No hace falta más que acercarse a sitios como Clava Cairns cerca de Inverness o pasear por el valle de Kilmartin Glen, con sus decenas de piedras talladas y antiguas tumbas. También construcciones como los *brochs* en el norte y el noroeste son estructuras fascinantes, siempre ubicados junto a la costa. Son vestigios de una época en que la humanidad miraba la tierra y el cielo con admiración.

Con el paso de los siglos, la antigua identidad celta de estas tierras evolucionó y se adaptó sin desaparecer del todo. Los pictos acabarían uniéndose con los escotos gaélicos, formando el reino de Alba en la Alta Edad Media, precursor de la Escocia que hoy conocemos. Las tribus guerreras se transformaron en clanes medievales, pero mantuvieron ese espíritu de lealtad familiar que ya existía en tiempos celtas. La lengua adquirió nuevos rasgos y el gaélico escocés, derivado del gaélico irlandés de los escotos, se habló en Escocia durante más de mil años y aún sobrevive en ciertas comunidades de las Highlands. Las tradiciones orales, transmitidas primero por los druidas y bardos y luego por los poetas y músicos populares, continuaron cimentando la cultura local. No es de extrañar que muchos cuentos folklóricos y melodías tradicionales tengan ecos evidentes de mitos celtas. Incluso la relación emocional con la naturaleza pervive en los escoceses contemporáneos, en buena medida gracias a esta herencia. Esas raíces dieron a Escocia un carácter propio, diferenciado del resto de Britania y de Europa, que ni siglos de influencias externas han logrado borrar del todo.

Piensa que cuando viajes por allí y veas un círculo de piedras solitario en un prado, o el viento te corte los labios junto a un Broch, estarás experimentando la huella de los celtas bajo tus pies.

Capítulo 5. Historia bélica de Escocia

Antes de que existiera una idea unificada de "Escocia", el norte de Britania era un espacio muy fragmentado. Como ya hemos visto, estaba habitada por pueblos celtas con un carácter definido y poca disposición a aceptar una autoridad extranjera. Los romanos fueron los primeros en comprobarlo. Los celtas que habitaban Caledonia practicaban una guerra irregular y no ofrecían un enemigo central al que derrotar. Estaban desorganizados y eran individualistas, con un concepto de gloria que estaba muy arraigado entre los guerreros. Roma era todo lo opuesto, militarmente ordenada y tácticamente disciplinada. La zona más allá del muro fue una región incómoda para ellos, un límite que restringía hasta dónde llegaba su poder.

Tras la retirada de las legiones, el vacío no trajo estabilidad. Al contrario, porque el territorio se organizó en reinos y clanes que competían entre sí por tierras y recursos. La lealtad se dirigía a un linaje, a un jefe que protegía a los suyos y al que se debía obediencia, no a una corona lejana. Esa estructura explica muchas cosas como la importancia del apellido o el peso del honor. También a la memoria de las ofensas sufridas y a la facilidad con la que un conflicto local podía enquistarse a lo largo de varias generaciones.

En ese marco, la guerra era una vía de supervivencia. Se combatía para mantener el equilibrio y disuadir al vecino, o por algo tan básico como no mostrar debilidad. De ahí nace una cultura guerrera y pragmática al mismo tiempo, donde la violencia seguía códigos y tenía sus tiempos, aunque desde fuera pudiera parecer caótica. Con la consolidación de los reinos escoceses y, más tarde, con la creciente presión inglesa desde el sur, ese carácter se afiló todavía más. Escocia tuvo que gestionar sus divisiones internas mientras defendía su autonomía frente a un vecino más grande y más rico. Esa tensión constante acabó construyendo una mentalidad defensiva que desconfiaba del poder central, consciente de la fragilidad de la independencia. Incluso cuando hubo reyes escoceses fuertes, la autoridad nunca fue absoluta. Los clanes seguían siendo actores políticos de primer orden, capaces de apoyar o desestabilizar a la Corona según sus intereses. La fidelidad era condicional, y eso explica tanto las alianzas cambiantes como las traiciones que imperan en la historia escocesa. Es un relato de intereses cruzados y equilibrios precarios, donde nadie encaja del todo en el papel de héroe o villano.

Cuando llegamos a la Edad Moderna, con la unión de coronas, la Revolución Gloriosa y, más tarde, los levantamientos jacobitas, ese sustrato histórico ya estaba bien asentado. Las guerras que vendrían no surgieron de la nada, serían la expresión final de siglos de conflictos acumulados. Por eso, para desentrañar la historia escocesa, no basta con conocer las grandes batallas o los nombres célebres. Hay que asumir que durante mucho tiempo la guerra fue una constante y una realidad que condicionó el pensamiento. Ese pasado no lo explica todo, pero aclara por qué este recorrido en el tiempo está definido por la resistencia y la lealtad al grupo, junto a la conciencia de lo que significa defender la soberanía para no perderla.

No se trata de hacer un repaso exhaustivo por toda la historia bélica de Escocia. No es posible (ni sería útil en este momento) abarcar cada conflicto que ha azotado la nación a lo largo de los siglos. El objetivo no es otro que aportar al lector una serie de puntos de referencia claros. Para ello, me centraré en momentos clave para tomar consciencia de cómo y por qué Escocia ha desarrollado esa relación tan compleja con la guerra y el concepto de soberanía. Por ese motivo, el relato se concentra en algunos episodios fundamentales y deja otros en un segundo plano o directamente fuera. Habrá ausencias evidentes para quien conozca bien la historia. Por ejemplo, no entraré en la ocupación inglesa en el periodo de dictadura de Oliver Cromwell, ni en otros conflictos internos que merecerían, por sí solos, capítulos completos. Solo en algunos casos, los acontecimientos aparecerán mencionados como telón de fondo, sin el desarrollo detallado que exigiría un libro centrado solo en historia.

Vamos a situar en un mismo hilo conductor las guerras de independencia y el papel de los Estuardo, junto con los levantamientos jacobitas, para seguir sus causas y sus consecuencias. De esa manera tendremos las claves necesarias para explicar por qué la historia de Escocia está marcada por una tensión constante basada en la resistencia y la lucha.

Las Guerras de Independencia

A finales del siglo XIII, Escocia era un país pobre, aunque no estaba en la miseria absoluta. Era, además, un reino independiente y constituido, con un rey, leyes propias, una nobleza poderosa y una identidad política definida, aunque cierto es, bastante frágil. Esa fragilidad venía asociada a su posición geográfica y a la presión constante del vecino del sur. Inglaterra llevaba décadas fortaleciendo su autoridad interna y expandiendo su influencia, y Escocia era el siguiente objetivo lógico. Lo que faltaba era una oportunidad. Y esa oportunidad llegó con una crisis sucesoria que dejó el trono sin monarca.

En 1286, el rey escocés Alejandro III murió inesperadamente por una caída accidental mientras galopaba en los acantilados de Kinghorn una noche de tormenta. Con él desaparecía la última figura fuerte de la monarquía escocesa. Sus hijos habían muerto antes, y la única heredera legítima era su nieta, Margarita, conocida como la "Doncella de Noruega". En aquel momento tenía apenas tres años y al final nunca llegaría a gobernar porque falleció en la travesía a Escocia para reclamar el trono. Cuando llegó a las islas Orcadas, se cree que la fiebre tifoidea ya se había llevado la vida de la niña y parte de su corte, dejando el trono desierto y a la nobleza dividida entre varios pretendientes con derechos más o menos legítimos. Era necesario y urgente llegar a un acuerdo y coronar un nuevo rey.

Ante el riesgo de guerra civil, los nobles escoceses pidieron a Eduardo I de Inglaterra que arbitrara en la sucesión. En las crónicas se percibe bien hasta qué punto esta decisión fue ingenua. Eduardo aceptó, pero con la condición de que se le reconociera como señor feudal supremo de Escocia y esto no fue un detalle sin importancia porque aceptarlo suponía admitir que el reino escocés estaba subordinado a Inglaterra. Muchos lo vieron como un trámite temporal, pero Eduardo lo vio como una puerta abierta de par en par. El elegido para ser la marioneta del rey inglés fue John Balliol, un noble con linaje legítimo, pero sin fuerza política real. Desde el principio quedó claro que Eduardo no pensaba tratarlo como a un rey de igual a igual, humillándolo en público y obligándolo a comparecer ante tribunales ingleses para forzarlo a obedecer órdenes que afectaban a la soberanía escocesa. Cuando intentó resistirse y buscar alianzas externas, Eduardo reaccionó con dureza. Tras la invasión de 1296 y la derrota escocesa en Dunbar, Balliol fue depuesto y enviado prisionero a la Torre de Londres. A esas alturas el mensaje de que Escocia iba a ser gobernada desde Londres ya no era solo un rumor.

La ocupación fue rápida, pero para nada fue pacífica y Eduardo dejó guarniciones inglesas repartidas por las principales ciudades para imponer impuestos. Estaba tratando Escocia como un territorio conquistado y fue en ese momento cuando empezaron a surgir focos de resistencia local. No grandes ejércitos, sino pequeños grupos armados que conocían el terreno y atacaban por sorpresa donde podían. Una guerra de guerrillas en toda regla. De todos esos rebeldes y aunque no fue el único, el nombre que acabaría sobresaliendo para la historia fue el de William Wallace.

Los historiadores insisten en que Wallace no era un gran noble ni un general profesional. Eso es relevante para explicar su papel. Wallace representaba a una Escocia ajena a las salas del poder, presente en los caminos y en las aldeas, en el ámbito rural y su lucha comenzó como una respuesta directa a la ocupación inglesa. Su éxito inicial se basó en la sorpresa y un amplio conocimiento del medio rural donde atacaba. Su único objetivo era impedir que los soldados extranjeros sometieran a un pueblo libre, más que ganar una guerra convencional.

La situación decisiva llegó en 1297, cuando Wallace se coordinó con otro líder rebelde, Andrew de Moray, que operaba contra la ocupación en el norte. Ambos comprendieron que había que dar un golpe contundente para vencer a los ingleses y, más importante aún, para demostrar que podían ser derrotados. Eligieron Stirling porque dominaba uno de los principales accesos al norte por el río Forth, ancho y difícil de cruzar. Esto obligaría al ejército inglés a utilizar un puente estrecho de madera que iba a anular su superioridad numérica.

La batalla del Puente de Stirling fue el resultado de una elección inteligente del lugar y del momento porque cuando un tercio del ejército inglés había cruzado y no podía ni avanzar ni retroceder, los escoceses iniciaron el ataque y el resultado fue desastroso para Inglaterra. Muchos soldados murieron aplastados o ahogados, y la derrota tuvo un impacto psicológico enorme. Por primera vez, el mito de la invencibilidad inglesa se venía abajo el 11 de septiembre de 1297.

Tras Stirling, Wallace fue nombrado Guardián de Escocia, un cargo político además de militar, pero ganar una batalla no equivale a saber gobernar. Se encontró al frente de un país devastado, mientras la nobleza seguía enfrentada y el enemigo se preparaba para responder de inmediato. En Londres, Eduardo I herido en su orgullo, planeaba su regreso para el año siguiente con un ejército aún mayor. Y, de hecho, arrasó en Falkirk, evidenciando las limitaciones de unos batallones locales formados, en su mayoría, por campesinos sin experiencia que pretendían actuar como soldados de infantería.

Después de Falkirk, la resistencia entró en una fase más oscura y Wallace dejó de ocupar cargos oficiales volviendo de nuevo a la guerra de desgaste. Recurrió a tácticas duras, incluso impopulares, para evitar que los soldados ingleses se abastecieran, incluso destruyendo patrimonio escocés y usando la táctica del campo quemado con los enemigos que le persiguieron. Tanta devastación le hizo perder apoyos entre la nobleza y en 1305 fue traicionado y capturado para ser llevado por fin a Londres. Eduardo lo había conseguido y dictó su ejecución bajo los cargos de alta traición. Fue algo público y brutal. Wallace sufrió una tortura previa a la muerte pensada para servir de ejemplo y escarmiento, aunque las crónicas indican que tuvo el efecto contrario. Murió el 23 de agosto de 1305, pero se convirtió en un símbolo de la lucha por la libertad.

Aquí es donde entra Robert de Bruce, una figura mucho más compleja y, durante años, contradictoria. Bruce pertenecía a una familia poderosa y tenía una reclamación legítima al trono, pero a diferencia de William Wallace, él estaba dentro del sistema. Y, como muchos nobles de su tiempo, cambió de bando según las circunstancias, por puro cálculo político. Escocia se salvaría con heroísmo y perseverancia, pero además necesitaba alianzas con influencia para hacer legítima su posición.

El punto de no retorno llegó en 1306, cuando Bruce mató a su rival en la pugna por el trono, John Comyn, en el interior de la iglesia de Greyfriars en Dumfries. Fue un acto extremo que lo dejó sin salida ya que, si no conseguía el trono, lo perdía todo. Se coronó rey poco después, aunque al principio su situación fue desesperada ya que comenzó perdiendo batallas y tuvo que huir y esconderse (se cree que en una cueva) unos meses. De este modo, Roberto I de Escocia empieza como un rey sin reino, muy distinto de la imagen del típico héroe triunfador.

En Inglaterra, la muerte de Eduardo I en 1307 cambió el equilibrio para suerte para los escoceses, ya que Eduardo II, carecía de la autoridad y la capacidad militar de su padre. Bruce aprovechó la ocasión para reconstruir su ejército, ganar apoyos y recuperar castillos esenciales tomados por Inglaterra. En ese periodo no buscaba grandes enfrentamientos hasta estar preparado y planteó una estrategia paciente y calculada, muy distinta de la etapa de Wallace.

El momento que cambió esta guerra llegó en la batalla de Bannockburn, en junio de 1314. Allí, Robert de Bruce y su ejército, en dos largos días sobre el barro lograron una victoria decisiva frente a un ejército inglés muy superior en número. Ganar la guerra aseguró su reinado y la supervivencia del reino, y a partir de ese instante, Escocia dejó de ser un territorio ocupado por ingleses pasando a ser una nación que había demostrado que siempre se resistiría a una conquista.

La culminación política de todo el proceso fue la "Declaración de Arbroath" en 1320. En este documento, los nobles escoceses afirmaban algo revolucionario para su tiempo, que Escocia era libre por derecho propio y que el rey gobernaba para defender esa libertad. Si no lo hacía, incluso podía ser depuesto. Fue una excelente propaganda y una definición evidente de identidad y de fuerza política.

En 1328, el Papa e Inglaterra reconocieron por fin la ansiada independencia de Escocia terminando un conflicto había durado más de treinta años. William Wallace había iniciado la resistencia cuando todo parecía perdido, pero Robert de Bruce la había convertido en un proyecto político viable. Sin uno, el otro no habría podido tener éxito. Y gracias a ambos, Escocia no fue absorbida por Inglaterra, sino que siguió su propio camino. Por todo ello, y porque ambos son queridos y recordados por igual, hoy en día cuando uno visita el Castillo de Edimburgo puede ver sus dos estatuas, a izquierda y derecha, custodiando la entrada.

<u>Episodio: "Las guerras de independencia" (11:21)</u>

Los Estuardo

Con la independencia asegurada tras la guerra contra Inglaterra, Escocia lejos de entrar en una etapa de estabilidad política, siguió siendo un hervidero. La victoria militar resolvió una amenaza externa inmediata, pero dejó abiertas muchas tensiones internas. Tensiones patentes entre la monarquía y la nobleza, entre las Tierras Altas y las Tierras Bajas, y con el paso del tiempo, entre distintas formas de aceptar la religión y el poder. En ese escenario surgió la dinastía que marcaría durante siglos la historia escocesa y que mucho tiempo después, estaría involucrada en el origen de las guerras jacobitas. Entraba en escena la casa de los Estuardo.

El primer Estuardo en llegar al trono fue Roberto II, nieto de Robert de Bruce, en 1371. Su ascenso fue fruto de la herencia, no de ninguna conquista. Con él se cerraba el ciclo heroico de la independencia y comenzaba una etapa más compleja, menos épica y mucho más estratégica. Roberto II era ya un hombre mayor cuando fue coronado y su reinado se caracterizó por un poder real muy limitado. La autoridad se concentraba entonces en los grandes clanes y en una nobleza acostumbrada a actuar con mucha autonomía. Escocia había conseguido ser un reino independiente, pero a diferencia de otras monarquías en Europa, el control efectivo del rey sobre su propio territorio era desigual.

Su sucesor, Roberto III, tampoco logró mejorar esta circunstancia. De salud débil y poco respetado por la nobleza, dejó el gobierno en manos de su hermano, el duque de Albany y el resultado fue un reino fragmentado por luchas internas con una monarquía cada vez más cuestionada. Este periodo temprano de los Estuardo asentó la constante que se repetirá una y otra vez, pues fueron reyes absolutistas, con autoridad formal, pero con enormes dificultades para imponerse.

El cambio llegó con Jacobo I, cuya historia resume bien la fragilidad del poder escocés, pues con solo doce años fue capturado por los ingleses cuando viajaba a Francia, pasando casi dos décadas retenido como prisionero en Inglaterra. Cuando regresó a Escocia en 1424, lo hizo con la visión clara de fortalecer la autoridad real y reducir el poder de los nobles. Intentó gobernar con mano firme retomando la administración y controlando a los clanes más poderosos, pero quiso ir demasiado lejos y demasiado rápido. En el año 1437 fue asesinado víctima de una conspiración nobiliaria y su muerte dejó claro que en Escocia el equilibrio entre rey y nobleza era demasiado delicado.

Su hijo, Jacobo II, heredó el trono siendo un niño y orientó su reinado a controlar a las familias más influyentes, en especial a los Douglas. Murió en combate cuando dirigía el asedio a un castillo, porque un cañón explotó de repente al ser disparado mientras estaba cerca. De nuevo, la sensación era que la monarquía escocesa avanzaba al borde del colapso.

Con Jacobo III la tensión aumentó (algo que ya parecía imposible). Su gobierno fue impopular por estar involucrado en conflictos con la nobleza y hubo una desconexión creciente entre el rey y los grandes clanes. Terminó siendo asesinado tras una rebelión en la que estuvo involucrado hasta su propio hijo. Por el momento Escocia seguía siendo independiente, pero a nivel político continuaba la inestabilidad.

Y con la figura de Jacobo IV llegó un paréntesis de optimismo. Contrajo matrimonio con Margarita Tudor, hermana de Enrique VIII de Inglaterra y fue un rey carismático, culto y respetado, que intentó fortalecer el reino y mejorar las relaciones internacionales. Sin embargo, su decisión de apoyar a Francia (reino siempre enemigo de Inglaterra) terminó en desastre. En 1513 murió en la batalla de Flodden, junto con muchos otros nobles que le secundaban. Fue una de las derrotas más traumáticas del país y dejó el reino, una vez más, en manos de un niño, su hijo y heredero Jacobo.

En este repaso fugaz llegamos a Jacobo V quien logró gobernar con cierta autoridad, pero como todos los de su linaje murió de forma prematura en 1542 dejando en el trono esta vez a una heredera, su hija (cómo no, recién nacida): María

Estuardo. Con ella, la historia de los Estuardo entró en una nueva dimensión, con el protagonismo centrado en la política y en las relaciones con Inglaterra, pero también en la religión. María heredó un reino polarizado y muy dividido y su vida estuvo condicionada desde el principio por esa fractura. Su figura será determinante para interpretar el conflicto religioso posterior, y por eso merece un análisis propio más adelante.

Lo importante aquí es saber que, con los Estuardo, Escocia entra en una etapa en la que el problema deja de ser solo la independencia frente a Inglaterra y pasa a ser cómo gobernar un reino pequeño y dividido con la presión externa de potencias mayores. Las tensiones entre monarquía y nobleza, entre tradición y reforma, y entre Escocia e Inglaterra van cambiando y adoptan nuevas formas. Ese proceso culminará en el año 1603, cuando Jacobo VI hereda el trono inglés y se convierte en Jacobo I de Inglaterra. En ese punto y por primera vez, ambos reinos quedan unidos bajo un mismo monarca (escocés de nacimiento). No es todavía una unión política, pero sí simbólica, pues la corte se traslada a Londres y Escocia queda, de facto, en segundo plano. Para muchos escoceses, aquello supuso una pérdida de influencia y una sensación de subordinación que ya no desaparecería nunca.

Con el paso del tiempo y tras la unión de coronas, las diferencias religiosas y la memoria de una monarquía considerada legítima en Escocia se transformaron en un agravio persistente que pasó de una generación a otra. Cuando en el siglo XVIII los descendientes de los Estuardo sean apartados del trono, ese legado no caerá en el olvido. Al contrario, porque esto se convertirá en bandera y en causa, siendo entonces cuando estalle el último gran intento de restaurar al último de los Estuardo en las guerras jacobitas.

Revolución Gloriosa y Masacre de Glencoe

A finales del siglo XVII, Escocia atravesaba un periodo de enorme tensión política. Tras décadas de conflictos, el equilibrio entre monarquía, religión y lealtades tradicionales estaba a punto de romperse. Esa grieta terminó de abrirse con la conocida Revolución Gloriosa, un cambio de régimen donde el pueblo acabó deponiendo al rey católico y que en Inglaterra se desarrolló sin grandes problemas, pero que en Escocia tuvo consecuencias profundas y duraderas.

En 1688, el trono estaba ocupado por Jacobo VII de Escocia y II de Inglaterra, último monarca católico de las islas. Su religión generaba desconfianza en una élite política en su mayoría protestante, temerosa tanto de un retorno al catolicismo como de un fortalecimiento del poder real. El nacimiento de su hijo varón, que abría la puerta a una dinastía católica estable, precipitó los acontecimientos. Un grupo de nobles invitó a Guillermo de Orange, protestante de los Países Bajos y esposo de María, hija del propio rey Jacobo, a intervenir. Guillermo desembarcó en Inglaterra y Jacobo, sin apoyos suficientes, huyó al exilio. Guillermo y María fueron proclamados soberanos y el Parlamento dejó claro que la autoridad del monarca quedaba limitada a partir de ese instante.

En Escocia, no obstante, el nuevo régimen no fue aceptado por todos. Muchos clanes de las Highlands siguieron considerando a Jacobo su rey legítimo por motivos religiosos y por una concepción tradicional de la lealtad personal al monarca. Ese apoyo dio paso a los primeros levantamientos jacobitas, encabezados por John Graham de Claverhouse, vizconde de Dundee, que logró algunas victorias iniciales antes de morir en la batalla de Killiecrankie en 1689. Tras su fallecimiento, los jacobitas quedaron debilitados, pero no desaparecieron.

Consciente de que mientras las Highlands siguieran siendo un foco de resistencia su trono no estaría seguro por completo, Guillermo decidió ofrecer un perdón Real a los clanes católicos, acompañado de una compensación económica. La condición era clara: los jefes de clan debían jurar lealtad al nuevo rey antes del 31 de diciembre de 1691 ante un magistrado autorizado.

Quienes no lo hicieran serían considerados rebeldes y por tanto enemigos del monarca.

La propuesta colocó a muchos clanes en una situación incómoda. Habían jurado fidelidad a Jacobo y ahora se les pedía reconocer a un rey al que muchos consideraban ilegítimo. Ante la duda, los jefes jacobitas decidieron consultar al propio Jacobo, exiliado en Francia. La respuesta llegó tarde, apenas dos semanas antes de que venciera el plazo, y en ella el antiguo rey recomendaba aceptar el juramento para evitar represalias. La mayoría de los clanes logró cumplir el requisito dentro del plazo establecido. No así el clan MacDonald de Glencoe. Su jefe, Alasdair MacIain, se retrasó por una combinación de mala información, junto a condiciones meteorológicas extremas a la que se sumó una cadena de decisiones administrativas que hoy siguen siendo objeto de debate. El 31 de diciembre llegó a Fort William para prestar juramento, pero el oficial presente no tenía autoridad legal para aceptarlo. Le entregó una carta certificando su intento y le indicó que debía acudir a Inveraray, donde sí podría encontrar a un juez competente que le atendiera.

El viaje, en pleno invierno, fue lento y complicado. MacIain fue detenido e interrogado por una patrulla gubernamental y, cuando consiguió llegar por fin a Inveraray, el magistrado (perteneciente al clan Campbell) no estaba disponible. El juramento se formalizó el 6 de enero de 1692, fuera de plazo. Para MacIain, el compromiso estaba cumplido; para Londres, no.

En las semanas siguientes, la aparente calma volvió a Glencoe. Pero a comienzos de febrero, un destacamento de unos 120 soldados del regimiento de Argyll, al mando de Robert Campbell de Glenlyon, llegó al valle con la excusa de recaudar impuestos. MacIain los recibió siguiendo el código de hospitalidad de las Highlands, una norma no escrita pero sagrada que obligaba a dar cobijo y protección al huésped, incluso si pertenecía a un clan rival. A lo largo de once días, soldados y habitantes compartieron techo y comida además de celebraciones y bailes, sin sospechar lo que estaba a punto de ocurrir.

En la madrugada del 13 de febrero de 1692, antes del amanecer, los soldados se desplegaron por el valle siguiendo órdenes selladas recibidas la noche anterior. Las instrucciones, firmadas por John Dalrymple, secretario de Estado para Escocia, y aprobadas por el rey, eran claras: ejecutar una acción ejemplar contra los MacDonald de Glencoe por no haber jurado lealtad en plazo, eliminando a los hombres del clan menores de sesenta años, incluido su jefe. El ataque fue rápido y brutal. Alasdair MacIain fue asesinado en su propia casa y muchos otros murieron mientras intentaban escapar. Quienes lograron evadirse se enfrentaron a una tormenta de nieve y al frío extremo; varias decenas fallecieron por hipotermia en las horas y días siguientes. En total, unas treinta y ocho personas murieron aquella noche solo a causa de la matanza y otras, las que pudieron huir atemorizadas, lo hicieron congeladas mientras se ocultaban en el valle.

Lejos de pacificar las Highlands, la masacre tuvo el efecto contrario. La violación del código de hospitalidad provocó una indignación generalizada, incluso entre partidarios del nuevo régimen. Años más tarde, una comisión parlamentaria reconoció la ilegalidad de la acción, aunque nunca se asumieron las pertinentes responsabilidades. Glencoe quedó grabado en la memoria colectiva como un símbolo de traición y abuso de poder por el gobierno central hacia las Highlands. Ese resentimiento perduró en el tiempo y se transmitió de padres a hijos, alimentando, décadas después, los grandes alzamientos jacobitas del siglo XVIII.

Episodio: "La masacre de Glencoe" (18:37)

Guerras jacobitas y Culloden

Tras la masacre de Glencoe, el norte de Escocia quedó sacudido por una gran desconfianza hacia el gobierno central. Para muchos clanes de las Highlands, aquel episodio confirmó que el nuevo régimen no miraba por ellos y era capaz de actuar con una dureza extrema incluso contra quienes habían tratado de someterse. La herida quedó abierta y no cicatrizó. Se alimentó un resentimiento latente que, unido a la cuestión dinástica y religiosa, acabaría desembocando en las guerras jacobitas.

Desde la Revolución Gloriosa de 1688, los Estuardo habían sido apartados del trono y sustituidos por monarcas protestantes holandeses de la casa Hannover. En Londres, el cambio se entendió como una evolución política, pero en las Highlands, muchos lo vivieron como una usurpación ilegítima. Para una parte significativa de la población del norte, el rey por derecho seguía siendo Jacobo VII, y después su hijo y su nieto. Esa fidelidad personal al linaje Estuardo, fue el verdadero motor del movimiento jacobita.

Esos casi sesenta años, entre 1688 y 1746, Escocia vivió en un estado de tensión permanente, en una sucesión de levantamientos frustrados y periodos de aparente calma. Sin tratarse de una guerra constante, hubo alzamientos importantes sobre todo en 1715, 1719 y 1745. Todos ellos con resultados militares decepcionantes y siempre con la esperanza, nunca cumplida, de una ayuda decisiva de potencias católicas como Francia o España.

En medio del conflicto se produjo un hecho que cambió el destino de la región: el Acta de la Unión de 1707, por la cual los parlamentos de Escocia e Inglaterra se fusionaron para formar el Reino Unido de Gran Bretaña. Para muchos escoceses, especialmente en las Lowlands, la unión fue una solución económica y política tras años de crisis, pero para las Highlands, fue una pérdida definitiva de la soberanía, con la confirmación de que las decisiones importantes ya no se tomarían en Escocia. Lejos de apagar el conflicto, la unión lo enquistó.

El último y más decisivo levantamiento jacobita comenzó en 1745. Por aquel entonces, Jacobo Francisco Eduardo Estuardo (el llamado "Viejo Pretendiente") ya era un hombre mayor y no estaba en condiciones de liderar una nueva rebelión, pero su hijo, Carlos Eduardo Estuardo, conocido como "Bonnie Prince Charlie", decidió asumir ese papel. El contexto internacional parecía favorable, pues Gran Bretaña estaba en guerra con Francia y el grueso de sus tropas se encontraban combatiendo fuera del país. Con el apoyo de los franceses, Carlos desembarcó en la costa oeste de Escocia con escasos medios y muy pocos hombres. Aun así, contra todo pronóstico, logró reunir a varios clanes de las Highlands y levantar su estandarte con orgullo en Glenfinnan, en agosto de 1745.

El movimiento fue creciendo y el ejército jacobita inició un avance firme hacia el sur, llegando a tomar Edimburgo y derrotando a las fuerzas gubernamentales en la batalla de Prestonpans (septiembre de 1745). Eufórico por el éxito, Carlos convenció a sus generales de seguir avanzando hacia Inglaterra con la convicción de seguir sumando apoyos católicos para provocar una revuelta general. Llegaron hasta Derby, a menos de doscientos kilómetros de Londres, dejando el gobierno de Jorge II en una situación muy comprometida.

Sin embargo, parece paradójico que ese avance fue también el principio del fin. El apoyo de los católicos ingleses que se sumaron a la causa no fue el esperado y las tropas gubernamentales comenzaron a reagruparse con rapidez para hacerles frente. Ante la amenaza de quedar aislados, los jacobitas iniciaron la retirada de vuelta hacia el norte y a partir de entonces, la iniciativa pasó a manos del gobierno. El mando de las tropas fue asumido por Guillermo Augusto, duque de Cumberland, hijo del rey de Inglaterra, un militar experimentado y decidido a acabar con la rebelión de una vez por todas. Mientras los jacobitas, mal abastecidos y exhaustos, se replegaban hacia Inverness, el ejército del rey con más hombres y mejores armas se reagrupaba, entrenando a sus tropas para contrarrestar las tácticas del ejercito católico.

El enfrentamiento final ocurrió el 16 de abril de 1746, en el páramo de Culloden, un terreno húmedo y muy poco adecuado para los métodos de combate tradicionales de los clanes. La elección del terreno fue sin duda un error decisivo. Frente a unos cinco mil jacobitas cansados y mal alimentados, el duque de Cumberland desplegó cerca de nueve mil soldados bien entrenados, equipados con artillería pesada. Cumberland estudió con detenimiento las recientes derrotas contra los escoceses y esta vez la batalla duró apenas cuarenta y cinco minutos. La artillería gubernamental abrió fuego y cuando los jacobitas intentaron cargar, el terreno embarrado y la distancia jugaron en su contra. Fueron masacrados antes de poder alcanzar las líneas enemigas. Murieron más de mil setecientos jacobitas en el campo de batalla y muchos más fueron capturados y ejecutados al día siguiente. Las bajas de los soldados vestidos con casacas rojas fueron mínimas en comparación.

Culloden significó una gran derrota militar y el final de una era. Tras la batalla, el Estado tomó toda la zona, antes católica y emprendió una represión sistemática en las Highlands, siendo este el principio del fin de la sociedad de clanes. Se aprobó el "Act of Proscription", cuyo objetivo era transformar el sistema tradicional de las Tierras Altas y evitar que los clanes pudieran volver a revelarse contra la Corona británica. Este conjunto de medidas incluía la obligación de entregar las armas y la prohibición de portar el vestido tradicional, en particular el uso del tartán y el kilt. Se marginó el gaélico y se oficializó el inglés. Lo que se buscaba desde el bando protestante era debilitar la capacidad militar y los símbolos que cohesionaban a los clanes.

Carlos Eduardo Estuardo logró huir y terminó sus días en el exilio, y con él se extinguió la causa jacobita como una amenaza real para los intereses del rey. Lo que había comenzado como una lucha por restaurar una dinastía terminó transformando de forma radical la sociedad de las Highlands. Culloden fue mucho más que una batalla, fue el punto final de un modo de vida y el momento en el que Escocia, al final, fue obligada a dejar atrás su pasado para entrar en una nueva etapa de su historia.

Episodio "La batalla de Culloden" (16:05)

Capítulo 6. Religión y Reforma

La religión en Escocia fue un asunto de suma importancia. A lo largo de los siglos, las creencias religiosas estuvieron muy unidas a la política, lo que influía en cómo se organizaba la sociedad. Creer de una manera u otra determinaba a quién obedecías, de quién desconfiabas y, en muchos casos, de qué lado estabas cuando las cosas se torcían. Por tanto, sumergirse en la historia religiosa escocesa es imprescindible para comprender sus conflictos y sus alianzas, así como muchas de las decisiones que marcaron el futuro. Del mismo modo que en el capítulo anterior la guerra aparecía como una constante, aquí la religión actúa como un hilo conductor que afecta a la identidad y al día a día durante generaciones.

La intención de este capítulo no es la de explicar dogmas ni entrar en debates teológicos. No es necesario que sepas en qué se diferencia punto por punto el calvinismo del catolicismo para captar lo que ocurrió en Escocia. Lo que importa es que sepas que la religión representaba una vía de poder y un sistema de control social además de una herramienta política. La Reforma protestante fue un gran cambio en la iglesia, pero también fue una transformación profunda de la relación entre el individuo y la autoridad y entre el rey y el pueblo, que también afectó al vínculo de Escocia con sus regiones vecinas. Desde entonces, gobierno y religión quedaron tan entrelazados que no se pueden separar sin que se diluya su sentido histórico.

Como en el capítulo dedicado a la historia bélica, lo que encontrarás a continuación es una visión concentrada, una fotografía clara de los momentos y las figuras que permiten vislumbrar esa faceta esencial de Escocia. Abordaremos los orígenes de la Reforma, qué modelo religioso se impuso y por qué generó tanta resistencia. También cómo esa división acabó influyendo en otros conflictos políticos posteriores, desde el reinado de María Estuardo hasta las guerras jacobitas. El propósito es que, al terminar el capítulo, tengas claro por qué la religión fue (y siguió siendo) un factor decisivo para explicar los motivos de todo lo ocurrido.

Escocia antes de la Reforma

Antes de la Reforma protestante, la religión estaba integrada en el mismo entramado que la política y la guerra, dentro de una misma organización social. No podemos tratarlo como una esfera aislada ni se debería considerar así. La Iglesia católica era una de las instituciones más poderosas, con tierras y rentas, además de un enorme peso moral, y estaba perfectamente cohesionada en el funcionamiento del reino. En una realidad donde la concepción de un Estado moderno todavía no existía, la Iglesia cumplía funciones esenciales como administrar la educación de los niños y regular el calendario. Esto le permitía legitimar la capacidad de decisión de los reyes y actuar como intermediaria entre la población y un gobierno que, para la mayoría, resultaba lejano y abstracto.

La Escocia medieval que hemos ido describiendo en los capítulos anteriores estaba fragmentada, tenía una nobleza fuerte y una lealtad muy ligada al clan, y todo eso también tenía su eco en la religión. Aunque se dependía del Papa como jefe de la institución, en Escocia había un alto grado de autonomía en la práctica. Obispos y abades pertenecían casi siempre a las grandes familias nobles y actuaban tanto como líderes espirituales como agentes políticos. Las abadías y monasterios eran templos de oración, pero de igual modo eran centros económicos y de mando, con tierras y campesinos a su cargo. En muchos casos, ir a rezar significaba apoyar el equilibrio social existente.

Para el escocés medio, la religión era sobre todo una experiencia colectiva y su vida giraba en torno al calendario litúrgico y a las fiestas religiosas. Dentro de una visión del mundo fijada en el miedo al pecado y en el castigo del alma, la única esperanza era la salvación. La Iglesia ofrecía respuestas sencillas en un tiempo duro e incierto ya que explicaba el sufrimiento y justificaba el orden social, con la promesa de una recompensa futura si el individuo no pecaba. A cambio, exigía obediencia y respeto a la jerarquía, además del cumplimiento de normas que afectaban directamente a la vida cotidiana. En ese sentido, queda claro que la religión funcionaba a la perfección como un mecanismo de control social.

No obstante, bajo esa apariencia de estabilidad, existían muchas tensiones ocultas. La institución eclesiástica acumulaba riqueza en lugares donde la mayoría de la población vivía con lo justo, y el alto clero estaba cada vez más alejado de la realidad de la gente común. La corrupción y el absentismo, junto a la percepción de una entidad más preocupada por el poder que por la espiritualidad, empezaron a generar cierto descontento, particularmente en las Lowlands, donde el contacto con Europa era más habitual. Estas críticas acabaron surgiendo porque la sociedad estaba acostumbrada a cuestionar el control cuando parecía injusto o impuesto desde arriba, algo que ya hemos visto en los ámbitos político y militar.

Ese malestar se desarrolló en un escenario europeo convulso. Los cambios reformistas que circulaban por el continente comenzaron a llegar a Escocia a través de predicadores y comerciantes. Traían nuevas interpretaciones de la Biblia y, con ellas, una moralidad distinta. En un país con una larga tradición de resistencia al control externo y con una estructura social basada en lealtades condicionadas, esas ideas encontraron un terreno fértil donde echar raíces. Y así, cuando la Reforma protestante estalló en Escocia a mediados del siglo XVI, no lo hizo sobre un terreno neutro sino en una sociedad ya acostumbrada al conflicto permanente y a la desconfianza hacia la autoridad (tanto política como religiosa). Para valorar el alcance de la Reforma tenemos que enfocar primero a la Escocia católica anterior, porque solo así se aprecia hasta qué punto el nuevo orden alteró el reino y agravó la división interna.

La Reforma protestante en Escocia

La Reforma protestante no llegó a Escocia como una decisión tomada desde arriba. Fue un proceso gradual y tenso, en muchos momentos violento, que cristalizó cuando el grueso de la sociedad dejó de confiar en la Iglesia católica como faro moral. Las críticas que ya existían (corrupción, acumulación de riqueza, etc…) encontraron un marco ideológico nuevo que les dio coherencia y fuerza. El cambio planteaba una alternativa religiosa y una manera distinta de ejercer la autoridad.

Mientras en Escocia la Reforma avanzaba de forma irregular y con un fuerte impulso social, en Inglaterra el proceso paralelo tomó un camino muy distinto. Allí, el punto de ruptura con el catolicismo fue una decisión política tomada desde la Corona. Enrique VIII, empeñado en casarse con Ana Bolena y enfrentado al Papa por la negativa a anular su matrimonio con Catalina de Aragón, rompió con el catolicismo y se proclamó cabeza de una nueva Iglesia de Inglaterra. Nacía la religión anglicana, y el cambio obedecía en principio a la necesidad de asegurar la sucesión y reforzar el control del rey, no a una convicción doctrinal arraigada. Aun así, las consecuencias fueron enormes, pues la fe quedó subordinada al poder real y se sentaron las bases de un modelo religioso controlado desde el Estado. En esas circunstancias, la marea reformista que llegaba a Escocia desde Europa continental (en especial las influencias calvinistas) no solo cuestionaba la jurisdicción del Papa, sino toda una estructura, desde la jerarquía eclesiástica hasta el papel mediador del clero y la dependencia de rituales controlados por una sola institución. Frente a ello, se defendía una relación directa entre el individuo y Dios, basada en la lectura de la Biblia y en una moral estricta. Gran Bretaña se iba saliendo del camino de antigua religión católica para recorrer nuevos y distintos senderos.

Este mensaje, de nuevo, encajó bien en las Lowlands, más urbanizadas y conectadas. Algunos sectores de la nobleza apoyaron el cambio de modelo para debilitar a la antigua Iglesia y apropiarse así de sus tierras y recursos. Otra vez, religión y política iban de la mano. No todos los apoyos eran sinceros y espirituales, pero no importaba porque todos eran cruciales.

El punto álgido llegó en 1560, cuando el Parlamento escocés aprobó una serie de leyes que rompían de facto con todo lo católico y establecían la nueva Scottish Church. El catolicismo fue proscrito y la misa prohibida, convirtiendo así Escocia en un país protestante.

Ese cambio fue relativamente rápido y derivó en monasterios abandonados o destruidos e imágenes religiosas eliminadas. Para un sector de la población, aquello fue una liberación, pero para el resto fue una pérdida repentina de referencias y símbolos.

La nueva Iglesia que surgió de la Reforma escocesa no fue una copia de la anglicana ni una adaptación suave del modelo anterior. Adoptó una estructura presbiteriana, sin obispos ni jerarquías centralizadas, gobernada por consejos de ancianos (ministros) con un fuerte énfasis en la disciplina moral. El rumbo cambió y si antes el control venía de una Iglesia jerárquica, ahora se ejercía a nivel local, desde la propia comunidad que vigilaba comportamientos y creencias incluso en la esfera privada. La religión seguía siendo una fuerza poderosa, solo se había cambiado el traje.

Esta evolución dificultó una paz inmediata. Se abrió una brecha que afectó a familias y muchas de ellas aceptaron el nuevo orden por convicción o conveniencia, otras lo hicieron a regañadientes y algunas no lo aceptaron nunca. Se entraba así en una etapa en la que la identidad religiosa se convertiría en un factor de conflicto perpetuo, sobremanera al coincidir (como iba a ocurrir pronto) con disputas dinásticas y luchas por el poder. Y es que, con la Reforma, no solo se cambió de religión. Se alteró de raíz el equilibrio sobre el que se sostenía todo un reino. A partir de entonces, la autoridad y la fe dejaron de ocupar el mismo espacio que antes, y ese cambio condiciona todo lo que ocurre después. Solo desde ese nuevo prisma podemos leer con claridad la trayectoria de María Estuardo y la de su dinastía en conjunto.

Desde aquí, la historia religiosa de Escocia deja de ser un proceso abstracto y se encarna en personas concretas. La Reforma necesitó voces que la representaran y figuras tangibles que simbolizaran el nuevo orden que estaba naciendo. Del mismo modo, también generó resistencias llenas de contradicciones, que se manifestaron con especial claridad en quienes no encajaban en ese cambio.

Para explicar cómo la religión pasó a ocupar tanto protagonismo, hay que detenerse en dos personajes que representan polos opuestos de esta transformación. Por un lado tenemos a John Knox, el principal referente ideológico de la Reforma escocesa, cuyo pensamiento ayudó a crear una Iglesia nueva con una rectitud férrea, muy influyente en la sociedad que estaba emergiendo. Por el otro, María Estuardo, una reina católica que heredó un reino que ya no respondía a los valores con los que había sido educada y que encarna, mejor que nadie, el choque entre la Escocia anterior a la Reforma y la que surgió después. Ambos compartieron el mismo periodo histórico y encarnaron dos visiones opuestas del poder. Dar un repaso a sus vidas permite explicar por qué la religión en Escocia fue un asunto de relevancia pública y por qué las tensiones abiertas en el siglo XVI seguirían condicionando la historia de este lugar durante generaciones.

John Knox

John Knox fue más que un simple predicador o un teólogo influyente. Fue un personaje histórico, muy influido por el conflicto y la experiencia personal, y eso explica en gran medida el tono radical de su pensamiento. Nació a comienzos del siglo XVI, en una Escocia que solo conocía la religión católica, y vivió en primera persona el colapso del orden religioso tradicional. Su formación inicial fue clerical, pero muy pronto quedó atrapado en el clima de tensiones políticas y religiosas que recorría toda Europa. Desde muy temprano asumió que la religión era un instrumento decisivo, integrado en la vida pública para organizar la sociedad limitando el poder.

Uno de los episodios esenciales de su vida, siendo joven, fue su participación en la revuelta protestante en St Andrews, que terminó con la intervención francesa y su captura. Knox pasó diecinueve meses como prisionero en galeras, encadenado y siendo forzado a remar. Esta experiencia fue determinante para forjar su carácter, reforzando su convicción de que el catolicismo representaba una tiranía tanto espiritual como política. A partir de ahí, su discurso se volvió aún más intransigente y su visión de la realidad, más combativa. Para Knox, la verdadera fe no podía convivir con el error porque tolerarlo era traicionar a Dios.

Tras su liberación, pasó varios años fuera de Escocia. En ese periodo de exilio, estuvo varios años en Ginebra, entonces una república independiente que se había convertido en uno de los principales centros de la Reforma protestante con el modelo promovido por Juan Calvino. Allí encontró el esquema que daría forma definitiva a su pensamiento de comunidad religiosa austera, gobernada por ancianos, pero sin jerarquías episcopales y con una estricta disciplina moral como base. Lo que vio en Ginebra se convirtió para Knox en un modelo ideal. Cuando regresó a Escocia lo hizo para predicar aquello que había aprendido con la certeza de tener esta única misión en la vida.

Fue sencillo porque encontró una población ya fracturada y especialmente abierta a nuevas ideas. Supo leer ese clima de descontento y convertirlo en una oportunidad política.

Sus sermones eran directos y atacaban abiertamente a la Iglesia católica y a cualquier autoridad que no se sometiera a lo que él consideraba la ley de Dios. Su influencia fue decisiva en los acontecimientos que llevaron a la Reforma de 1560, cuando el Parlamento escocés rompió de manera oficial con Roma y estableció una nueva Iglesia nacional. Aunque no ocupó cargos políticos formales, su peso ideológico tuvo una gran repercusión, siendo uno de los principales autores de la Confesión de Fe escocesa y el referente moral del nuevo orden religioso.

Bajo su influencia, la religión pasó a regular lo que el pueblo debía creer y cómo debía vivir. En ese sentido, Knox contribuyó a crear un mundo más austero, con el pensamiento arraigado de que el soberano debía de estar siempre cuestionado.

Ese legado explica por qué el conflicto con una monarquía católica era de facto inevitable y por qué Knox no concebía la obediencia a un rey (mucho menos a una reina) que no compartiera su visión religiosa. Defendió en público la legitimidad de resistirse a gobernantes que consideraba impíos y cuando María Estuardo regresó a Escocia se encontró con un reino protestante, con un marco moral muy condicionado por estas ideas de Knox. El futuro por aquel entonces era muy incierto, ya que más que un enfrentamiento personal, lo que estaba a punto de producirse era el choque entre dos formas irreconciliables de encarar las convicciones y el poder.

María Estuardo: Reina de los Escoceses

Y en este contexto en el que Knox se había ganado el favor de la mayoría del pueblo, los reyes de Escocia, los Estuardo, seguían siendo católicos. Para comprender el alcance real de esta contradicción es necesario detenerse en la figura de María Estuardo y recorrer su vida con cierto detalle, porque pocas personas encarnan tan bien las tensiones culturales de la Europa del siglo XVI. Podemos decir que su historia es la de una reina escocesa y la de una mujer situada en el centro de un tablero internacional en el que cada movimiento tenía consecuencias.

María nació el 8 de diciembre de 1542 y, desde el inicio, su vida se desarrolló en paralelo a la inestabilidad en Europa. Se convirtió en reina con apenas seis días, tras la muerte de su padre, Jacobo V.

Escocia volvería a quedar en manos de regentes (en ese momento su madre, María de Guisa) y, una vez más, bajo la presión constante de Inglaterra. Enrique VIII vio en aquella niña la oportunidad de sacar tajada política casando a María con su hijo para absorber Escocia por vía dinástica. Sin embargo, María de Guisa, optó por reforzar la alianza tradicional con Francia y esa decisión cambiaría la vida de aquella niña para siempre, ya que la pequeña María fue enviada a París.

Desde los seis años se crió en el castillo de Saint Germain-en-Laye, en la corte de Enrique II, y se formó como una princesa europea en un entorno refinado donde el catolicismo lo impregnaba todo. María fue formada para brillar en Europa, no para gobernar la Escocia que más tarde encontró.

Hablaba varios idiomas, dominaba las artes cortesanas y entendía el gobierno desde una lógica muy distinta a la que iba a imponer Knox a más de mil kilómetros de ella. En 1558 se casó con el delfín Francisco y, un año después, se convirtió en reina de Francia. Durante ese breve periodo, María estuvo en la cúspide del poder europeo.

Esto duró poco porque Francisco II murió en 1560, el año de la Reforma escocesa, a causa de una infección en el oído, y María quedó viuda a solo tres días de cumplir los dieciocho años. De repente, perdió su posición en Francia y se encontró sin un papel definido. Su trono la reclamaba, pero muy lejos, en un lugar que apenas conocía y que, en su ausencia, se había transformado en un giro radical. Cuando regresó en 1561, lo hizo como una reina católica a un Edimburgo que ya había abrazado todos los cambios y donde figuras como John Knox dominaban el discurso público.

Los primeros años intentó gobernar con pragmatismo. Incluso permitió el culto protestante mientras reservaba el suyo al ámbito privado, con ceremonias discretas para no provocar a los sectores más radicales. No obstante, su mera presencia ya era un problema. Para Knox, María representaba todo aquello contra lo que había luchado: una monarca católica educada en Francia y una concepción del Estado incompatible con la nueva moral presbiteriana. Los choques entre ambos fueron continuos, en ocasiones públicos, hasta el punto de que Knox terminó cuestionando ante el pueblo su legitimidad moral como gobernante.

A esa tensión política y religiosa se sumaron sus decisiones personales. En 1565 se casó con Lord Darnley, un joven noble inglés ambicioso que también tenía derechos al trono de Inglaterra. Es probable que este fuese otro de sus grandes errores políticos porque Darnley resultó ser inestable y violento añadiendo aún más incertidumbre a un periodo ya de por sí incierto.

El asesinato de David Rizzio, su secretario y hombre de máxima confianza, cometido ante la propia reina embarazada, evidenció hasta qué punto había perdido el control sobre la nobleza. Desde entonces su autoridad fue poco más que simbólica.

Posteriormente, en 1566 el nacimiento de su hijo Jacobo en el castillo de Edimburgo aseguró la continuidad dinástica, pero no salvó su posición porque un año después, Darnley apareció muerto tras una explosión en unas circunstancias extrañas que nunca fueron del todo aclaradas. En ese momento Lord Darnley estaba aislado en una casa cerca del palacio de Holyrood intentando mejorar de una infección por sífilis. La sospecha cayó de pleno sobre el conde de Bothwell, que poco después se convertiría en el tercer y último esposo de María. Esto minó por completo la confianza de los nobles, más por la percepción del pueblo sobre la reina que por la verdad de lo ocurrido. En política, la apariencia es tan importante como la realidad, y a esas alturas la imagen de María había quedado debilitada sin posibilidad de vuelta atrás.

La sociedad respondió y los nobles se rebelaron, capturándola y forzándola a abdicar en favor de su hijo, que fue coronado como Jacobo VI. María fue encarcelada en la prisión de Loch Leven, aunque con el tiempo logró escapar con la ayuda de algunos católicos rebeldes fieles a su causa y trató de recuperar el poder por la fuerza, pero fracasó. Sin apoyos suficientes, tomó su última decisión equivocada y cruzó la frontera para pedir ayuda a su prima Isabel I de Inglaterra. Con este último error, su destino quedaría sellado.

Isabel no podía permitir que una reina católica, con derechos legítimos al trono inglés, actuara con libertad y dejó a María casi dos décadas bajo custodia, convertida en símbolo y en amenaza al mismo tiempo. Su figura fue utilizada por conspiradores católicos y su correspondencia cifrada a las cortes de Francia y España acabó implicándola (directa o indirectamente) en complots (o supuestos complots) contra Isabel.

El 8 de febrero de 1587 fue ejecutada en el Castillo de Fotheringhay. Murió decapitada a espada. Hasta el final mantuvo la convicción de su legitimidad y la amarga conciencia de haber sido una pieza rota en el tablero de aquel juego político.

Nunca fue una reina incompetente ni una pobre víctima, pero la verdad es que tampoco supo adaptarse al reino que heredó. Ni siquiera se lo permitieron. Su tragedia fue intentar gobernar una Escocia que ya no existía y enfrentarse a una Reforma imparable que lo había redefinido todo. Su historia nos cuenta por qué la religión en Escocia fue siempre un asunto primordial y por qué las tensiones abiertas en el siglo XVI seguirían condicionando la nación durante generaciones. Esa huella, en una paradoja histórica, no se extinguió con su muerte ya que fue su hijo quien acabaría uniendo las coronas de Escocia e Inglaterra, cerrando un círculo que ella misma no pudo completar en vida.

Episodio: "María Estuardo" (19:48)

El Pacto Nacional y los covenanters

Tras la Reforma y el traumático reinado de María Estuardo, Escocia entró en una fase de consolidación tensa, con una inestabilidad religiosa persistente. El nuevo modelo presbiteriano se había impuesto en casi todo el país, aunque no sin resistencias ni contradicciones. La monarquía seguía intentando ejercer control sobre la Iglesia, mientras muchos consideraban que la fe debía quedar protegida de cualquier interferencia del poder real. Esa desconfianza hacia la autoridad, tan arraigada en la historia escocesa, encontró una nueva vía de expresión en el siglo XVII.

El enfrentamiento se hizo evidente en el transcurso del reinado de Carlos I, hijo de Jacobo VI de Escocia y I de Inglaterra y nieto de la difunta María. Desde Londres, Carlos intentó avanzar hacia una mayor uniformidad religiosa en todo el reino, impulsando un modelo más cercano al anglicanismo, con obispos y una liturgia común.

En Edimburgo, estas medidas fueron percibidas como una amenaza directa a la Reforma y a la autonomía religiosa que se había consolidado tras décadas de conflicto. El intento de imponer un nuevo libro de oración en 1637 fue el detonante. No se trataba solo de cambiar palabras o rituales, sino de alterar el equilibrio de poder entre la comunidad religiosa y la Corona. Fue en ese escenario cuando ocurrió uno de los episodios más conocidos (y más cargados de simbolismo) de la historia religiosa escocesa. Al inicio de un oficio en la catedral de St

Giles, en Edimburgo, una ciudadana allí presente conocida como Jenny Geddes reaccionó con furia ante la nueva liturgia y lanzó su taburete contra el predicador mientras protestaba contra lo que consideraba una imposición indignante. Más allá de los detalles exactos del episodio, que los historiadores discuten, su importancia reside en que representa el rechazo popular a una decisión tomada desde Londres y la constatación de que el descontento ya había alcanzado a todo el mundo. La religión había dejado de ser un asunto de élites para convertirse en un problema de todos con un impacto emocional muy alto.

Ese clima de tensión desembocó, en 1638, en la firma del Pacto Nacional. Nobles, clérigos y ciudadanos firmaron un documento en el que se comprometían a defender la Iglesia presbiteriana y a rechazar cualquier intento del rey de modificar su doctrina. El Pacto, sin ser una declaración de independencia ni una rebelión abierta, establecía un principio fundamental: la obediencia al monarca tenía límites cuando entraba en conflicto con lo que se consideraba la verdadera fe. Era una afirmación común de resistencia que encajaba de lleno con la tradición política escocesa.

Quienes apoyaron este compromiso pasaron a ser conocidos como *covenanters* (pactantes), formando un bloque bastante heterogéneo, pero compartiendo la base de que la religión debía quedar protegida frente al poder real. Para ellos, defender el presbiterianismo era proteger la identidad escocesa y esta convicción pronto tuvo consecuencias militares.

La negativa a aceptar las reformas religiosas impuestas desde Londres provocó las llamadas Guerras de los Obispos, que a su vez se enlazaron con las guerras civiles que sacudirían Inglaterra. De nuevo, Escocia se situaba en el centro de un conflicto mayor, impulsado por una fusión inseparable de religión y política.

A lo largo de todo este periodo, la Iglesia presbiteriana reforzó aún más su papel en la vida pública convirtiendo la fe en un elemento de cohesión para algunos, pero también de exclusión para otros. Ser "covenanter" implicaba tomar partido, asumir riesgos y, en muchos casos, estar dispuesto a combatir. La religión era una causa por la que organizarse para luchar. Ese legado influiría con fuerza en la relación entre el pueblo y la monarquía en los siguientes años. De hecho, la experiencia del Pacto Nacional y de los covenanters dejó una huella permanente. El enfoque de que la comunidad podía unirse para defender sus principios frente al poder central quedó grabado en la mente de la población. Cuando más adelante aparezcan los Estuardo en el exilio y los levantamientos jacobitas del siglo XVIII, ese trasfondo de lealtades y resistencia seguirá presente, aunque se exprese de otra manera. La religión había quedado así atada al conflicto político por los siglos de los siglos.

Capítulo 7. Brujería y magia

Antes de entrar en el mundo de la brujería y la magia, hay que hacer una aclaración importante. Vamos a poner el foco en una lectura histórica real, lejos del anecdotario legendario y de los cuentos populares. La propuesta que te hago es una visión contextualizada del pasado, sin imágenes idealizadas.

Por siglos, la brujería fue tomada muy en serio por aquellos que vivieron esa época, y las consecuencias fueron muy reales. Hablamos de procesos judiciales, persecuciones y torturas, además de ejecuciones. Reducirlo hoy a un conjunto de mitos y folclore es una forma fácil de huir de una realidad mucho más incómoda.

Las creencias en fuerzas invisibles o en la capacidad de ciertas personas para influir en la naturaleza, eran una manera de interpretar la realidad que no distinguía para nada entre la religión, la superstición y el conocimiento práctico. En una sociedad condicionada por la incertidumbre, buscar explicaciones y protección más allá de lo visible parecía una respuesta lógica.

El problema se dio en el momento en que estas creencias pasaron a interpretarse como una amenaza para el orden social. Por eso, hablar de brujería aquí implica hablar otra vez de miedo y de control, con el poder en el centro de todo. Implica examinar por qué determinadas prácticas fueron toleradas indefinidamente. Implica también preguntarse quién decidía qué era aceptable y qué no, y por qué casi siempre las personas acusadas eran las más pobres o marginadas. Juzgar el pasado desde nuestro presente sería un error, pero me parece interesante explicar cómo funcionaba esa mentalidad.

Con esa idea en mente, lo que sigue es un recorrido por el panorama histórico y cultural que permitió que la brujería pasara de ser un fenómeno normalizado a convertirse en uno de los episodios más oscuros de la historia escocesa.

La magia antes de la Reforma

Las creencias en la magia y en fuerzas invisibles se remontan a un tiempo muy anterior al cristianismo y están muy relacionadas a las culturas celtas que habitaron esta tierra en el transcurso de los siglos. Para estas sociedades, el mundo era una única realidad en la que lo natural y lo sobrenatural se entrelazaban y era necesario saber interpretar.

En ese tapiz, los druidas eran los protagonistas ya que tenían el estatus de figuras religiosas en una época de dioses paganos, además de guardianes del conocimiento y mediadores con fuerzas superiores. Su saber se transmitía por la palabra y estaba basado en cosas como la observación de los ciclos del sol y la luna, las estaciones, el comportamiento de los animales, etc. La magia, entendida como la capacidad de influir en la realidad a través de rituales, no era algo prohibido, pero sí reservado a ciertas personas. En sus creencias, era una herramienta para mantener el equilibrio entre los pueblos y el entorno que los rodeaba.

La espiritualidad celta se vinculaba a la tierra y a sus ciclos. Muchas de sus celebraciones giraban en torno a periodos puntuales del año agrícola y ganadero, cuando el paso de una estación a otra se veía como algo delicado. En su calendario había dos estaciones: la época luminosa que les traía cosechas y prosperidad (verano) y la época oscura a la que había que sobrevivir con las reservas acumuladas (invierno). La noche de Beltane, celebrada en torno al primero de mayo, marcaba el inicio del verano y estaba asociada a la fertilidad y a la protección del ganado, como símbolo de renovación de la vida. Se encendían grandes hogueras que cumplían una función purificadora. Simbolizaba la energía del sol en su punto de ascenso. Samhain, en cambio, señalaba el final del verano y el comienzo del invierno, un momento de transición, cuando las fronteras entre el mundo de los vivos y el de los muertos se volvían más difusas. Era la hora de hacer ofrendas y rituales para pedir a los dioses que el siguiente ciclo de cosecha fuese próspero, el origen de lo que conocemos como Halloween.

Ya en la cultura gaélica había distintos tipos de practicantes de magia, como los malévolos (a los que llamaban *buidseach*), los benévolos o *fiosaiche* que adivinaban el futuro o eran capaces de sanar enfermedades, e incluso personas con dones involuntarios de videncia (*taibhsear*). Todas estas creencias siguieron estando presentes con la llegada del cristianismo. De hecho, convivieron sin problema prácticas cristianas con rituales heredados del paganismo. La Iglesia medieval, tanto en Escocia como en el resto de Europa, toleraba en gran medida estas costumbres populares. No las consideraba peligrosas ni dignas de persecución porque no se creía en ellas.

La magia cotidiana (curar enfermedades, proteger el hogar, asegurar buenas cosechas…) se entendía más como superstición que como herejía. En una situación de relativa uniformidad religiosa, todo esto no suponía ninguna amenaza.

Durante la Edad Media, muchos escoceses seguían recurriendo a curanderos con conocimientos sobre plantas medicinales sin cuestionar siquiera su compatibilidad con la fe cristiana. Estos individuos cumplían una función práctica en comunidades donde el acceso a la medicina era muy limitado y donde la explicación científica de fenómenos como la causa de las enfermedades, la previsión meteorológica o la predicción de malas cosechas, en esa época no existían. La magia era, en buena medida, saber práctico envuelto en tradición, y ese detalle será decisivo en los hechos que veremos más adelante.

Antes del siglo XVI, la hechicería no estaba todavía relacionada ni con el diablo ni con la idea de una conspiración contra Dios. Esa asociación es posterior. El problema fue el cambio radical en cómo se interpretaban todas estas cosas. Cuando Europa entró en una etapa de fractura religiosa y enfrentamiento doctrinal, aquello que siempre había sido tradición pasó a verse como una amenaza directa al orden moral. Y fue entonces cuando la magia, hasta entonces asumida con relativa neutralidad, pasó a ser un crimen perseguido con una violencia nunca vista hasta ese momento.

Cambio de doctrina religiosa y consecuencias

Todo cambia en el siglo XVI. La Reforma protestante rompe la unidad religiosa de Europa e introduce un clima de confrontación permanente. Católicos y protestantes se acusan unos a otros de herejía, y la religión deja de ser un marco compartido para convertirse en un campo de batalla ideológico. En ese ambiente, la necesidad de definir con claridad qué es correcto y qué no se convierte en algo urgente y la ambigüedad se vuelve intolerable.

La implantación del protestantismo presbiteriano trajo consigo una moral estricta. El miedo se extendió por toda Europa e impulsó una nueva mentalidad que interpretaba el mundo desde una lógica binaria: Dios o Satanás, salvación o condena. En ese esquema no había espacio para prácticas traídas del pasado que no encajaran de pleno en la nueva doctrina. La hechicería y la magia, que hasta entonces no tenían importancia, empezaron a interpretarse como herejía consciente. Ahora se trataba de una elección moral de cada individuo, con consecuencias.

A partir de aquí, la brujería se asocia a un pacto con el diablo. No importa si la práctica consiste en una curación con hierbas, una bendición para el ganado o un ritual antiguo porque todo se reinterpreta como una colaboración con fuerzas malignas. Y esto empieza ocurrir en todos lados. En buena parte de Europa (y más tarde también en América), tanto en territorios protestantes como católicos, se llega a la conclusión conjunta de que la brujería es un enemigo común. En un continente dividido por la fe, la persecución de la magia se convierte en uno de los pocos puntos en común.

Este cambio de enfoque va a tener además consecuencias legales. La Reforma transforma la teología, pero también el derecho. Aparece un escenario jurídico específico con leyes para perseguir a los herejes.

En Inglaterra, Enrique VIII promulga el primer decreto contra la brujería en 1542. Isabel I endurece estas leyes en 1563. En Escocia, ese mismo año se aprueba la Witchcraft Act, que castiga estas prácticas con la muerte. Desde entonces, la acusación por herejía deja de ser un asunto religioso o moral para convertirse en un crimen contra el Estado. Esto es muy importante porque significa que la persecución ya no es desde el púlpito de la iglesia, sino desde los tribunales. El miedo se institucionaliza. Las autoridades civiles y religiosas colaboran para identificar y castigar a los sospechosos. La tortura se normaliza como medio para obtener confesiones, y los acusados delatan a otras personas con el único fin de que sus captores detengan el dolor físico.

En una sociedad insegura y con la guerra de fondo, la figura de la bruja proporciona una respuesta fácil señalando a alguien a quien culpar de todo. Se entra de lleno en una nueva etapa, en la que el terror adquiere forma legal. El terreno ya está abonado para que, en el siguiente paso, llegue una figura crucial para llevar esta lógica hasta sus últimas consecuencias.

Jacobo VI y las cazas de brujas

Una noche invernal de 1589 había caído con furia sobre el Mar del Norte. Cuatro barcos luchaban por regresar de Dinamarca a Escocia, y en uno de ellos viajaba el rey Jacobo VI junto a su joven esposa, la princesa Ana de Dinamarca, recién desposada. Un vendaval desatado azotó la pequeña flota sin piedad. Las olas rompían contra los cascos de los navíos y los marineros, empapados y extenuados, se aferraban a las jarcias intentando no perder el control. Jacobo y Ana, aterrados, veían cómo cada embestida de las aguas amenazaba con abrir brechas en el barco real. En medio del caos de la tormenta, el rey llegó a temer que aquel sería su fin. Cuando la tempestad amainó y los buques, maltrechos, consiguieron refugiarse en la costa,

Jacobo se convenció de que aquello no había sido un mero capricho de la naturaleza. En su cabeza, esa tormenta había sido provocada deliberadamente. Creía que sus enemigos casi lograban asesinarlo a él y a su esposa mediante brujería, conjurando los elementos en su contra. Esta idea, por descabellada que parezca hoy, arraigó con fuerza en la mente del monarca escocés, influenciado por años de intrigas y miedos. No en vano, Jacobo había crecido en un ambiente de conjuras cortesanas y había sobrevivido a varios intentos de asesinato; con solo veintitrés años ya desconfiaba de todo y de todos. Aquella travesía maldita, junto al tiempo que pasó en la corte de Dinamarca (donde los juicios por brujería eran el día a día), vinieron a reforzar su paranoia. Se apoderó de él la ferviente creencia de que fuerzas oscuras amenazaban su vida y el destino de su reino.

Durante los meses que pasó en tierras danesas para celebrar su boda con Ana, descubrió que en la corte de Cristián IV abundaban los relatos de brujas y magia negra. Dinamarca atravesaba su propio proceso de caza de brujas, e incluso los daneses culpaban a la hechicería de las violentas tormentas que habían impedido la llegada de la princesa a Edimburgo para que la boda se celebrase. Impresionado por ese ambiente de superstición erudita (muy reforzado por teólogos daneses que tomaban muy en serio la amenaza de lo sobrenatural), Jacobo regresó a Escocia en la primavera de 1590 dispuesto a actuar. Llevaba consigo a su nueva reina y también la semilla de una obsesión.

Una vez instalado de nuevo en la capital, dio rienda suelta a sus temores ordenando investigar y perseguir a cualquier sospechoso de brujería que pudiera haber conspirado contra la Corona. Si las brujas habían osado desatar la tempestad que casi acaba con él, debían ser encontradas y castigadas para dar ejemplo. Así arrancó una de las persecuciones más infames de la historia.

Lo que comenzó con rumores pronto tomó cuerpo en el caso de North Berwick, el primer gran juicio de brujería del país. En los alrededores de Edimburgo empezó a correr la voz de esos extraños maleficios, y las autoridades (alentadas por el propio rey) detuvieron a una joven sirvienta llamada Geillis Duncan, a quien su amo acusaba de practicar hechizos y reunirse en la clandestinidad por las noches. Bajo tortura, Geillis terminó "confesando", señalando a decenas de supuestas brujas y brujos. Sus declaraciones desencadenaron una oleada de arrestos sin precedentes que se extendieron por East Lothian y más de setenta personas fueron acusadas de reunirse en secreto con el Diablo. Según estos testimonios, la mayoría de ellos arrancados bajo tortura, los conspiradores celebraban aquelarres nocturnos en la iglesia abandonada de North Berwick, donde rindieron culto al demonio y tramaron toda clase de actos perversos. Desde intentar envenenar al rey en palacio hasta invocar tormentas mágicas para hundir el barco real. Las descripciones de aquellos supuestos rituales eran escalofriantes. Se habló de pactos satánicos firmados con sangre, de brebajes y pócimas preparadas con ingredientes repugnantes, e incluso del sacrificio de un gato arrojado al mar para desatar la furia de las olas. En este clima de histeria, nadie estaba a salvo de las sospechas. Hubo mujeres ancianas señaladas por sus vecinos por el simple hecho de vivir solas o usar hierbas medicinales, y también hombres respetables cuya suerte cambió de la noche a la mañana.

Ni siquiera la alta sociedad escapó porque entre los implicados figuraron damas de la nobleza y hasta un primo del monarca, Francis Stewart, conde de Bothwell, quien era además uno de los nobles más poderosos (y peculiares) en aquel momento. Que el nombre de Bothwell surgiera en las confesiones fue muy conveniente para Jacobo porque el conde ya llevaba tiempo enfrentado a él, y ahora el rey tenía una excusa sobrenatural para acorralarlo frente a su corte y acusarlo de alta traición por conspirar en su contra.

Jacobo siguió de cerca cada paso de los juicios. De hecho, participó en los interrogatorios, algo inaudito para un soberano de la época, pero que demuestra hasta qué punto se había involucrado en persona. No satisfecho con delegar en jueces y torturadores, quiso presenciar y hasta dirigir algunos de los exámenes a los prisioneros. En el Palacio de Holyrood él mismo interrogó a la principal acusada del caso, Agnes Sampson, una curandera de mediana edad conocida por su sabiduría y sus servicios como partera en la región.

Agnes tenía fama de mujer buena y piadosa, pero había sido delatada bajo presión por Geillis Duncan, quien afirmó que Sampson era "la bruja más sabia de todas". Con semejante reputación, Jacobo deseaba arrancarle la verdad en persona. Frente al rey y un consejo de nobles, Agnes negó una y otra vez cualquier vínculo con la brujería o con la tempestad que había puesto en peligro a Sus Majestades. Jacobo, sin embargo, desconfiaba. Estaba convencido de que tras aquella fachada humilde se ocultaba una conspiradora al servicio de Satán. Ordenó entonces que no se escatimaran métodos para obtener una confesión. Los carceleros sometieron a Agnes Sampson a un suplicio atroz, rapándole todo el pelo del cuerpo en busca de la "marca del diablo" y colocándole la temida brida de bruja. Este aparato de hierro se acoplaba a la cara como una máscara y tenía púas afiladas que se clavaban en la lengua y las mejillas. La mujer fue atada a la pared de su celda, inmovilizada y privada de sueño durante varios días. Agotada y fuera de sí, terminó confesando lo inimaginable. Declaró (o más bien repitió como un autómata, presa del delirio) que en efecto había aceptado los poderes del Diablo a cambio de servicios, que había asistido a reuniones diabólicas junto a decenas de brujas, y que mediante encantamientos logró desatar la famosa gran tormenta. También "admitió" otros cincuenta cargos de herejía que se le imputaban. La suerte de Agnes Sampson quedó echada en cuanto sus palabras coincidieron con las sospechas del rey. Fue declarada culpable y ejecutada sin piedad poco después, estrangulada y luego quemada en la hoguera frente a una multitud en la calle principal de Edimburgo.

Su muerte fue anunciada casi como una obra teatral con el único objetivo de infundir terror. Y no fue la única. Otros muchos acusados corrieron la misma suerte, incluyendo a John Fian, un maestro de escuela imputado como "brujo" que sufrió tormentos atroces (le arrancaron las uñas de las manos y le trituraron las piernas con hierros al rojo vivo) antes de ser quemado vivo. Las ejecuciones se sucedían una tras otra, alimentando el ambiente de miedo.

A finales de 1591, la caza de brujas de North Berwick había terminado con un terrible baño de sangre. Aquella primera gran redada eliminó a decenas de personas en nombre de Dios y del rey, y abrió un periodo de paranoia que apenas estaba comenzando.

Jacobo se sentía reivindicado por el resultado de estos juicios. Ya convencido de haber descubierto una gran conspiración diabólica contra su persona, el rey aprovechó para reforzar su autoridad como soberano "elegido por Dios". En 1592 promulgó duras leyes contra la herejía y unos años más tarde, ya en 1597, publicó un tratado titulado *Daemonologie.*

En este libro (escrito como un diálogo erudito) Jacobo expuso sus creencias sobre las artes ocultas y ofreció una guía práctica para diferenciar y perseguir a las brujas. Este texto sirvió como justificación teológica y legal de la cacería, legitimándose desde la pluma real la persecución de cualquier acusado de tratar con Satanás.

Gracias a su posición y a su influyente texto, se consolidó la imagen de un monarca justiciero de la fe, que combatía, además de a enemigos políticos tangibles, también a las fuerzas malignas invisibles. Jacobo, que en 1603 se convertiría a la vez en rey de Inglaterra, extendió así su obsesión más allá de la frontera, y en su nuevo reino del sur siguió endureciendo las leyes contra la hechicería.

Aunque algunas fuentes indiquen que se arrepintió de la dureza con la que escribió el tratado, incluso deteniendo personalmente varios juicios, mantener esta postura le fue muy útil tanto en el terreno religioso como en el político. Era en una época de férrea tensión entre protestantes y católicos, Acechar a las brujas era una causa que unía a todos bajo la misma bandera de la cristiandad. A ojos de sus súbditos, Jacobo pasaba a ser el defensor de la verdadera religión frente al Demonio, y cualquier crítica podía asociarse con la oscuridad de la herejía. Así de injusto.

La caza de brujas se convirtió en una herramienta de control y legitimación del poder real. Asimismo, este argumento le permitió desacreditar a adversarios internos (figuras incómodas como el conde de Bothwell terminaron huyendo al extranjero para salvarse), y muchos otros nobles aprendieron que desafiar al rey podía costarles la vida bajo la acusación más temida de la época.

El proceso de North Berwick fue el funesto detonante de una era de persecuciones sistemáticas. Los acontecimientos de 1590-1591 desataron una histeria colectiva que tardaría mucho en aplacarse. En las décadas siguientes, se continuó buscando brujas en cada aldea y confesiones sospechosas en cada rincón. Se calcula que entre finales del siglo XVI y el siglo XVII miles de personas fueron acusadas de brujería en Escocia, y la gran mayoría de ellas ejecutadas tras juicios sumarios donde las torturas y las denuncias interesadas eran moneda común.

El terror que el rey había ayudado a sembrar quedó arraigado en el tejido social durante más de cien años. Aquel monarca que, joven y asustado, casi naufragó una noche de tormenta, terminó desencadenando una tempestad aún más grande sobre su propio pueblo.

La historia de Jacobo VI y las brujas de North Berwick es la historia de cómo el miedo y el fanatismo, alimentados desde el Estado, pueden arrasar con la razón en cualquier sociedad del planeta, algo que por desgracia sigue sucediendo en muchos países.

Episodio: "Brujería y magia" (20:04)

Quienes eran las brujas

Cuando hoy intentamos responder a la pregunta de quién era una bruja en la Escocia de los siglos XVI y XVII, tendemos a imaginar una figura construida a posteriori por el cine o el folclore turístico. Pero para entender lo que ocurrió entonces tenemos que hacerlo a la inversa. Debemos abandonar nuestra mirada contemporánea y situarnos en una sociedad donde la religión, la política y el día a día formaban un todo inseparable, y donde todo se explicaba a través de fuerzas visibles y no visibles con la misma naturalidad.

Las personas acusadas de brujería en realidad no pertenecían a un grupo organizado ni compartían una identidad común. No eran una secta ni una minoría consciente de sí misma. En la inmensa mayoría de los casos se trataba de mujeres y esto tiene su explicación. En la Edad Media, los hombres temían a otros hombres. Las mujeres estaban marginadas, no tenían a nivel legal ningún derecho y eran, por lo general, más débiles en fuerza. Pero en esta sociedad donde lo real y lo irreal iban de la mano, encontraron en las maldiciones una fuerza que no tenían los hombres. Una vez más el miedo juega su papel. Si una mujer te maldecía y luego ocurría una desgracia (y eso era solo cuestión de tiempo), ésta se atribuía al poder de la maldición. De este modo, más del ochenta por ciento de las acusadas fueron mujeres, muchas de ellas mayores, viudas o solteras, con escasa protección familiar y una posición frágil dentro de la vecindad. En una comunidad patriarcal, dependiente de redes familiares y congregaciones, quedarse sola equivalía a quedarse expuesta.

En algunos casos eran curanderas, parteras o mujeres con nociones básicas de herboristería, conocimientos que se transmitían de generación en generación y se utilizaron anteriormente sin conflicto.

El factor económico también fue determinante. La pobreza colocaba a muchas personas en una posición vulnerable y en comunidades pequeñas, donde todos se conocían, cualquier conflicto podía escalar con facilidad. Una discusión por tierras, una herencia disputada, un rechazo amoroso o una mala cosecha bastaban para que surgiera la sospecha. La acusación de brujería servía como una herramienta de control social, capaz de quitar de en medio a quien resultaba incómodo.

El cuerpo femenino fue otro elemento sustancial en esta construcción del miedo. Algo tan común como una mancha en la piel o una verruga se interpretaban como señales del llamado "sello del diablo". Desde los tratados demonológicos se insistía en que esos signos probaban un pacto satánico. El propio *Malleus Maleficarum*, escrito por monjes alemanes a finales del siglo XV y difundido en masa gracias a la imprenta, defendía que las mujeres eran más propensas al pecado y, por tanto, más vulnerables a la tentación demoníaca. Este discurso pseudoteológico legitimó una tendencia que a día de hoy reconoceríamos sin problema como misógina.

Una vez que se iniciaba una acusación, el mismo sistema judicial hacía prácticamente imposible la absolución. Las torturas (privación del sueño, instrumentos como la brida de bruja o pruebas absurdas como arrojar a la acusada al agua para ver si flotaba) buscaban la confesión, no la verdad. Esto es fundamental porque muchas personas admitían crímenes imposibles solo por poner fin al sufrimiento. Y bajo ese mismo tormento, era habitual que incriminaran a otras, reafirmando a los acusadores y alimentando nuevas detenciones.

Es justo subrayar que algunas de esas personas creían en aquello que confesaban, o al menos vivían en un mundo donde la existencia de demonios y fuerzas sobrenaturales no se cuestionaba para nada. La religión ofrecía una vía para dar sentido al caos y en esa coyuntura, la brujería más que una fantasía, era una explicación coherente para el mal.

Vista desde hoy, la caza de brujas fue una suma de miedos y abuso de poder. Pero para quienes vivieron en aquel tiempo fue una realidad decadente, vigilados en todo momento por la lupa de tribunales, iglesias y monarcas. Ponerse en su piel y pensar en las acusaciones y los castigos, nos obliga a no verlo como una anécdota oscura del pasado, ni tampoco como folclore inofensivo.

El fin de las persecuciones

Toda esta situación se fue rebajando a medida que cambiaba la mentalidad de la sociedad y se erosionaban las bases que la habían sostenido durante más de un siglo. A finales del XVII, el entusiasmo persecutorio empezó a perder fuerza. Las grandes oleadas de pánico remitieron, los tribunales comenzaron a mostrarse más escépticos y, poco a poco, las acusaciones dejaron de tener la misma credibilidad automática que habían tenido tiempo atrás.

Varios factores confluyeron en ese proceso. Por un lado, el avance del pensamiento racional y científico fue minando la explicación sobrenatural de algunos fenómenos como enfermedades, tormentas o malas cosechas. Por otro, la experiencia acumulada de décadas de juicios con confesiones (a veces contradictorias) y acusaciones interesadas terminó generando desconfianza incluso entre jueces y clérigos. La brujería estaba dejando de verse como una amenaza real y empezó a enfocarse como una superstición.

A esto hay que sumar también el agotamiento y el desgaste social. Durante generaciones, la sospecha había sido una constante. Cualquier disputa podía derivar en una acusación, y cualquier acusación podía acabar en una ejecución. Ese clima de miedo permanente tenía un coste demasiado alto, y a medida que las guerras religiosas fueron perdiendo intensidad, el Estado consolidó su autoridad y la necesidad de buscar enemigos invisibles se redujo.

La ley contra la brujería, vigente desde 1563, permaneció activa por el gobierno hasta 1736. Sin embargo, mucho antes de su derogación, los procesos se habían vuelto esporádicos. El último caso documentado de ejecución por brujería fue en 1727, cuando condenaron y quemaron a Janet Horne en la localidad de Dornoch. Un episodio tardío y ya anacrónico que despertó más incomodidad que fervor. Tras nueve años más sin ejecuciones, el Parlamento británico abolía por fin la legislación que había permitido perseguir a miles de personas por delitos imaginarios.

Las cifras hablan por sí solas. En Escocia se calcula que casi cinco mil personas fueron acusadas de herejía, y que cerca de dos tercios de ellas fueron asesinadas en público. Para una nación con una población bastante pequeña, esto supuso una de las tasas de persecución más altas de Europa. Este es un episodio central de la historia social escocesa entre los siglos XVI y XVII y el legado de aquella violencia es incómodo. Las personas ejecutadas murieron por ser pobres, vulnerables, diferentes o por resultar incómodas para la sociedad, no por practicar magia.

En junio de 2022, el Parlamento escocés aprobó una absolución póstuma de todas las personas condenadas por brujería, y la primera ministra Nicola Sturgeon reconoció en su discurso que aquellas ejecuciones fueron una grave injusticia histórica, promovida entonces por la misoginia y el abuso de poder. El gesto llega siglos tarde, pero pone palabras a algo que ahora resulta evidente y es que aquellas mujeres (y hombres) no fueron criminales ni herejes, solo víctimas de su tiempo.

Cerrar este capítulo con esta declaración es asumir que la historia de Escocia, como la de tantos otros países, también está hecha de errores que nadie debería repetir. Porque la única manera cierta de equivocarse es hacer daño a los demás.

Capítulo 8. La música en la cultura

De los orígenes musicales al triunfo de la gaita

Cuando intentamos rastrear aquí el origen de la música, lo primero que nos encontramos es un objeto. Un pequeño fragmento quemado e incompleto de una reliquia. En la Isla de Skye, en el yacimiento de High Pasture Cave, los arqueólogos encontraron el puente de una lira, una pieza esencial de un instrumento de cuerda. Las muescas talladas para las cuerdas permiten identificarlo sin ninguna duda. Estos restos están datados entre los años 550 y 450 a. C., y lo convierten en el testimonio material más remoto y uno de los más antiguos de Europa. El hallazgo es revelador por lo que implica ya que demuestra que, ya en la Edad del Hierro, existían en estas tierras instrumentos diseñados para acompañar la voz en el relato de historias. Antes de que podamos hablar de poemas o de repertorios, tenemos la evidencia de que la música ya estaba presente en la vida social de aquellas comunidades.

A partir de aquí, el rastro se extiende y entran en escena el arpa, los bardos y la poesía oral. Los bardos celtas eran los guardianes de la memoria, una mezcla entre poetas y músicos que recorrían aldeas transmitiendo historias de temáticas tan variadas como batallas o amores imposibles. Su instrumento principal era el arpa, como acompañamiento musical y como símbolo cargado de significado y con este instrumento transmitían la historia de los pueblos, manteniendo la tradición oral en una cultura que apenas recurría a la escritura.

Un buen ejemplo de ese mundo sonoro es el arpa conocida como *Queen Mary Harp*, conservada en el Museo Nacional de Escocia. Estamos ante una de las arpas gaélicas medievales más antiguas que han sobrevivido, junto con la de *Lamont* (custodiada en el mismo museo) y el arpa del Trinity College de Dublín. Se cree que, fabricada en Argyll, entre los siglos XIV y XV, pertenece a la tradición del *clàrsach*, el arpa de cuerdas metálicas propia de las Tierras Altas. Según la voz popular, María, reina de Escocia, la habría entregado hacia 1563 a Beatrix Gardyn de Banchory, una arpista vinculada a su círculo cercano durante una estancia real en Atholl. Más allá de la exactitud de ese episodio, su verdadero valor está en lo que nos revela sobre la construcción y el sonido de este instrumento medieval, y sobre el lugar central que ocupó en la cultura gaélica.

En el siglo XVI se produjo un cambio decisivo en la música escocesa. Hoy muchos identifican la música local casi por completo con la gaita y la consideran el instrumento "oficial" de Escocia. Lo que suele desconocerse es que, antes de que la gaita ocupara ese rol, el papel lo desempeñó tiempo atrás el arpa. Entonces, ¿por qué la figura del gaitero empezó a ganar protagonismo en las Highlands, y cómo se produjo esa transición?...

Desde la Baja Edad Media, y de forma evidente entre los siglos XVI y XVII, la gaita empezó a imponerse como instrumento. Aunque ya llevaban siglos existiendo en distintas partes de Europa, en estas tierras se asociaban al ámbito rural, al otro extremo del prestigio cortesano del arpa. El cambio llegó cuando los clanes de las Highlands empezaron a incorporarla a su vida militar. A la guerra. Su sonido potente y continuo la hacía ideal para el combate. Servía para marcar el paso, transmitir órdenes y, sobre todo, para elevar la moral de los guerreros. Con ese telón de fondo se desarrolló el *pibroch* (o piobaireachd), un repertorio solemne que estaba orientado al combate y a la memoria del clan.

El instrumento pasó a ocupar una posición central, casi ceremonial, dentro de la estructura social. Cada clan importante contaba con su propio gaitero oficial, formado durante años y a veces procedente de auténticas dinastías musicales.

Tras la derrota jacobita en Culloden (1746), ya vimos que el gobierno británico intentó controlar y debilitar todo aquello que identificaba a las Highlands como un foco de resistencia. En este punto, a pesar de que no se prohibió de forma expresa, la gaita pasó a verse con recelo, porque estaba ligada a los clanes católicos y a la identidad gaélica. Su sonido había acompañado a los combatientes y servía para reunir y motivar a los hombres, lo que la convirtió para algunos en un símbolo a evitar. Resulta llamativo que fue en el siglo XIX cuando terminó de consolidarse como uno de los símbolos nacionales.

La romantización de las Highlands, impulsada por autores como Walter Scott y reforzada por el entusiasmo de la reina Victoria, convirtió un instrumento, antes mal visto, en emblema nacional. Desde entonces, la "Great Highland Bagpipe", la gaita tradicional de las Tierras Altas, ha acompañado en desfiles, funerales, bodas y en otras ceremonias oficiales, convirtiéndose en el sonido más asociado al norte del Reino Unido.

Música y danza: el cèilidh

Un cèilidh es una reunión social típica de origen gaélico que se celebra en Escocia e Irlanda. El significado de la palabra procede del gaélico y significa, en su origen más simple, "visita" o "encuentro". Antiguamente aludía a una reunión social de familiares y amigos para pasar tiempo juntos, y solo más tarde pasó a asociarse con el baile. En un ambiente rural, con inviernos largos y muy pocos entretenimientos, reunirse se convirtió en una costumbre. Allí convivían la poesía y los relatos con la música y el canto y, con el paso de los siglos (principalmente desde el XVIII y a lo largo del XIX) el baile fue imponiéndose hasta llegar a ser el rasgo más reconocible del cèilidh moderno. Aun así, su esencia siguió siendo ni más ni menos la misma, la de un acto comunitario.

La música que acompaña a un cèilidh procede de la tradición popular escocesa y predominan ritmos alegres y repetitivos como por ejemplo valses o polcas. Los compases se componen con única la idea de mover a la gente, no buscan el virtuosismo ni el lucimiento de los músicos, sino un ritmo claro y constante que invite a bailar. El instrumento que suele llevar la voz cantante es el fiddle (como se conoce en Escocia al violín), encargado de poner la melodía de base. A su lado aparecen casi siempre el acordeón o la concertina, que aportan empuje rítmico y sostienen la energía de los músicos. La tonada se puede completar con guitarras acústicas o incluso con banjos, que refuerzan la armonía dando solidez al conjunto. Mientras tanto, una percusión sencilla como el bodhrán, mantiene el pulso sin sobresalir demasiado. En ocasiones se suman flautas, y en determinados momentos también puede aparecer la gaita, aunque no es imprescindible ni siempre es protagonista. Lo que queda es una música contagiosa de verdad.

En este tipo de danzas, músicos y bailarines actúan en un mismo espacio, y ese equilibrio constante entre sonido y movimiento es lo que da sentido a la experiencia. Lo esencial es saber sumarse al grupo, no hacerlo todo perfecto. A veces se baila en pareja, otras, en filas o en conjuntos de varias parejas, y la intención es que cualquiera pueda sumarse, incluso sin haber bailado nunca uno.

Antes de empezar cada danza, un *caller* (una especie de maestro de ceremonias) es el encargado de explicar los pasos, guiando a los participantes con indicaciones sencillas. Los movimientos se basan en patrones que se repiten como avanzar y retroceder, girar, cambiar de pareja o cruzarse. En ocasiones los bailarines forman círculos o filas mientras la música marca el ritmo y el cuerpo acaba siguiendo la melodía. Si hay errores y se producen choques, esto suele provocar risas y pequeños momentos de caos que añaden encanto a la escena. Te puedo asegurar que en el cèilidh no importa en absoluto equivocarse porque la torpeza es lo que hace especial la experiencia. Cada baile tiene una estructura clara y una duración limitada, lo que te deja tiempo para descansar entre piezas y volver a empezar sin perder el aliento. Jóvenes, mayores, expertos y principiantes comparten la pista de baile sin distinción, y ese carácter abierto convierte el cèilidh en una experiencia grupal más que en una exhibición.

Para quien viaja a Escocia, asistir a uno de ellos es algo más que presenciar una tradición folklórica. Es acercarse a la gente y compartir su manera de vivir la música y la convivencia. El idioma aquí deja de ser una barrera y uno pasa de espectador a participante casi sin darse cuenta. Aún sin saber los pasos. Sin hacerlo bien. Lo importante es que te dejes llevar y que lo disfrutes.

Melodías y canciones populares

Las canciones populares han acompañado la vida cotidiana en Escocia durante largos siglos, transmitiendo historias y emociones mucho antes de que existiera la costumbre de documentarlas. Una de las más antiguas de las que se conserva registro escrito data de la época de la Reforma Protestante, en el siglo XVI, y se conoce como *Pleugh Song*. Destaco su importancia porque marca el paso de una tradición oral en estado puro a una cultura que empieza a dejar constancia en partituras.

A partir de ese punto, la música típica escocesa fue evolucionando paulatinamente, incorporando nuevos sonidos como el violín, distintos tipos de flautas (y otros instrumentos de viento) y percusión. La música se hizo más rica y al mismo tiempo, más social, y los cèilidh pasaron a ocupar una posición central en la vida de aldeas y pueblos.

Si hasta ahora hemos hablado de instrumentos y de baile, es interesante detenernos también en las canciones que han acompañado la vida cotidiana desde tiempos inmemoriales. La primera que me gustaría destacar es una que con seguridad habrás escuchado (aunque algún lector es muy posible que no lo sepa). *Auld Lang Syne* es una de las melodías más universales que ha dado Escocia al mundo. Su origen se remonta al siglo XVIII y fue el poeta Robert Burns (hablaré de él en profundidad en el próximo capítulo) quien recopiló y escribió la letra que hoy conocemos usando para ello una estructura sonora aún más antigua. Burns no la compuso desde cero, sino que recogió una pieza popular que ya circulaba cantada en las calles y decidió dejarla por escrito, como hizo con tantos otros temas del folclore evitando que se perdieran con el tiempo. El título, en lengua escocesa, podría traducirse como "por los viejos tiempos", y ese es su espíritu exacto. Una canción de despedida que habla de memoria compartida y de vínculos que resisten al paso del tiempo. Se recita por costumbre para cerrar reuniones, despedir a seres queridos o poner fin a celebraciones. A su vez, tiene un peso especial durante el Hogmanay, cuando miles de personas en Escocia y en otros países se dan la mano formando un círculo y la cantan unidas justo antes de que comience el nuevo año.

Lo que quizá no imaginas es que Auld Lang Syne, además de ser una canción escocesa, es un de los temas musicales más reconocibles del planeta. Suena en despedidas de graduación, en funerales, en actos institucionales y en celebraciones privadas de los cinco continentes. Y, no obstante, su esencia sigue siendo muy sencilla. Nos habla de amistad y de recuerdos compartidos sin olvidar la importancia de recordar de dónde venimos ni a quiénes hemos amado por el camino. Así, una canción nacida en tabernas y encuentros populares de la Escocia del siglo XVIII terminó convirtiéndose en un himno universal, un ejemplo perfecto de cómo esta cultura se ha proyectado al mundo sin perder su alma.

Otra de las melodías más evocadoras del repertorio clásico, y un buen ejemplo de cómo una canción popular puede ir acumulando sedimentos de historia y reinterpretarse con el paso del tiempo, es *The Skye Boat Song*. La letra que hoy conocemos fue escrita a finales del siglo XIX por Sir Harold Boulton, un autor inglés fascinado por la historia y la música de Escocia. Boulton tomó un hilo sonoro autóctono y lo utilizó para relatar uno de los episodios más simbólicos del pasado. Se metió de lleno en los días posteriores a la derrota jacobita en Culloden, cuando el príncipe Carlos Eduardo Estuardo (Bonnie Prince Charlie), logró huir cruzando por mar hasta Skye, ayudado por Flora MacDonald y una pequeña red de colaboradores, en un último intento por ponerse a salvo. Durante décadas, The Skye Boat Song permaneció dentro del catálogo tradicional, conocida sobre todo en el ámbito del folclore y la música popular, pero sin una difusión amplia fuera de ese contexto. Su fama internacional llegó mucho más tarde, cuando fue elegida como tema principal de la serie Outlander. El compositor Bear McCreary creó una nueva versión que respetaba la melodía original, pero la reinterpretaba con un tono más envolvente, ajustado a la atmósfera sentimental del argumento. A lo largo de las temporadas, la canción fue adaptando su letra y su arreglo, ajustándose al viaje y al exilio que ocurre en pantalla. Gracias a esta reinterpretación, la balada alcanzó una audiencia global y se convirtió en una de las canciones más reconocibles.

Saltando hasta el siglo XX en el panorama musical escocés y junto a temas teñidos de nostalgia, la música escocesa cuenta también con canciones que funcionan como auténticos himnos colectivos. El ejemplo más claro es *Flower of Scotland*, escrita a finales de los años sesenta por Roy Williamson, miembro del grupo The Corries, en un momento de recuperación cultural y reflexión sobre la identidad nacional. La canción remite directamente a las Guerras de Independencia y, en particular, a la victoria sobre Inglaterra en la Batalla de Bannockburn. Además, desde los años noventa se interpreta antes de los partidos de la selección de rugby y fútbol, y en los estadios cobra una fuerza especial cuando miles de personas la entonan al unísono, muchas veces a capela, convirtiéndola en una auténtica declaración colectiva de identidad.

Aunque Escocia cuenta con el himno nacional oficial del Reino Unido, también posee un pequeño grupo de canciones que han asumido ese papel de manera regional. Entre ellas está la ya citada *Flower of Scotland*, *Scotland the Brave*, *Caledonia* o *I'm Gonna Be (500 Miles)*, cada una representando una vía distinta de expresar el orgullo. En el caso de Scotland the Brave, la armonía es anterior a su lírica y procede del repertorio gaitero del siglo XIX, donde circulaba como marcha instrumental. La letra se fijó mucho más tarde, en torno a 1950, y fue escrita por Cliff Hanley. Desde entonces se ha utilizado con asiduidad en actos oficiales, desfiles y eventos deportivos.

Caledonia figura como una de las canciones más queridas de la Escocia contemporánea. Fue escrita en 1977 por Dougie MacLean durante una estancia en Francia, en un momento de distancia tanto física como emocional respecto a su tierra natal. Esa lejanía le resultó esencial para interpretarla, y para que se sienta como una reflexión nostálgica.

No puede faltar I'm Gonna Be (500 Miles), del dúo escocés The Proclaimers, publicada en 1988. Su sencillez y su carga emocional explican la fuerte conexión que establece con el público. El tema alcanzó una enorme popularidad internacional en los años noventa por su presencia en películas, series y anuncios (hay un episodio en *Cómo conocí a vuestra madre* donde suena más de veinte veces). Desde esa época es una especie de himno festivo, coreado por todo el mundo y asociado a buen ambiente y positivismo.

Rock y pop

Son muchas las bandas y artistas escoceses que han tenido repercusión mundial en la historia más reciente. Desde los años setenta hasta ahora, Escocia ha lanzado músicos capaces de conectar a audiencias muy distintas, muchas veces a medio camino entre lo local y lo universal.

Uno de los ejemplos más claros es Simple Minds, que alcanzó fama internacional en los ochenta con un estilo ecléctico que fusiona rock-punk con música electrónica, creando un sonido caracterizado por guitarras atmosféricas y teclados con letras dramáticas que invitan a la reflexión. Canciones como *Don't you (forget about me)* los situaron en el centro de la cultura popular del momento y los convirtieron en una de las bandas europeas más influyentes de su época.

Otra banda es Travis, surgidos a mediados de los años noventa. Su música se caracteriza por un sonido melódico, un tipo de pop-rock introspectivo con letras centradas en el día a día y en las relaciones personales. Canciones como *Why does it always rain on me?* o *Sing* empatizan con un público amplio por su honestidad.

Muy diferente es el caso de Franz Ferdinand, asociados a la explosión del indie rock de principios de los años 2000. Su lírica irónica y su gusto por las referencias culturales (con esa estética peculiar tan suya), hicieron de ellos una banda con un sonido fresco. Temas como *Take Me Out* pusieron de nuevo la música "made in Scotland" en todos los rincones del planeta.

Quiero destacar también a dos artistas escocesas que representan registros muy distintos dentro de la música contemporánea. Por un lado, Annie Lennox, una figura fundamental del pop internacional desde los años ochenta. Tanto en su etapa al frente de Eurythmics como en su carrera en solitario, Lennox ha destacado por una voz inconfundible y una enorme versatilidad y presencia artística que va mucho más allá de lo musical. Con un estilo distinto tenemos a Amy Macdonald, representante de una hornada posterior y de un pop-folk más intenso. La canción *This is the Life*, publicada en 2007, se convirtió rápidamente en un éxito internacional y supuso el inicio de una carrera sólida y reconocible. Su combinación de guitarras acústicas y una voz inconfundible, conectaron con toda una generación.

Folk escocés contemporáneo

El folk escocés actual surge mirando de frente al pasado y adaptándolo a los tiempos de hoy. A partir de la segunda mitad del siglo XX, muchas bandas y músicos empezaron a fijarse en las melodías y las lenguas antiguas (con especial énfasis en el gaélico) con la intención de recuperarlas. En ese proceso, el folk dejó de ser solo música asociada al ámbito rural y pasó a ocupar escenarios, festivales y, en algunos casos, listas de éxitos.

Pocas bandas han conseguido reflejar el paisaje emocional como Runrig. Surgidos en la Isla de Skye en los años setenta, mezclaron el rock con la herencia gaélica. Fue algo novedoso. Sus letras hablan del vínculo con la tierra y el mar. Se centran en la vida en comunidades pequeñas y en la conciencia de pertenecer a una cultura minoritaria pero que sigue resistiendo. A ello se suman temáticas como, la memoria histórica, la emigración, el desarraigo y la tensión constante entre tradición y modernidad. Construyen un lenguaje musical que va mucho más lejos de lo folclórico y saben enlazar con la experiencia contemporánea de Escocia. Si hay una canción que puede resumir bien lo que significa Runrig es su versión de *Loch Lomond*, una balada del siglo XVIII que ellos consiguieron que sonara como algo vibrante y actual. Escucharla en un concierto era como sentir esa mezcla tan propia de la banda, con un comienzo lento que poco a poco se expande hasta convertirse en un himno que engancha a miles de personas a la vez. Esa versión tiene la capacidad de trasladarte a un rincón concreto, aunque no hayas estado allí, y de hablarte de orgullo sin exagerar nada. Y en el tramo final, cuando entra toda la banda y el público canta a una sola voz, entiendes por qué el Loch Lomond sigue siendo ese lugar al que uno vuelve sin darse cuenta, casi como un refugio para la mente.

La huella de Runrig no desapareció del todo cuando la banda se retiró en 2018. Se fue diluyendo en una generación de músicos que entendieron que el rock era compatible con otros sonidos anteriores. Esa influencia se percibe en bandas como Skerryvore o Mànran, que combinan instrumentos modernos con la sensibilidad armónica del oeste escocés, demostrando que la música de hoy puede sonar actual sin perder el vínculo con el gaélico.

Dentro de este movimiento tiene mucha presencia el grupo Capercaillie, importante en la proyección de este legado en el tramo final del siglo XX. Ellos llevaron el gaélico a un público global mezclando los arreglos contemporáneos con los sonidos del pasado y con una producción sonora que se adelantó a su tiempo. Interpretando con gracia canciones heredadas lograron que una cultura que solía quedar en segundo plano pasara a ser descubierta y valorada por un público mucho más amplio.

Y si hablamos de voces que han dado visibilidad al gaélico en el siglo XXI, es imposible no mencionar a Julie Fowlis. Su trabajo acerca la lengua a una gran audiencia con una naturalidad impresionante, presentando un idioma que se puede cantar en la actualidad con la misma fuerza y claridad que hace siglos, pero en grandes escenarios. Escucharla es darte cuenta de que la tradición es a todos los efectos compatible con la sensibilidad contemporánea.

Episodio: "Especial Folk escocés" (01:09:37)

Capítulo 9. Literatura en Escocia

Para analizar la literatura escocesa hay que partir de sus propias raíces lingüísticas y culturales. Ésta se ha desarrollado independientemente a la británica, reflejando de manera directa la historia y las tensiones que han marcado Escocia a lo largo del tiempo. Esa expresión se ha manifestado en varias lenguas presentes, como el gaélico, el escocés o el inglés. Cada una se relaciona con territorios y momentos históricos distintos, y todas han contribuido a formar una tradición literaria que va desde la poesía popular asociada a Robert Burns hasta la narrativa contemporánea de Irvine Welsh.

Precisamente es esa diversidad lingüística la que da lugar a una literatura consciente de su propio contexto, que suele echar la vista hacia su pasado. En algunos casos lo hace recurriendo a la historia y al mito, como ocurre en la obra de Walter Scott, y en otros desde una reflexión más íntima, definida por una relación estrecha con el paisaje, como se percibe en la trayectoria de Nan Shepherd. Esa mirada atrás es una forma de explicar el presente y de explorar su postura frente al poder y a una identidad común, a veces desde una posición crítica, otras con ironía, y en otros casos, desde una dimensión personal de autor.

Y es que en Escocia la literatura va unida a la vida de los escoceses y no está solo reservada a espacios académicos. Los escritores se convierten en referentes culturales y sus libros siguen hablando de la vida tal y como discurre. Leer y hablar de literatura aclara cómo se han desarrollado los sitios que se visitan y cuál es la razón de que generen determinadas sensaciones.

Edimburgo. Ciudad de la Literatura.

Edimburgo fue nombrada primera Ciudad de la Literatura por la UNESCO en 2004. Gracias a su peso histórico, a su producción contemporánea y su activa vida cultural, se convirtió en un espacio literario singular. Ese reconocimiento se debe en mayor o menor medida a los grandes nombres del pasado, aunque también tiene que ver con todo lo que hoy pertenece a la comunidad literaria. Encontrarás librerías independientes que siguen siendo puntos de encuentro, cafés donde se escribe y se conversa, y festivales del libro que se celebran de forma asidua.

La UNESCO valoró mucho que la literatura aquí se vive con normalidad. Los escritores no suelen ser figuras lejanas. Los clubes de lectura y los proyectos comunitarios muestran que leer y escribir forma parte del día a día, como algo natural. Los más jóvenes crecen rodeados de libros y de referencias literarias (incluso de autores locales), lo que facilita que la lectura se integre en su etapa académica y que, con el tiempo, hablar de libros esté presente en una conversación común.

En Edimburgo se advierten dos formas distintas de enfocar la visión literaria. Por un lado, está la que gira en torno al Museo de los Escritores, centrada en Robert Burns, Walter Scott y Robert Louis Stevenson. Ellos representan tres maneras distintas de pensar y narrar Escocia, tres enfoques que funcionan como una estructura básica desde la que se ha interpretado esta tierra durante generaciones.

La otra corriente es más amplia y diversa, y se aleja de la visión más monumental del museo. Reúne a autores que, desde épocas y estilos muy distintos, han seguido explorando la idiosincrasia escocesa sin necesidad de encajarla en sus orígenes. En ese sentido, encontramos nombres como Arthur Conan Doyle u otros más recientes como Ian Rankin que hacen de Edimburgo en un espacio literario en constante evolución.

El Museo de los Escritores

The Writers' Museum se ubica en Lady Stair's Close, en una casa de piedra del siglo XVII del casco antiguo de Edimburgo, y te presenta una buena oportunidad para explorar el origen y la repercusión de la literatura escocesa. Fija un marco de referencia muy concreto a través de tres escritores con sus tres visiones distintas.

Robert Burns (1759-1796) nacido en el seno de una familia humilde en Alloway, está considerado el poeta nacional y una de las figuras culturales más queridas de Escocia. Tanto es así que, en el año 2009, la cadena de televisión local STV lanzó una encuesta pública que no dejó dudas. En ella, se pedía al público que votase por el escocés más universal de todos los tiempos. Robert Burns arrasó por delante de William Wallace o Alexander Fleming.

Burns escribió en escocés y habló de amor, política, orgullo colectivo y otros temas, en aquel momento controvertidos, con una voz tan cercana que conectó con todas las clases sociales. De ahí su fama como "el poeta del pueblo". Su primer libro, *Poems, Chiefly in the Scottish Dialect* (1786), le dio notoriedad y lo llevó a los círculos literarios de Edimburgo, aunque nunca pudo vivir solo de la poesía. Además de poeta, fue un gran recopilador y adaptador de canciones populares, una faceta interesante de su legado. Entre sus textos más conocidos están *Tam o' Shanter*, un poema narrativo que mezcla humor y crítica social, y *A Man's A Man for A' That*, una defensa clara de la dignidad humana por encima de las jerarquías. Su obra refleja como pocas la vida rural y las tensiones sociales de su tiempo.

Episodio: "La noche de Burns" (17:22)

Nacido en Edimburgo, Sir Walter Scott (1771–1832) sentó las bases de la novela histórica moderna con obras que alcanzaron el corazón de toda una generación de lectores. En libros como *Waverley*, *Rob Roy* o *Ivanhoe* convirtió el pasado escocés en un relato épico atractivo, mezclando personajes reales y ficticios con gran habilidad narrativa. Sus novelas difundieron por toda Europa la imagen romántica de una Escocia hecha de clanes aguerridos y paisajes increíbles. Más allá de la escritura, fue el gran impulsor de la esencia cultural escocesa, recuperando símbolos que estaban en declive. Su influencia contribuyó bastante a definir la imagen de Escocia que se proyectó en el siglo XIX. La gran magnitud de su legado se siente aún hoy en Edimburgo, donde su monumento domina los jardines de Princes St como recordatorio de su contribución cultural.

El tercer escritor al que homenajea el museo nació también en Edimburgo. Robert Louis Stevenson (1850-1894) fue el más viajero y quizá el más introspectivo de los grandes escritores escoceses. Procedía de una familia de ingenieros especializados en la construcción de faros, una actividad que iba muy ligada a la costa escocesa y que definió su ambiente familiar, aunque él se decantó por la literatura como forma de vida. Su frágil salud le orientó a una existencia nómada, siempre en busca de climas más benignos, que le llevó por Europa, América y el Pacífico Sur. Es autor de clásicos como *La isla del tesoro*, una referencia absoluta de la literatura de aventuras, y *El extraño caso del doctor*

Jekyll y el señor Hyde, una reflexión inquietante sobre la dualidad humana. Aunque pasó gran parte de su vida lejos, mantuvo siempre un fuerte vínculo sentimental con Escocia, y esto se aprecia en sus cartas y en la nostalgia que plasma en ellas.

Edimburgo como eje literario

La relación entre Edimburgo y la literatura va mucho más allá de unos pocos nombres. Los autores que aparecen aquí responden a una selección personal, pensada para mostrar cómo los libros se integran en la vida cultural de Edimburgo. A partir de aquí, serás tú quien decidas cómo continuar ese acercamiento.

Comenzaré por Sir Arthur Conan Doyle, que se formó como médico en Edimburgo. En su época como estudiante conoció al doctor Joseph Bell, un cirujano famoso por su extraordinaria capacidad de observación y deducción, que sirvió de inspiración para el personaje de Sherlock Holmes. Aunque la mayoría de las aventuras se sitúan en Londres, ese modo de razonar analítico y casi científico hunde sus raíces en la herencia intelectual escocesa y en la Edimburgo universitaria en la que se formó Doyle.

Muy distinta es la mirada de Muriel Spark, una de las figuras más relevantes de la narrativa escocesa del siglo XX. La escritora convierte la vida en la ciudad en un terreno de análisis moral. Su prosa es precisa e irónica. Su novela más conocida, *The Prime of Miss Jean Brodie*, está ambientada en Edimburgo y retrata la vida escolar como un ambiente donde se cruzan la autoridad con la obediencia y la manipulación. Spark suele utilizar el humor para construir una crítica incisiva de la sociedad que la rodea.

Décadas después, Irvine Welsh nos relata una de las miradas más sinceras sobre la Edimburgo contemporánea. Su irrupción con *Trainspotting* marcó un antes y un después, aunque su obra no se limita solo a ese título. Welsh escribe desde los márgenes, con una prosa cruda, apoyada en el dialecto y en el ritmo de la calle. En sus novelas, Edimburgo aparece apartada de cualquier idealización, manchada por la precariedad en algunos barrios y el conflicto social existente. Aunque más tarde amplió sus escenarios, esa postura crítica se mantiene constante en toda su obra.

Y si hay un escritor por encima de otros que ha sabido relatar la Edimburgo actual con crudeza, ese es Ian Rankin. A través de la serie del inspector Rebus, (ni más ni menos que veinticinco libros con casos auto conclusivos) utiliza la novela negra para ir mucho más allá del crimen. Sus historias hablan de poder, desigualdad, corrupción y de las huellas que dejó el pasado industrial. La ciudad que aparece en su ficción no sustituye a la de Stevenson, pero reafirma que la dualidad sigue ahí. Solo ha cambiado el escenario, porque con él, el conflicto se mueve entre despachos, pubs, barrios periféricos y salas de interrogatorio.

Otras figuras de la literatura escocesa

La literatura escocesa adopta formas muy distintas según la época y el recorrido personal de cada autor.

Me resulta imposible no detenerme en James Matthew Barrie, que creció en Kirriemuir, un pequeño pueblo del concejo de Angus en el que destaca la tranquilidad y una religiosidad estricta. La muerte de su hermano mayor cuando Barrie era niño dejó una gran herida en el círculo familiar y, sobre todo, en la relación con su madre. La imaginación se convirtió entonces en un refugio para él. Y esa necesidad de crear mundos alternativos para soportar una infancia dura está en la base de su obra *Peter Pan*. El niño eterno que propone no es un ideal ingenuo, más bien él lo trata como una tregua frente al dolor de su pérdida. Aunque Barrie desarrolló su carrera en Londres, ese origen escocés contenido, nunca desaparece del todo de su obra.

Diferente, pero del mismo modo conectada al territorio, es la perspectiva de Nan Shepherd. Su escritura se aleja del conflicto urbano y se centra en la narrativa directa del paisaje, en especial de las montañas de los Cairngorms. En su obra más conocida, *The Living Mountain*, Shepherd nos describe la naturaleza como un ambiente que solo se conoce estando allí presente. Sus textos proponen una relación casi espiritual con el mundo y contienen uno de los acercamientos más profundos al paisaje escocés desde la literatura.

En un registro mucho más narrativo y contemporáneo aparece Peter May, conocido como Rankin por su novela negra. Su título más popular es la *The Lewis Trilogy (The Blackhouse, The Lewis Man y The Chessmen),* ambientada en las islas Hébridas. Sus historias utilizan el crimen como punto de partida para recorrer comunidades pequeñas y aisladas, trastocadas por su anclaje en el pasado. En su obra, el paisaje actúa como una fuerza que condiciona las decisiones de sus personajes, y acerca al lector a una Escocia menos accesible, pero con un peso considerable.

La literatura escocesa puede darte otra perspectiva sobre los lugares que vas a visitar. Te aportará profundidad en las ciudades y dará sentido a muchos paisajes. Conocer a sus autores te permite mirar con más atención y viajar con más referencias, y de manera similar al cine, eso hace que la experiencia sea más enriquecedora.

Capítulo 10. Arte: la esencia visual

Cuando uno empieza a mirar el arte escocés con un poco de calma, descubre que no hay una manera única de definirlo. Se basa en una serie de ideas que huyen de un único estilo.

La primera de esas ideas se remonta a etapas muy tempranas, anteriores a la definición del territorio tal y como lo entendemos en nuestros días. Son los patrones celtas y ese gusto por el detalle. Suelen describirse como motivos decorativos, pero la verdad es que expresan una forma particular de organizar la información visual en estructuras complejas con patrones entrelazados que se repiten. Esta estructura aparece ya en las piedras neolíticas y continúa en los manuscritos medievales, lo que indica una clara continuidad cultural. La segunda premisa es el paisaje. Cualquiera que haya conducido por una carretera entre montañas, o haya visto cómo cambia la luz en la costa en cuestión de minutos, entiende por qué el entorno influye tanto. Mucho antes de que los pintores romantizaran las Highlands, esta región ya estaba perfilando la imagen que todos tenían de esta tierra. El tercer elemento es la conexión histórica con otros territorios europeos, en especial con Francia. Los intercambios políticos y educativos fueron constantes, con un intenso trasfondo cultural, y eso generó un flujo de pensamiento que terminó influyendo en la producción artística. Se observa muy bien en la pintura de corte del siglo XVI y vuelve a aparecer en movimientos modernos y contemporáneos, cuando muchos pintores escoceses viajaron a París para formarse confrontando sus ideas. Esta relación demuestra que el arte hecho en Escocia se ha desarrollado en colaboración con corrientes más amplias, aunque adaptándolas siempre a un ámbito local con características propias.

Por supuesto, toda esta evolución está sugestionada por los vaivenes históricos. La Reforma, por ejemplo, frenó la presencia del arte en la vida pública. Después, la unión de las coronas en 1603 hizo desaparecer una corte que había sido motor de encargos y mecenazgo. Y, aun así, la creatividad se mantuvo intacta y, de hecho, algunas de las contribuciones más relevantes surgieron precisamente de esa tensión entre tradición y ruptura. Con el impulso intelectual de la Ilustración en el siglo XVIII, Escocia despierta en términos culturales con una fuerza que sorprende incluso hoy. Se genera un auge de nuevos artistas y se empieza a reflexionar sobre lo que significa ser escocés en un mundo que siempre cambia, y ese debate sigue hasta nuestros días.

El arte escocés está repartido por todas partes, y su variedad es tan amplia que resultaría imposible abarcarlo todo en un solo recorrido. Por ello, he elegido una serie de espacios que trazan cómo ha ido evolucionando el arte a lo largo del tiempo. Son lugares que cuentan esa historia y que permiten distinguir cómo se ha expresado la identidad en cada época.

Primeras expresiones artísticas

Los primeros rastros de creatividad aparecen al aire libre en enclaves como Kilmartin Glen, uno de los valles arqueológicos más importantes del oeste, donde se conservan vestigios que se remontan a hace cinco mil años. En sus colinas se conservan numerosos restos prehistóricos que aún ocupan el mismo escenario natural que tuvieron en su origen. La concentración de monumentos y su estado de conservación te permiten ver cómo las primeras comunidades plasmaron en la piedra su respeto al territorio.

Las islas Orcadas son un viaje directo al Neolítico. Skara Brae, un asentamiento cuyos orígenes se pierden en el tiempo, conserva casas completas, con camas y armarios de piedra, como si el reloj se hubiera detenido. No lejos de allí, se encuentra Maeshowe, una tumba de pasillo alineada con el solsticio de invierno, que inunda la cámara de luz en el momento exacto del año, un evento que impresiona por su precisión. Y en el corazón del archipiélago, el Anillo de Brodgar

(Ring of Brodgar) es un amplio círculo de piedras que nos muestra la escala ceremonial de estas primeras comunidades y que completa uno de los paisajes prehistóricos más importantes del hemisferio norte.

También merece la pena viajar hasta la isla de Lewis, en las Hébridas Exteriores, para contemplar el Círculo de Piedras de Callanish (Callanish Standing Stones), un complejo de menhires erigido hace cinco milenios y considerado uno de los más impresionantes de Europa. Recorrer esta geografía es acercarse a los orígenes para comprender cómo ya existía aquí una conciencia profunda de crear para dejar un legado.

Con el paso de los siglos, las comunidades empezaron a levantar estructuras más complejas. Los brochs son quizá las construcciones más representativas en algunas zonas de costa. Se trata de torres circulares levantadas en piedra seca, con un doble muro que crea un interior sorprendentemente complejo, lleno de pasillos y escaleras integrados en el grosor de la propia estructura. No sabemos con certeza para qué servían, pero combinaban protección y prestigio con una manera muy particular de organizar el espacio. El mejor ejemplo es el broch de Mousa, en las islas Shetland, levantado alrededor del año 300 a. C. y que aún hoy sigue en pie con una solidez impresionante.

Para completar esta primera etapa, siempre recomiendo visitar el Museo Nacional de Escocia, en Edimburgo, uno de los lugares donde mejor se comprenden estos orígenes. Allí se conservan torques de oro, broches y piedras talladas que nos dejan entrever el nivel técnico que alcanzaron aquellas primeras culturas.

La huella del cristianismo

Con la expansión del cristianismo surgieron construcciones medievales que nos revelan el cambio espiritual y artístico del momento. La Abadía de Iona es un buen ejemplo para entender este proceso. Tras la llegada de St Columba en el año 563, la isla se convirtió en un centro monástico de gran influencia, donde surgieron muchas de las formas artísticas que hoy asociamos al cristianismo temprano en estas tierras. En Iona se conservan algunas de las cruces talladas más importantes de Escocia y varios elementos arquitectónicos que muestran cómo la nueva fe introdujo otras maneras de representar lo sagrado.

Si añadimos otro ejemplo, ya en otra época, la Catedral de St Andrews es imprescindible. En el presente solo queda parte de su estructura, pero con su escala puedes imaginar el peso que tuvo en la vida religiosa medieval. Esa imagen en ruinas, además, conecta con un momento decisivo, la Reforma protestante. A mediados del siglo XVI, el nuevo clima religioso rechazó la imaginería y los ornamentos que habían definido el arte medieval. Muchas obras fueron destruidas y numerosos edificios (incluida la propia catedral) quedaron abandonados o fueron desmantelados.

Palacios y poder

El Renacimiento llegó a Escocia más tarde que al continente, pero cuando por fin lo hizo dejó una huella inconfundible. Si hay un entorno donde se percibe con claridad ese salto cultural es en el Palacio de Falkland, con sus jardines y torres de influencia francesa e italiana, pero sin perder ese punto de sobriedad tan propio de aquí. Todo en Falkland transmite la idea de una corte que quería presentarse como moderna y europea, pero conectada con su paisaje.

A esa misma ambición pertenece el Palacio Real de Stirling (en el Castillo de Stirling) uno de los casos más coherentes y completos de arquitectura renacentista en las Islas Británicas. La influencia francesa y la huella continental es evidente desde la fachada, con un programa escultórico lleno de figuras alegóricas y decoraciones que mezclan gótico tardío y Renacimiento, creando un edificio único en su categoría.

Un complemento perfecto es el Palacio de Linlithgow, construcción emblemática donde nació la reina María Estuardo en 1542. Aunque hoy sea una ruina majestuosa, mantiene la estructura de lo que fue una de las residencias reales más importantes de Escocia. El amplio patio central y las estructuras que aún se conservan te llevan a imaginar la vida de la corte en pleno Renacimiento, en un ambiente donde la sofisticación europea se integraba con la robustez propia de la arquitectura escocesa.

La ilustración escocesa en las artes

El siglo XVIII transformó el arte al mismo nivel que el pensamiento. La Ilustración convirtió Escocia en uno de los centros intelectuales de Europa, donde distintas disciplinas convivían en un ambiente de intercambio de ideas poco común hasta entonces. Fue el siglo de oro. Ese clima racional y cosmopolita también influyó en la producción de obras, que adoptaron un lenguaje más refinado y prestaron mayor atención a la representación del individuo.

La pintura de este periodo se centró en el género del retrato. Artistas como Allan Ramsay o Henry Raeburn plasmaban en sus lienzos a filósofos, aristócratas y ciudadanos notables con una elegancia sobria, transmitiendo el estatus del retratado, junto al concepto de progreso que imperaba en la época. La Galería Nacional Escocesa del Retrato en Edimburgo es el mejor punto de partida si lo que te interesa es este periodo artístico. Allí puedes ver de primera mano cómo los grandes retratistas del siglo XVIII pusieron cara a la Ilustración, con una colección centrada en las figuras que sobresalieron en la vida cultural y política.

En paralelo, la arquitectura urbana vivió un auge sin precedentes con ejemplos como la New Town de Edimburgo, concebida como un conjunto ordenado de amplias avenidas y arquitectura neoclásica. Todo ello simboliza la racionalidad y el orden ilustrado adaptados a una ciudad que aspiraba a ser moderna y europea.

El Romanticismo y la búsqueda de identidad

El siglo XIX fue un tiempo de cambios vertiginosos. La Revolución Industrial transformaba ciudades, y frente a esa modernidad acelerada surgió un movimiento que miraba al pasado y a la naturaleza buscando sus raices: el Romanticismo. La pintura de paisajes se convirtió en un género central. Artistas como Alexander Nasmyth (uno de mis preferidos) capturaron paisajes de las Highlands envueltos en bruma y cargados de una atmósfera entre la nostalgia y el idealismo. Buscaba transmitir emoción y orgullo nacional a través de la representación de sus parajes. A su vez, creció el interés por la herencia medieval, reflejada en la arquitectura neogótica y en el coleccionismo de antigüedades. Esta mezcla de paisajismo, pasado y sentimiento definió el arte del XIX en Escocia.

Para sumergirnos en este periodo podemos visitar la Galería Nacional de Escocia, también en Edimburgo, que conserva una colección muy representativa de esa sensibilidad romántica en la que la naturaleza se ha convertido en un símbolo. Junto a esos paisajes aparecen escenas de la vida cotidiana y episodios históricos que reflejan cómo los artistas quisieron plasmar su orgullo en plena transformación.

La modernidad toma forma

A finales del siglo XIX, un grupo de artistas y diseñadores quiso recuperar la línea entre arte y artesanía. Era el espíritu del movimiento *Arts & Crafts*, que defendía objetos singulares frente a la producción en masa. En paralelo, el Renacimiento Celta revalorizaba motivos de la herencia gaélica, reinterpretándolos con un lenguaje expresivo novedoso.

En este caldo de cultivo surgió una figura decisiva: Charles Rennie Mackintosh. Arquitecto, diseñador y artista, Mackintosh creó un estilo inconfundible, combinando líneas geométricas, inspiración natural y un refinamiento que situó a

Glasgow en el mapa internacional del diseño. Sus edificios son iconos del modernismo.

En Glasgow es fácil reconocer la huella de Mackintosh, ya que muchas de sus creaciones siguen integradas por doquier. La Escuela de Arte de Glasgow suele considerarse por muchos su máxima expresión arquitectónica. Es el edificio donde su estilo se materializa con más claridad, mezclando líneas geométricas donde hay que prestar atención a la luz y esa combinación tan suya de modernidad y tradición. Por otro lado, Las Salas de Té Willow (Willow Tea Rooms) tienen un encanto especial porque nacieron como un proyecto pensado para cambiar la perspectiva desde la que la población disfrutaba del tiempo libre. Fueron impulsadas por Catherine Cranston, una empresaria adelantada a su época que quiso regentar establecimientos distinguidos, en particular orientados a mujeres que querían reunirse fuera del hogar sin las limitaciones sociales de la época. Para ello contó con Mackintosh, que calculó cada detalle creando ambientes diseñados para lograr una experiencia completa. Visitar las Salas de Té Willow es una buena manera de acercarse a su obra y si decides sentarte allí a disfrutar de un afternoon tea (explicaré con precisión qué es en el siguiente capítulo sobre gastronomía) verás cómo su diseño sigue funcionando a la perfección después de más de cien años.

El siglo XX. Hacia un nuevo lenguaje artístico

Esta etapa abrió para Escocia un nuevo capítulo en su historia artística. En las primeras décadas, el grupo de los *Scottish Colourists* trajo a la pintura escocesa la influencia del fauvismo y el impresionismo francés con composiciones atrevidas que rompían con el academicismo del XIX. También la escultura y el diseño continuaron evolucionando hacia formas más abstractas. Después de la Segunda Guerra Mundial, el arte escocés se volvió aún más diverso y en la segunda mitad del siglo, se consolidó una escena propia que hoy sigue creciendo.

En Edimburgo, la Galería Nacional Escocesa de Arte Moderno, con sus dos edificios y su parque de esculturas, plantea un recorrido completo por el arte moderno y contemporáneo, permitiéndote seguir toda la evolución hasta sus propuestas más experimentales. Merece la pena pasear por los exteriores donde hay un parque de esculturas integrado en el paisaje, que, diseñado con esmero, convierte el jardín en una extensión natural del discurso interior del museo.

En Glasgow, la Galería de Arte Moderno (GoMA) está dedicada al arte contemporáneo local e internacional. Las temáticas suelen ser sociales, a veces incluso algo incómodas y por ello se utiliza este museo para expresar lo que está pasando ahora. Artistas de toda índole conviven en un diálogo que cambia según la exposición del momento, pero que siempre parte de un planteamiento simple. Es habitual encontrar propuestas muy diversas que van mucho más allá de la pintura.

Por último, la ciudad propone otra opción distinta y muy original de adentrarse en el arte contemporáneo a través de la ruta de los murales (City Centre Mural Trail), un recorrido a pie que transforma las fachadas de las calles en un museo al aire libre. Las paredes pintadas, creadas por artistas de toda procedencia, mezclan realismo, humor, crítica social y referencias a la cultura popular. Allí se puede contemplar, en un paseo, cómo el arte se integra en el día a día, ocupando la vía pública con un impacto visual inmediato.

Episodio: "Arte en Edimburgo" (24:41)

Capítulo 11. Gastronomía

Escocia no tiene un panorama gastronómico tan reconocido como Francia o Italia y tampoco pretende competir en eso. Aquí la cocina ha sido siempre, ante todo práctica.

En nuestro día a día (y esto ocurre tanto en España como en muchos países de Latinoamérica) comer es una forma habitual de relacionarse con otros. No es raro llamar a un amigo al que no ves desde hace tiempo y proponerle "quedar para cenar". Sentarse a comer funciona como excusa y como punto de reunión. En Escocia ese papel lo cumple, casi siempre, la bebida. Aquí se queda para tomar algo, no para sentarse a la mesa y ese cambio se nota enseguida cuando llegas. Los horarios son distintos, los almuerzos no se alargan y la mesa no es el centro de la vida social (no hay sobremesa). Se come antes, más rápido y sin tanta pompa. Y esto es una diferencia cultural clara, no un juicio de valor.

Aun así, tengo la firme convicción de que la gastronomía debería formar parte del viaje como una vía más de inmersión cultural. Conocer qué se come, cuándo y por qué te pone en contexto sobre la región y sus hábitos. En las páginas que siguen dejo algunos apuntes para que la comida sume a la experiencia.

Materias primas de calidad

En cuanto a gastronomía, si hay algo en lo que Escocia juega en primera división es en la calidad de sus materias primas. Viajar por aquí te hace ver enseguida que todo crece despacio, en su hábitat, y eso se nota en lo que al final acaba en el plato.

El mar es un recurso esencial. Con casi diez mil kilómetros de costa y aguas frías y limpias, el pescado y el marisco son habituales en las capturas del día a día. Salmón, eglefino, bacalao y otras especies aparecen con una frescura difícil de igualar. No hace falta esconderlos bajo salsas ni técnicas complicadas porque cuanto menos se toque el producto, más luce. Como guía, no me cansaré de repetir que cuando el menú dice "local", conviene prestar atención.

En el caso particular del salmón, merece una mención aparte el que se ahúma en las islas Orcadas. Allí se sigue trabajando al estilo de antaño fileteando a cuchillo pieza a pieza. Utilizan ahumadores y técnicas heredadas de sus antepasados y elaboran tanto en frío como en caliente (hot smoked salmon), con un cuidado extremo del proceso y del tiempo, sin prisas.

En épocas en las que un frigorífico era tan solo algo inimaginable, el ahumado (al igual que el salado) tenía el objetivo práctico de conservar el pescado por más tiempo. Para ello se utilizaba turba, un recurso abundante en las islas. Ahora ese propósito ha cambiado. El salmón ya no se ahúma para preservarlo, sino para realzar su sabor. Por ello, la turba ha dejado paso a la madera de roble, que aporta un aroma más limpio y equilibrado, sin imponerse al pescado. El resultado es un salmón delicado, con carácter, que resume muy bien cómo han sabido adaptar la técnica sin perder su esencia.

Además del salmón, el litoral escocés (en toda su línea de costa del este al oeste) es generoso en mariscos: mejillones, ostras, vieiras, cangrejos, langostas y las apreciadas cigalas (*langoustines* en Escocia). La frescura y la calidad de estos regalos del mar son incuestionables.

En tierra firme ocurre algo parecido. Si recorres las tierras altas verás que el ganado pasa casi todo el año al aire libre alimentándose de pastos naturales. Eso explica por qué las carnes de ternera y cordero tienen tan buena reputación. No es una cuestión de raza (Angus, Highland Coo, etc) ni siquiera de cómo se cocinan estas carnes en las recetas locales. El secreto está en su origen y da igual que el plato sea sencillo. Una carne bien tratada, cocinada sin excesos, se define sola. En muchas zonas rurales, comer bien empieza mucho antes siquiera de entrar en la cocina.

También sorprende lo que da la tierra en los meses buenos porque a pesar del clima que nos priva de cítricos y de muchas otras cosas, en verano, las frutas del bosque están por todas partes: frambuesas, fresas, arándanos… Aparecen en postres, desayunos o sin elaboración. Lo mismo ocurre con cereales como la avena o la cebada, básicos en la alimentación tradicional y todavía muy presentes, tanto en la cocina como en productos que representan la personalidad escocesa.

Y luego están los lácteos. Quesos, mantequillas y natas de primerísima calidad, muchas veces producidos a pequeña escala. No suelen tener el reconocimiento internacional que merecen, pero cuando se prueban allí (en una posada rural, o en un pub sin grandes pretensiones) encajan a la perfección.

Por eso, aunque Escocia no sea un destino gastronómico al uso, te recomiendo fijarte en lo que pides para comer porque siempre puedes sorprenderte.

Historia y gastronomía

Algo importante a tener en cuenta cuando quieras almorzar en un pub o un restaurante británico es que la gastronomía de cada zona es el resultado directo de su historia y de su cultura. Evoluciona con el paso del tiempo, a partir de la comida que hay disponible y de las épocas buenas y malas que atraviesa una sociedad.

En Escocia, la cocina surge de unas condiciones difíciles y de una economía precaria en muchas regiones durante mucho tiempo. Ingredientes como la avena, la patata, el pescado están presentes porque son abundantes y están a mano. Sacian y se adaptan bien al clima y al estilo de vida.

En el Reino Unido, a mediados del siglo XX, una época de penuria y posguerra, la patata se convirtió en la base de muchas comidas, hasta el punto de estructurar platos por completo. En España ocurrió algo parecido con el trigo y el pan, que fue el alimento principal cuando escaseaba todo lo demás. En gran parte de Asia, ese papel lo asumió el arroz. Es decir, cada lugar desarrolló su cocina a partir de lo que tenía a mano.

Por ese motivo, en la cultura local no van a entender que pidas pan con tu filete de carne porque ya lo acompañan con patatas. Es como si pidieras en España un bol de arroz junto con un huevo frito. Exceptuando sándwiches, hamburguesas y este tipo de elaboraciones, su hidrato de carbono para las guarniciones es siempre la patata, y por ello vas a tener la sensación de que todo viene con patatas. No te servirán pan si no lo pides.

Entrantes (starters)

Los entrantes aquí cumplen la función de alimentar y reconfortar. Están elaborados para empezar a comer con algo que va acorde con el clima, no para abrir el apetito como ocurre en otras culturas. Por eso, muchos de ellos podrían funcionar sin problema como plato único. Las sopas (que sí vienen acompañadas de un bollito de pan y mantequilla siempre) son la mejor demostración. Están presentes en casi cualquier carta y cambian poco de una región a otra. La Cullen Skink es para mí la más interesante y se elabora con pescado ahumado, patata y cebolla (a veces puerro). Su particularidad es que la base está formada en esencia por leche y el resultado es una sopa cremosa, ahumada, con un sabor intenso y equilibrado. Es uno de esos platos que suelen gustar incluso a quienes llegan con dudas.

Otro caldo muy habitual es el Cock-a-leekie, hecho a base de pollo y puerro. Es más sencillo, pero representa bien la cocina escocesa, con pocos ingredientes y una preparación fácil. Algo más contundente es el Scotch Broth, otra preparación caliente espesa con carne, verduras y cebada, cocinada a fuego lento. Es una receta antigua, de origen doméstico, que apenas cambia de una zona a otra y que condensa la esencia de cocina práctica y de aprovechamiento.

El haggis, aunque suele considerarse un principal y luego entraremos más en detalle, aparece con frecuencia como entrante. En este formato tiene más sentido para quien lo quiera probar por primera vez, ya que, en pequeñas cantidades, se aprecia su sabor sin resultar pesado. Es, además una buena opción para acercarse a uno de los símbolos gastronómicos sin obligarse a probarlo en un plato mucho más grande.

En general, conviene poner atención en este tipo de recetas locales que en otras más internacionales. Como me gusta decir cuando acompaño a mis clientes, comer aquí va de saber elegir bien más que de buscar algo espectacular. Un entrante típico, servido en un pub con ambiente local, puede explicar mucho más sobre Escocia que cualquier otra cosa.

Platos principales (mains)

Los principales parten de la sencilla lógica de aprovechar al máximo lo que se tiene y que el resultado sea contundente. Así de simple. Es una cocina concebida para nutrir y sostener el esfuerzo diario, en especial en zonas donde el frío y el trabajo físico marcan el ritmo del día. El ejemplo más conocido es el haggis, y lo interesante no es solo de dónde sale, sino por qué acaba convirtiéndose en una opción popular y representativa. Su origen, una vez más, está en la cocina de subsistencia. Tiempo atrás, en una sociedad muy jerarquizada, las mejores piezas del animal quedaban en manos de los ricos, mientras que las vísceras (corazón, pulmones, hígado) era lo que quedaba para el resto. Era en muchos casos la única fuente de proteínas para los más marginados. Para no desperdiciar nada, estas vísceras se picaban, se mezclaban con avena y se cocían dentro del propio estómago del animal, que hacía de recipiente. Para aquellas personas, a buen seguro no era una receta agradable ni pensada para disfrutar, sino para aprovechar al máximo algo poco habitual, que no se repetía muy a menudo, como era el hecho de poder comer carne.

Durante siglos, el haggis fue una comida humilde, asociada al medio rural y a las clases populares. Pero en 1797 llega un momento decisivo que convierte el haggis en algo más que una receta cuando Robert Burns le dedica su poema *Address to a Haggis*. En él, Burns lejos de describir un bocado refinado, ensalza una elaboración humilde como símbolo de dignidad y orgullo popular. El haggis ahí representa la tradición y autenticidad del pueblo.

Poco a poco, todas las clases sociales se hacen eco del famoso poema y de ese modo el plato pasa a tener un papel destacado en la gastronomía. De hecho, en la noche del 25 de enero se celebra la típica cena de Burns y la lectura del poema, con el corte ritual del momento y todo lo que lo rodea convierten la cena en un acto cultural con fondo gastronómico. Conocer este detalle cambia por completo la percepción sobre el haggis porque, hecho a base de casquería, se convirtió en un referente y en una costumbre cargada de significado. Y ya no se prepara como hace siglos. Por descontado, en la actualidad pasa los controles sanitarios pertinentes, se ha refinado el aliño y se elabora de forma estandarizada al horno, ya no hervido. Puedes encontrarlo en la mayoría de las cartas de restaurantes que trabajen cocina local como *Haggis, Neeps and tatties* (Haggis con puré de nabos y puré de patatas).

Más allá del haggis, los principales giran en torno a guisos y estofados. Ternera y cordero son las carnes más habituales, cocinadas a fuego lento con patatas, zanahorias y verduras de temporada. En las Highlands es habitual encontrar estofados sencillos pero ricos, hechos a base de carnes, patatas y hortalizas (Highland stew).

El pescado también tiene un peso importante. El bacalao y el salmón aparecen como platos principales en muchas cartas, al horno o a la plancha. Son recetas simples, orientadas a respetar el producto más que a transformarlo.

Y si hablamos de pescado blanco, otro principal que merece estar aquí es el famoso fish and chips. Aunque se trata de una receta común en Gran Bretaña e Irlanda, en Escocia suele tener un alto nivel y lo encuentras tanto en puestos callejeros para llevar como en la carta de restaurantes bien valorados, estando muy bien en ambos casos según la situación. El secreto está en el pescado fresco y en la técnica. Un buen fish and chips empieza con una cobertura ligera, preparada con una mezcla de harina y cerveza, y una fritura a temperatura muy alta. El objetivo no es freír el pescado, la clave está en la cobertura. Cuando el aceite está muy caliente, la capa exterior queda crujiente y sellada, mientras que el pescado se cuece en su interior con su propia humedad. Por eso, un fish and chips bien hecho no debería resultar aceitoso ni pesado. Se suele emplear eglefino o bacalao y es mejor probarlo sin prejuicios porque, aunque sea sencillo, es mucho mejor de lo que cabría esperar de entrada.

Hay también una cocina de aprovechamiento muy presente en el ámbito doméstico, como los *stovies* hechos con carne sobrante del día anterior, patatas y hortalizas. Rara vez los he visto en restaurantes, pero es interesante que al menos los conozcas.

Postres y dulces (desserts and sweets)

Con los postres pasa algo parecido a lo que ocurre con el resto de la gastronomía escocesa, no son sofisticados, pero merece la pena conocer los más comunes. Yo no soy muy fanático de comer dulce, pero, aun así, cada vez que entro en una pastelería artesanal, es raro que algo me decepcione. Los dulces suelen ser bastante contundentes y en comparación con otros platos en hostelería, bastante económicos. Aquí por norma general no se termina de comer con algo sencillo, más bien todo lo contrario ya que al escocés le gusta la contundencia. Quizás el postre más representativo en los restaurantes es el cranachan, hecho a base de nata, frambuesas, miel, avena tostada y, a veces, un chorrito de whisky. No tiene más misterio y no por ello deja de ser genial.

Otro que aparece mucho es el sticky toffee pudding (muy común también en Inglaterra). Se trata de un bizcocho dulce y caliente con salsa de caramelo. Es muy denso y a veces viene acompañado de helado para darle contraste y algo de frescura.

La scottish tablet es una especie de turrón sólido hecho a base de azúcar y mantequilla. Muy dulce. Mucho. Es muy popular en las casas cuando se hacen celebraciones, y puedes encontrar en casi todas las tiendas locales.

El shortbread, la galleta de mantequilla escocesa es otro clásico. Está por todas partes y es típico en todas las épocas del año, pero sobre todo en Navidad. Bien hecha, es excelente, y tampoco tiene ningún misterio: mantequilla, azúcar y harina. Nada más. Sencillo y rico.

Por último, quiero mencionar el fudge, que recuerda bastante al turrón blando. A veces combinado con chocolate, otras con vainilla, pistacho... Suele gustar mucho. Es uno de esos dulces que se compran por su aspecto, casi sin pensarlo y que muchos se llevan como recuerdo del viaje.

Afternoon tea

El afternoon tea no es una costumbre nacida en Escocia, pero hoy pertenece a la cultura gastronómica local y es algo que muchos turistas se encuentran (o buscan) durante su visita. Para situarlo bien hay que ir al origen, a las razones de su aparición y a su presencia actual.

Sus comienzos están en la Inglaterra victoriana del siglo XIX, en un ámbito de talante aristocrático. En aquella época, el almuerzo se hacía bastante temprano y la cena se servía muy tarde. Entre ambos momentos quedaba un largo intervalo en el que no se comía nada. Para cubrir ese vacío, empezó a popularizarse una pequeña comida a media tarde acompañada de té. Al principio fue algo privado, casi doméstico, pero pronto se convirtió en un acto social, muy en particular entre mujeres de la alta sociedad. Con el tiempo y poco a poco, esta pausa se fue formalizando y el té dejó de ser solo una bebida y pasó a organizarse alrededor de una estructura concreta. Empezó a tomarse con pequeños bocados salados, algo de bollería y dulces, transformándose en todo un ritual. A finales del siglo XIX el afternoon tea ya estaba bien definido y asociado a elegancia, tiempo libre y cierta idea de estatus.

Escocia adoptó esta costumbre sin demasiadas resistencias, más que como algo cotidiano en las casas, como una experiencia especial. No es rutinario para la mayoría de los escoceses, pero sigue siendo muy popular como plan puntual en celebraciones o para darse un capricho con amigos. En ciudades como Edimburgo tienes oportunidad de encontrarlo fácilmente en hoteles históricos o salones de té. A mí me gusta mucho tomarlo en The Dome, donde reservan cada día toda la primera planta para ello.

En cuanto a cómo se presenta, el formato es bastante reconocible. Lo habitual es que se sirva en una bandeja metálica de tres niveles. En la fuente inferior tendríamos los canapés salados, como pequeños sándwiches sin corteza, ideales para comerse en dos o tres bocados. Suelen ser sencillos y suaves, hechos con combinaciones de pepino, huevo, salmón ahumado, pollo o jamón. En Escocia no es raro que se incluyan productos locales de repostería salada con algún guiño a la cocina tradicional. El segundo nivel lo ocupan los scones, imprescindibles en cualquier afternoon tea. Son pequeños bollos que se sirven templados, acompañados de mermelada y nata cuajada (clotted cream). Aquí no hay un consenso universal sobre en qué orden comerlo, lo importante es que están pensados para tomarse en compañía. Por último, en la bandeja superior llegan los dulces. Aquí encuentras cualquier cosa que te puedas imaginar, desde biscochos hasta bombones. No suelen ser grandes porciones porque el objetivo no es llenarse, se trata de ir probando un poco de todo. En esta última bandeja es habitual encontrar clásicos como el shortbread o versiones modernas de repostería británica.

La bebida central es, por supuesto, el té. Normalmente té negro, servido en tetera, con leche y azúcar al gusto. Hoy en día muchos lugares permiten elegir entre algunas variedades, e incluso sirven café como alternativa. También existen versiones más festivas del afternoon tea, acompañadas de una copa de cava, champán o incluso con alcoholes locales, aunque eso ya es una reinterpretación más moderna.

Es importante no confundir el afternoon tea con una comida fuerte porque la realidad es que no sustituye al almuerzo ni a la cena. Tampoco podemos idealizarlo como un hábito diario porque no lo es. Podríamos decir que se trata de una tradición adoptada y adaptada, todavía presente, que sigue teniendo cierto sentido a nivel social.

Episodio: "Gastronomía en Escocia" (12:58)

Capítulo 12. Whisky Escocés

Agua de vida: su historia

Cuando uno piensa en Escocia, piensa en lagos y castillos... y, por supuesto, en whisky. Pero para explicar por qué esta bebida acabó convertida en un símbolo nacional hay que mirar muy atrás, a un origen que, como dato curioso, no está en Escocia. Las primeras pistas nos llevan a Irlanda y de allí a monjes que aprendieron a destilar en Francia, donde a su vez los árabes habían transmitido los conocimientos de la destilación, en su caso aplicada a perfumes y ungüentos. Cuando esos monjes llegaron a las islas con la misión de cristianizar en los siglos VI y VII, trajeron algo más que doctrina religiosa. Poseían la técnica para transformar la fermentación del grano en un alcohol primitivo que se conoció como *aqua vitae*, "agua de vida". Ese nombre aparecerá siglos más tarde, en 1494, en el primer documento escocés que menciona la producción de whisky, firmado por el propio Jacobo IV.

Ese primer whisky no se parecería en absoluto al que conocemos hoy en día. Era un destilado fuerte y transparente, sin maduración y, con toda probabilidad, desagradable. Lo que ahora consideramos "whisky" (la bebida compleja, con notas de madera, miel, turba o frutos secos) es el resultado de una evolución muy posterior. Durante muchos siglos, aquel alcohol primitivo se aromatizaba con flores, hierbas o frutas para hacerlo más bebible. El envejecimiento en barrica, que en nuestros días es incuestionable, no se generalizó hasta el siglo XVIII.

En Escocia, todo empezó a consolidarse cuando los monasterios desaparecieron con la Reforma protestante y muchos monjes, se integraron en clanes y en las comunidades rurales, transmitiendo sus conocimientos a agricultores y a vecinos de las Highlands. En ese momento, el whisky dejó de ser un secreto monástico para convertirse en una bebida popular. Tanto, que es difícil creer que hubo épocas de penurias en las que el grano escaseaba porque se destinaba más a destilar que a comer. El whisky se convirtió en algo habitual en la vida cotidiana y en un recurso económico importante, y cuando algo se vuelve popular, el gobierno suele fijarse en ello.

A mediados del siglo XVII empezaron los impuestos. Primero tímidos, luego inasumibles. Con la formación del Reino Unido y el Acta de la Unión de 1707, los impuestos escoceses se igualaron a los ingleses, mucho más altos, y la respuesta fue inmediata: nadie quiso pagar. Empezó así un periodo de contrabando a gran escala que cubre un momento esencial en la historia del whisky. Los productores se escondían en las islas, en valles remotos y sobre todo en la región que hoy conocemos como Speyside (al noreste en el mapa), donde los recaudadores apenas podían llegar sin ser vistos. Se calcula que, en la segunda mitad del siglo XVIII, solo uno de cada diez litros producidos era legal. Es también la época en la que nacen historias como la de Helen Cumming, la mujer de Cardhu que, cuando aparecían los inspectores, les ofrecía una comida mientras salía discretamente con una bandera roja para avisar al vecindario de que escondieran los alambiques y los barriles. Fue una de las figuras más ingeniosas de aquel tiempo y un símbolo de cómo la cultura del whisky se entrelazó con la picaresca rural. No es casual que el logo de este whisky sea una mujer ondeando una bandera.

La situación se volvió insostenible hasta que en 1823 se aprobó una ley que reducía de repente las tasas y facilitaba mucho obtener licencias. El gobierno entendió que era mejor permitir que los productores se legalizaran que perseguir a todo el mundo y así, muchas destilerías que ahora consideramos "tradicionales" nacieron o se refundaron dejando atrás su pasado clandestino.

Pero la gran revolución llegó unos años después, en 1830, cuando el irlandés Aeneas Coffey patentó el alambique de columna, un invento capaz de destilar más rápido y más barato y, lo mejor de todo, con cualquier tipo de grano. Irlanda rechazó la creación de su compatriota, pero Escocia lo adoptó y ese gesto cambiaría la historia del whisky moderno. A partir de entonces surgió un nuevo estilo conocido como "el whisky de grano", más ligero, ideal para mezclar con maltas más potentes. En 1860, cuando la ley permitió por vía oficial mezclar ambos, nació el blended whisky tal y como lo conocemos, surgiendo así una industria global.

El primer blend moderno se creó en Edimburgo y fue obra de un comerciante de vinos llamado Andrew Usher. En el presente, casi nadie se detiene frente al edificio donde ocurrió, pero mezcladores como él hicieron posible la expansión internacional del whisky escocés. Despegaron nombres que ahora vemos en cualquier bar: Johnnie Walker, Chivas, Dewar's… la mayoría eran familias de comerciantes que ya estaban acostumbradas a mezclar tés y vinos, incluso especias, y aplicaron esa lógica al whisky. Sus mezclas equilibraban potencia y suavidad, justo lo necesario para que la bebida resultara atractiva fuera de Escocia, donde los paladares no estaban acostumbrados a caldos intensos de más de 50º.

De todos estos comerciantes mezcladores, quien cambió de verdad el panorama fue Alexander Walker, hijo del fundador de Johnnie Walker, quien no se limitó solo a mezclar whisky. Inventó un sistema de distribución basado en comerciar con los capitanes de barcos que iban a las colonias, diseñó la botella cuadrada para evitar roturas y ahorrar espacio e inclinó la etiqueta a veinticuatro grados para atraer la atención desde la barra de los bares. Más tarde llegaría el famoso sistema de etiquetas de colores para distinguir gamas y abarcar a todas las clases sociales. Fue una revolución de marketing en un tiempo en el que nadie hablaba de marketing. Este sistema de comercio le permitió llegar a rincones donde no llegaban otros productos fabricados en Reino Unido y fue de los primeros whiskies en alcanzar decenas de países.

Hubo regiones que no tuvieron tanta suerte. Campbeltown, hoy una zona pequeña y casi olvidada, llegó a ser la capital mundial del whisky durante la Ley Seca en Estados Unidos. Sus whiskies, fuertes y oscuros, eran perfectos para los bares clandestinos porque permitían añadir agua sin perder potencia en boca, pero la ambición acabó destruyendo su reputación porque para producir más, sacrificaron calidad. Recortaron en "cabezas" y "colas" (modificando a nivel técnico el proceso de producción), aceleraron destilaciones e incluso circula el rumor de que, ante la gran demanda americana, reutilizaron barriles que se habían empleado para almacenar pescado. Lo que es seguro es que cuando terminó la Ley Seca la región pasó de treinta destilerías a una sola, Springbank, una de las más respetadas entre los aficionados. Hoy se pueden contar con los dedos de una mano las destilerías que producen whisky allí.

A lo largo del siglo XX, el whisky siguió cambiando. Durante la Primera Guerra Mundial se limitó su graduación (aguándolo) a un máximo de 40º para evitar el absentismo laboral en las fábricas de armamento. Llama la atención que actualmente ningún whisky puede embotellarse con menos de 40% de volumen alcohólico.

A finales del siglo XX, Glenfiddich popularizó el concepto de Single Malt, hasta entonces desconocido para el gran público. Después llegó la crisis de los ochenta, con exceso de producción y cierre de destilerías, y a la postre, a partir de los noventa, el renacimiento. Ahora la industria vive un periodo incierto por un declive en el consumo mundial, pero aún y con eso, en las últimas décadas han surgido media decena de nuevas destilerías.

El crecimiento por el momento es continuo. Los single malts conviven con blended whiskies cada vez más refinados, destilerías centenarias comparten espacio con proyectos jóvenes y regiones como Campbeltown están en el camino de recuperar el orgullo perdido.

Si miramos esta historia en conjunto entenderemos que el whisky no es solo un producto, sino el resultado final de monjes que cruzaron mares y de agricultores que aprendieron a destilar, junto a recaudadores engañados, inventores irlandeses que fracasaron en su propio país y comerciantes escoceses que aprendieron a mezclar… además de crisis, modas, prohibiciones y épocas doradas. El whisky sigue en constante evolución porque Escocia evoluciona. Y aun así conserva aspectos esenciales como esa mezcla de paisaje, clima y carácter que hace que, cuando alzamos un dram, parezca que lo que bebemos sea un pedazo de historia.

Episodio: "Historia del whisky" (36:28)

Scotch whisky hoy: normas y tipos

"Scotch whisky"… Detrás de esa expresión hay una normativa estricta que marca qué puede llevar legalmente esa etiqueta y qué no. Para que un whisky pueda llamarse Scotch whisky tiene que cumplir varios requisitos básicos. Tiene que producirse de principio a fin en Escocia, a partir de agua y cereales (en el caso del single malt, solo cebada malteada). Debe destilarse con el equilibrio necesario para conservar los aromas y sabores del grano, y luego madurar al menos tres años en barricas de roble de un máximo de setecientos litros. También debe de embotellarse con un mínimo de 40% de alcohol y no recibir ningún añadido más allá de agua y, como única opción, un colorante "caramelo" muy específico. Todo lo demás (sabores, matices, color de base) proviene del cereal, del proceso de destilación y, en especial, de la madera donde madura.

En la práctica, casi todas las barricas que se utilizan para madurar whisky escocés han tenido una vida anterior. Podrían haber contenido bourbon en Estados Unidos, vino de Jerez en España, ron en el Caribe u otros licores. No es una obligación legal, pero sí una costumbre casi universal. Esa "segunda vida" de la barrica es una de los puntos centrales para el sabor. Un whisky madurado en una barrica que ha contenido bourbon será, en general, más dulce y con aromas a vainilla; uno envejecido en barrica de Jerez tiende a dejar notas más oscuras de frutos secos y pasas, con una madera intensa. Cuando el destilado entra en la barrica, lo hace con unos 63–70 grados; allí pasará años perdiendo agua y alcohol por evaporación (ya que la madera es semipermeable), lo que en Escocia se conoce como "the angel's share" (la parte de los ángeles). Es una manera muy romántica para describir lo que se pierde por evaporación. Durante ese tiempo, el líquido se va redondeando y oxidando, cogiendo el color y el tono de la madera. Solo al final del proceso se rebaja con agua destilada hasta llegar a la graduación de embotellado, que suele moverse entre cuarenta y cuarenta y ocho por cien a discreción del maestro destilador.

A efectos prácticos, para quien se acerca por primera vez al whisky, tiene sentido pensar en dos grandes familias, los blended whiskies y los single malts. Técnicamente hay más categorías (single grain, blended malt, blended grain, etc), pero estas dos son las que, por lo común, vas a encontrar en cualquier carta o estantería sin necesidad de complicarte la vida.

Un blended whisky es una mezcla de distintos whiskies procedentes de varias destilerías y de dos tipos de destilado: whisky de malta y whisky de grano. La lógica es parecida a la de un coupage de vino, combinando perfiles diferentes para conseguir un sabor reconocible y estable año tras año. Marcas como J&B, Ballantine's, Cutty Sark, Famous Grouse y tantas otras compran o producen whisky joven en varias destilerías, lo ensamblan en grandes tinos de mezcla y luego ajustan el sabor y el color antes de embotellarlo. La edad que ves en la etiqueta (si la hay) siempre corresponde al whisky más joven que hay en la mezcla, es decir, si pone 5, todos los whiskies que contiene cuentan como mínimo con cinco años, aunque pueda haber algunos (en diferentes porcentajes) de siete, nueve o más. La gracia del blend es que, sea cual sea la cosecha y las variaciones de cada destilería, la marca te garantiza que la botella de este año sabrá igual que la de hace diez años. Por eso resultan más económicos y son el gran motor de la expansión del whisky escocés por el globo.

El single malt, en cambio, juega en otra liga. Aquí hablamos de un whisky elaborado solo con cebada malteada, en una única destilería, mediante destilación por lotes en alambiques de cobre, y luego envejecido en barrica. Es decir, no hay mezcla de destilerías ni de cereales. Eso no significa que no haya mezcla interna porque una destilería puede combinar barricas de distintos años y tipos para construir el perfil final, pero todo procede de la misma casa y del mismo tipo de cereal. Por ello, la mayoría de single malts llevan con orgullo el nombre de la propia destilería, no un nombre comercial. El resultado suele ser más expresivo, más fiel al carácter de la destilería y, en general, de precio más alto. Igual que con los blends, la edad en la etiqueta marca siempre el whisky más joven de los que intervienen en esa combinación.

La base de todo este proceso es bastante sencilla porque solo se necesitan tres ingredientes: agua, cereal y levadura (cuatro ingredientes si contamos el "tiempo"). El agua se toma de ríos, manantiales o lagos cercanos a la destilería, y es importante porque su composición mineral influye en el resultado final y, de hecho, condiciona desde hace siglos la ubicación de las destilerías. El cereal, en el caso del single malt, es cebada malteada; en el caso del whisky de grano, pueden emplearse otros cereales además de la cebada.

Primero se maltea el cereal, se muele y se mezcla con agua caliente para extraer los azúcares; después se añade levadura, que transforma esos azúcares en alcohol en un proceso de fermentación natural. Lo que se obtiene es una especie de "cerveza" sin lúpulo, amarga, con unos 7º-10º. Esa cerveza se destila por lo general dos veces en alambiques de cobre para que la primera destilación concentre el alcohol y la segunda afine el resultado. Lo que nos queda es un líquido transparente, muy aromático y con una graduación que suele rondar los 65º–70º. A partir de ahí, todo lo que convierte ese "spirit" en whisky es tiempo, madera y paciencia.

Regiones productoras

Para orientarse un poco entre tantas etiquetas, resulta muy útil conocer la división geográfica clásica del whisky escocés. La normativa reconoce cinco grandes regiones productoras: Highlands, Lowlands, Speyside, Islay y Campbeltown; a menudo se habla también de las islas (Islands) como subregión dentro de las Highlands.

Speyside, en el noreste, concentra el mayor número de destilerías y muchas de las marcas que más ves en tiendas y aeropuertos. Es una zona asociada a whiskies más dulces y afrutados, muy accesibles, con nombres como Glenfiddich, Glenlivet, Cardhu y muchos otros.

Las Highlands ocupan un territorio un tanto diverso, desde las montañas del interior hasta islas como Orcadas y Hébridas; aquí suelen aparecer perfiles más intensos o un poco ahumados, con destilerías como Talisker o Glenmorangie por ponerte dos ejemplos.

Islay, una pequeña isla al oeste, es el reino del scotch ahumado. Allí la cebada se seca al estilo tradicional con turba, y eso impregna el whisky de notas de humo y yodo, con un acento marino que lo hace inconfundible en marcas como Kilchoman o Ardbeg. Luego me extenderé más con esta región productora.

Las Lowlands, en términos históricos una región con muchas destilerías y hoy en recuperación, se asocian a whiskies más ligeros y florales, muy adecuados para quienes se acercan por primera vez a este mundo o buscan algo más suave.

Y por último Campbeltown, como ya hemos comentado, está situada en una península al oeste. Fue en su día una de las capitales del whisky y llegó a tener decenas de destilerías, pero en este momento quedan pocas. Elaboran espirituosos con mucho carácter, salinos, a veces un poco aceitosos, muy apreciados por los aficionados.

Cuando hablamos de "Scotch whisky" nos referimos a una denominación de origen muy concreta, tan protegida como un Rioja o un Champagne. Blends pensados para ser constantes y accesibles; single malts que expresan la personalidad de una casa concreta; edades que marcan el tiempo mínimo de maduración, sabiendo que la botella siempre nombra en su etiqueta a la barrica más joven y regiones que cuentan historias distintas sobre el clima y el suelo.

Conocer estas claves es un paso para poder disfrutarlo mejor. Al final, lo que tienes delante no es solo una bebida alcohólica, es parte de la esencia escocesa. Y te aseguro una cosa: cuanto más sepas sobre whisky, más querrás saber.

Islay: Humo líquido

El whisky de Islay no deja indiferente a nadie. Según parece, es el estilo más polarizador entre los maltas, porque a la vista está que solo hay dos opciones: lo amas o lo detestas. No hay término medio, y veo justo que merezca una sección propia. En mi caso, lo amo, así que me voy a permitir detenerme un poco más aquí.

Cuando se habla de Islay suele decirse, de forma simplificada, que es "la región del whisky ahumado". La afirmación es útil, pero algo incompleta. Ya hemos visto que es una de las cinco regiones productoras reconocidas del Scotch y aunque es famosa por sus whiskies intensos y turbados, no todas sus destilerías producen ahumados ni todos los ahumados son iguales. Hoy en día cuentan en la isla con diez destilerías activas de single malt, contando Port Ellen, recientemente reabierta tras décadas parada.

A lo largo de la historia, la producción de whisky aquí se dio con especial fuerza por dos razones muy concretas: la abundancia de cebada y, sobre todo, la presencia masiva de turba, el combustible clásico de los isleños.

Esta turba autóctona, fruto de la descomposición de hierbas y arbustos durante milenios, conforma el ADN de Islay. La vegetación se ha formado en un suelo expuesto al viento y al mar, impregnándose con calma de salinidad. Cuando la turba se quema en los hornos para secar la cebada malteada, el humo atraviesa el grano y deja compuestos aromáticos que sobreviven a la destilación y a años de envejecimiento en barrica. Ese es el origen del carácter ahumado. No se añade después. Está ahí desde el principio del proceso. Este punto es crucial, porque no todos los whiskies ahumados saben igual. En Islay, el sabor del humo suele ser más seco, más medicinal, con notas que muchos describen como yodo, algas, sal marina o incluso "hoguera apagada". Es un perfil muy distinto del ahumado más suave que se puede encontrar en otras regiones. Y aquí entra el matiz fundamental de que la turba no deja el mismo sabor en todas partes. La composición vegetal y la salinidad cambia de una región a otra, y con ello cambia todo. Por eso, un whisky ahumado de Islay no se parece a uno ahumado en las Orcadas o en las Hébridas, aunque a nivel técnico el proceso sea el mismo.

También suele cometerse el error habitual de pensar que todos los whiskies de Islay son ahumados y no es así. La destilería Bunnahabhain produce, en su mayoría, maltas sin turbar, y Bruichladdich elabora tanto versiones sin ahumar como expresiones con humo intenso. Eso convierte a Islay en una región mucho más diversa de lo que puedes pensar.

Aun así, marcas como Laphroaig, Lagavulin o Caol Ila han definido el imaginario popular de la isla con whiskies robustos y absolutamente reconocibles desde el primer dram.

Otro aspecto interesante es el papel que cumple el medio marino ya que muchas destilerías están, en sentido literal, a pocos metros del océano. Aunque el efecto exacto del aire salino sobre el añejamiento en barrica es difícil de medir, lo cierto es que muchos caldos de Islay presentan un carácter marítimo muy pronunciado. Ese conjunto (la combinación de turba, clima y proximidad al mar) crea un perfil que no se puede replicar en otras áreas, aunque se importe la turba o se copie el proceso.

Empezar a probar whisky con un Islay extremo puede ser un error. Para muchas personas, el primer contacto con un ahumado muy intenso resulta chocante, incluso desagradable. A pesar de ello, con el tiempo, el paladar se educa y el humo deja de ser agresivo para convertirse en una capa más del conjunto. Así que es bastante habitual que quien empieza rechazando un Scotch de Islay acabe, años después, buscándolo con plena intención.

En el fondo, esto no va solo de whisky ahumado. Lo importante es que tengas la oportunidad de experimentarlo para formar una opinión. Probar un destilado junto al fuego, en invierno, mientras a través de la ventana puedes ver cómo llueve y el viento azota la costa. Asumir que el entorno condiciona el sabor y que muchas veces lo que cuenta de verdad es dónde, cómo y con quién lo bebes. Eso es lo que luego te queda grabado. Quizá esa sea la razón por la cual el whisky de Islay sabe diferente allí que en casa. Y puede que por eso, a quienes nos atrapa, nos cuesta tanto ser objetivos cuando hablamos de él.

Capítulo 13. Escocia en el cine

El cine es una de las herramientas más poderosas para difundir la imagen de Escocia a nivel internacional. Mucho antes de que pudiéramos pensar en turismo cultural o en rutas planificadas, muchos de nosotros (y digo nosotros porque me incluyo en ese grupo) hicimos nuestro primer viaje sentados en el sofá de casa o en la butaca de un cine. Las películas nos enseñaron sus paisajes incluso antes de que supiéramos situarlos en un mapa. Esa imagen cinematográfica despierta el deseo de visitar las localizaciones que aparecen en pantalla y la curiosidad por entender qué hay detrás, la comunidad que vive allí y la historia que se cuenta (real o reinterpretada). El cine construye relatos que influyen en cómo este territorio es visto desde fuera y, en ocasiones, desde dentro.

Mencionar algunas películas rodadas aquí quizá sea lo menos importante del capítulo. Mi intención es poner el foco en qué tipo de Escocia nos ha contado el cine y qué imágenes han calado con más fuerza. También cómo distintas miradas, tanto locales como internacionales, han contribuido a formar unos recuerdos que todavía hoy nos condicionan.

Entre la historia y el mito

La elección de un periodo histórico ha sido suficiente para construir historias cinematográficas, aunque a veces se alejen de los hechos reales. Cuando el cine se acerca a la historia, suele hacerlo para explorar temas como la identidad, la resistencia o el conflicto, aunque cada película lo hace desde una perspectiva y una intención diferentes.

El impacto de *Braveheart (Braveheart, 1995)* fue enorme y resulta difícil exagerar hasta qué punto contribuyó a difundir una visión reconocible de Escocia a escala internacional. Para toda una generación, quedó asociada a paisajes espectaculares (aunque para ser justos, algunos fueron filmados en Irlanda por razones logísticas y económicas) y a un ideal de libertad encarnado en la figura de William Wallace. Desde el punto de vista cinematográfico, la película funciona como un buen relato épico, pero desde el histórico, acumula errores y anacronismos que la alejan de la realidad medieval. Sin embargo, su importancia reside en su capacidad para fijar una imagen que todavía en nuestros días sigue presente en la cultura popular y en la forma en que muchos visitantes se acercan por primera vez.

Años más tarde, *El rey proscrito (Outlaw King, 2018)* propuso una interpretación distinta sobre el mismo periodo de las guerras de independencia. De hecho, comienza justo después de la ejecución de Wallace. La película opta por un tono más sobrio y una aproximación más honesta al conflicto, sin renunciar al dramatismo ni a la épica, y poniendo el foco en la figura de Robert de Bruce, el auténtico *corazón valiente* desde una visión histórica real. Todo ello desemboca en un relato mucho menos idealizado, más crudo y centrado en el círculo político del momento.

Por otro lado, y como ya vimos, el siglo XVIII fue otro periodo decisivo en la historia de Escocia. Tras la unión de las coronas y, más de cien años después, la unión parlamentaria con Inglaterra, la nación vivió una profunda transformación política y social que afectó en particular a las Highlands. En ese punto se sitúa *Rob Roy (Rob Roy, 1995)*, basada en un personaje histórico real y construida a partir de las tensiones entre clanes y las injusticias sociales. Aunque la narración romantiza al protagonista, la película ofrece una visión humanizada del pasado, en la que el honor y la lealtad adquieren un peso central.

En ese mismo marco histórico se inscriben *Outlander (Outlander, 2014 – presente)* y su precuela *Sangre de mi sangre (Blood of My Blood, 2025 - presente).* Por encima de su componente fantástico de viajes en el tiempo, su principal aportación ha sido acercar al gran público detalles fieles al siglo XVIII escocés: la vida cotidiana en las Highlands, la organización de los clanes, las lealtades políticas y las consecuencias de los levantamientos jacobitas. Al situar la acción en los años previos y posteriores a la batalla de Culloden, Outlander nos enseña cómo la derrota jacobita y la represión posterior dejaron una gran mancha en la historia.

Episodio: "Cine histórico en Escocia" (29:38)

Del libro a la pantalla

Algunas adaptaciones han sido decisivas para fijar recuerdos y personajes en la memoria colectiva, hasta el punto de que, en muchos casos, la versión audiovisual ha terminado por eclipsar al propio texto original. Uno de los referentes más claros es *Trainspotting (Trainspotting, 1996)*, adaptación de la novela de Irvine Welsh. El argumento se convierte en un retrato incómodo que acabó definiendo una época y proyectando una estampa de Edimburgo muy alejada de la postal romántica habitual. El personaje de Mark Renton, interpretado por el actor escocés Ewan McGregor, se convierte en el verdadero hilo conductor, una figura irónica que observa su entorno con desencanto. A través de él, la película da voz a una generación urbana azotada por la precariedad y la adicción. La actuación de McGregor fue fundamental para que ese personaje trascendiera la historia y se convirtiera en un referente cultural. El film supuso el impulso definitivo de su carrera y lo consolidó como uno de los actores escoceses con mayor alcance internacional, capaz de moverse entre el cine independiente y las grandes producciones sin perder la conexión con sus orígenes.

Outlander merece también una mención específica desde el punto de vista de la adaptación literaria. Basada en las novelas de Diana Gabaldon, la serie es una buena muestra de cómo una saga literaria puede transformarse en un éxito que traspasa todas las fronteras. La adaptación mantiene los grandes ejes narrativos de las novelas (con mucho romance, fantasía, etc.) y los traslada a la pantalla con una puesta en escena cuidada que ha ampliado el alcance de la obra original, atrayendo a otro público que nunca jamás se habría acercado a los libros. Al mismo tiempo, ha convertido determinadas regiones de Escocia en auténticos espacios de peregrinación. El ejemplo más significativo es Lallybroch, el hogar del protagonista Jamie Fraser, que en la realidad corresponde a Midhope Castle. Para muchos seguidores de la saga, esta no es solo una localización de rodaje sino un espacio cargado de significado personal. Es habitual ver fans que recorren el camino en silencio, se emocionan e incluso se les caen las lágrimas al encontrarse allí, pese a haberlo conocido tan solo a través de los libros o la televisión.

Un fenómeno distinto, aunque potente en la misma medida, se da con la franquicia de *Harry Potter (Harry Potter, 2001–2011)*, adaptación cinematográfica de las novelas de J. K. Rowling. La relación de la autora con Escocia (y en particular con Edimburgo, donde escribió algunos libros de la saga) ha contribuido a reforzar ese vínculo entre historia y paisaje escocés. La utilización de escenarios emblemáticos en su adaptación como el viaducto de Glenfinnan, por donde circula el tren que en la ficción se convierte en el Hogwarts Express, ha transformado este enclave en uno de los lugares más visitados. Decenas de miles de personas acuden cada año atraídas por la magia y por el deseo de estar en un espacio que pertenece a este universo de fantasía.

Algo similar, en otro registro, ocurrió cuando se decidió llevar a la gran pantalla la obra de Dan Brown, *El código Da Vinci*

(The Da Vinci Code, 2006). En este caso, la película situó en el centro del foco mediático a la capilla de Rosslyn, un edificio único, pero hasta entonces desconocido fuera de círculos especializados. Su asociación con el misterio y las teorías masónicas disparó su difusión internacional atrayendo turistas interesados en la película.

Una Escocia real

La imagen urbana y obrera de la Escocia que ha llegado al público mundial procede en gran medida de la visión de un director británico muy comprometido con el cine social. Me refiero a Ken Loach. Películas como *Mi nombre es Joe (My Name Is Joe, 1998)* o *Sweet Sixteen (Sweet Sixteen, 2002)* sitúan la acción en ámbitos urbanos como Glasgow o Greenock, sumidos en el desempleo y la falta real de posibilidades. Escocia aparece con un trasfondo duro, pero muy humano, donde los personajes luchan por mantener la dignidad en momentos que rara vez juegan a su favor. Loach retrata la pobreza desde una cercanía que evita tanto el sentimentalismo como el juicio moral. Y lo hace desde sus raíces, a menudo utilizando actores locales y problemáticas actuales.

En un tono distinto y menos comercial, aunque conectado con ese mismo universo, se encuentra *La parte de los ángeles (The Angel's Share, 2012)*. Sin abandonar el trasfondo social, la película introduce el humor y el whisky dentro de la narración para mostrarnos una versión más ligera sobre jóvenes sin oportunidades que buscan una salida inesperada. Rodada casi en su totalidad en Glasgow y con algunas escenas en las Highlands, utiliza el contraste entre la ciudad obrera y el medio rural para meter una nota de humor dentro del cine social.

Más allá de este estilo de cine más explícito, hay películas que nos hablan de lo cotidiano desde registros más íntimos. No ponen el acento en la denuncia directa, pero sí en las personas y en los vínculos. En *Un tipo genial (Local Hero, 1983)* la acción transcurre en una pequeña comunidad costera del noroeste de

Escocia. Grabada en Pennan, aunque situada en el pueblo ficticio de Ferness, la película arranca con el viaje de un ejecutivo estadounidense a esta localidad aislada y pronto se convierte en una curiosa comedia muy humana.

Bandas sonoras y paisaje emocional

Hay películas en las que las imágenes y la narrativa no serían lo mismo sin su banda sonora. En el caso de Escocia, la música ha desempeñado en ocasiones un papel decisivo a la hora de fijar paisajes y sobre todo recuerdos, hasta el punto de que basta escuchar unos pocos compases para sentirse trasladado a un momento concreto de una determinada película. En Braveheart la música compuesta por James Horner es fundamental para construir la carga emotiva del relato. Esa melodía de base, construida a partir de temas largos y sentimentales con una orquesta poderosa, ha terminado por fundirse con la manera en que el cine nos ha enseñado a ver las Highlands. También los primeros acordes de Lust for Life, de Iggy Pop, en el comienzo de Trainspotting, bastan para evocar de inmediato la Edimburgo urbana de los años noventa y el espíritu acelerado de aquella generación.

Carros de fuego (Chariots of Fire, 1981) narra la preparación de dos atletas británicos para los Juegos Olímpicos de París de 1924, sostenida por una profunda motivación personal. Algunas de sus imágenes más memorables se sitúan en la playa de St Andrews, donde el entrenamiento se convierte en una metáfora visual de la disciplina. La música de Vangelis ha quedado unida en nuestra mente a esas escenas, con un panorama solemne de la playa de West Sands.

La relación entre la música y la ciudad se vuelve mucho más cercana en *Amanece en Edimburgo (Sunshine on Leith, 2013)*. Se trata de un musical que cuenta una historia coral de reencuentros y relaciones familiares en una Edimburgo contemporánea. Las canciones de The Proclaimers actúan como hilo conductor, haciendo que la historia avance al ritmo de la banda sonora, con una ciudad de fondo capaz de unir en un lazo afectivo al espectador y a los personajes.

Hay películas evocadoras que con el tiempo se convierten en referentes personales. En mi caso, una de ellas es *Los inmortales (Highlander, 1986)*. Por encima de su argumento, una historia de seres condenados a la inmortalidad que se enfrentan entre ellos, se utiliza las Highlands como un lugar donde el paisaje adquiere una dimensión casi mítica. La combinación de esos escenarios con la música de Queen y la partitura original de Michael Kamen, construye una silueta de Escocia asociada a la melancolía y al concepto de eternidad. Dentro de este universo, Sean Connery interpreta a Ramírez, un inmortal que actúa como mentor y maestro del protagonista. Es un personaje que habla desde la memoria del pasado convirtiendo esa experiencia en conocimiento. Que Connery asumiera el papel fue fantástico para Escocia porque reforzó la conexión del mito cinematográfico con un carácter escocés inconfundible, mostrando esa imagen a través de uno de sus actores más emblemáticos. Hay, además, una anécdota reveladora en torno a su banda sonora porque Brian May, guitarrista de Queen, explicó que empezó a escribir el tema *Who Wants to Live Forever* en el asiento trasero de su coche después de haber visto las escenas preliminares. En ese momento, comenzó a imaginar a los personajes atravesando los paisajes de las Highlands con todo lo que esos espacios evocan. La letra nació de una reflexión de May sobre la vulnerabilidad humana al visualizar la conmovedora historia de Connor MacLeod y su pareja mortal. De ese pensamiento surgió una de las canciones más emotivas asociadas a la película y a la Escocia cinematográfica.

Historias de crímenes

El género policiaco es una de las formas más interesantes para acercarse a una Escocia actual, apartándonos de cualquier tipo de idealización. A través de la investigación criminal, estas historias permiten adentrarse en ciudades y comunidades desde un ángulo poco complaciente que explora tensiones sociales y conflictos personales que rara vez aparecen en otro tipo de relatos. Desde esa perspectiva, me gustaría destacar tres series que utilizan la investigación de sucesos como hilo conductor, donde la trama tiene un peso tan decisivo como los propios casos.

La primera de ellas es *Shetland (Shetland, 2013 - presente)*, una serie policiaca ambientada en el archipiélago del mismo nombre, que sigue las investigaciones del inspector Jimmy Pérez. Los casos se desarrollan en un escenario de aislamiento con una fuerte sensación de comunidad. El paisaje extremo condiciona tanto los crímenes como las investigaciones de los protagonistas y el archipiélago se convierte en una presencia constante en la narración.

Por otro lado, tenemos *Departamento Q (Dep.Q, 2025 - presente)*. Es una adaptación televisiva de las novelas de Jussi Adler-Olsen (en origen ambientadas en Dinamarca), donde la acción se traslada a Edimburgo, que se describe como el núcleo delictivo. La serie se centra en un detective brillante pero atormentado por la culpa, que es relegado a un departamento de casos sin resolver, donde una investigación del pasado acaba absorbiendo por completo su vida. La ciudad refuerza ese tono introspectivo y actúa como un espejo del aislamiento del protagonista.

Con *Rebus (Rebus, 2025 - presente)*, la nueva adaptación de las novelas de Ian Rankin (ya comentadas en el capítulo de literatura), el foco vuelve a situarse en Edimburgo, pero desde un enfoque distinto. El inspector John Rebus es un personaje incómodo, con una relación conflictiva con la autoridad, el alcoholismo y sus propios límites morales. La serie nos enseña una ciudad compleja y fragmentada, ajena a la imagen turística, donde conviven poder con corrupción y donde el tormento del protagonista es capaz de absorber por completo al espectador.

Otras miradas de Escocia

A parte de los títulos ya comentados, hay otras películas que resultan muy interesantes para seguir descubriendo la nación desde distintos registros. Estas propuestas, algunas accesibles y populares y otras más independientes, utilizan el paisaje y la historia como fuente del relato y funcionan muy bien como complemento para quien quiera seguir sumergido en esta tierra a través del cine:

Brave (Indomable) (Brave, 2012)

Película de animación ambientada en una Escocia medieval ficticia, con escenarios inspirados en referentes reales como Dunnottar Castle, visible en el diseño del castillo de DunBroch. La historia sigue a Mérida, una joven princesa que desafía las tradiciones y los matrimonios concertados, poniendo en juego el equilibrio entre libertad personal y familia.

Los caballeros de la mesa cuadrada y sus locos seguidores (Monty Python and the Holy Grail, 1975)

Cinta de comedia satírica que revisita el mito artúrico desde el humor y la parodia. Utiliza castillos y páramos escoceses como escenario principal, integrando el territorio en el propio desarrollo del relato. El castillo de Doune, empleado para representar distintos castillos a lo largo del film, y la aparición de la Torre Stalker a lo lejos, son elementos reconocibles y recurrentes.

¡Whisky a go-go! (Whisky Galore! 1949)

Comedia ambientada en una isla ficticia (Todday) de las Hébridas durante la Segunda Guerra Mundial, basada en hechos reales. Grabada en parte donde ocurrió de verdad (Eriskay), la historia gira en torno al encallamiento de un barco cargado de whisky y a los intentos de los isleños por recuperar el valioso cargamento antes de que intervengan las autoridades. En clave de humor, la película relata cómo es la vida en las islas y cómo ven el whisky en estas comunidades locales, siendo allí todo un símbolo cultural.

Skyfall (Skyfall, 2012)

Entrega de la saga de James Bond que lleva al personaje de regreso a sus orígenes. La acción final se sitúa en un entorno de las Highlands que pasa a ser un lugar conectado a la juventud y a la identidad de Bond. Ian Fleming, autor de las novelas, quiso darle ese pasado escocés en homenaje a Sean Connery que ya interpretaba al espía en la gran pantalla cuando escribió "Solo se vive dos veces".

En islas extremas (The Outrun, 2024)

Drama contemporáneo ambientado en las islas Orcadas, que retrata el regreso de una mujer a su tierra natal tras un periodo de autodestrucción lejos de allí. La película transforma el paisaje en un decorado agreste donde la memoria se abre paso y la recuperación personal encuentra su ritmo. Sin idealizarlas, las Orcadas se muestran como un territorio áspero, donde la protagonista se ve influida directamente por la naturaleza en su recuperación.

El hombre de mimbre (The Wicker Man, 1973)

Thriller psicológico ambientado en una isla inspirada en comunidades reales de la Escocia insular. La historia sigue a un policía que llega a la isla para investigar la desaparición de una niña y se encuentra con una comunidad regida por creencias paganas y rituales ancestrales. Se utilizan las costumbres locales para construir una sensación inquietante y de gran carga atmosférica, donde son las circunstancias las que resultan clave para el desarrollo de la trama.

Capítulo 14. Fiestas y tradiciones

Muchas fiestas y tradiciones en Escocia surgen cuando las comunidades se reúnen para recordar sus orígenes. Algunas de estas costumbres son muy antiguas, otras son más modernas, pero casi todas están muy arraigadas a donde se celebran y a los pueblos que participan en ellas. Y claro, no todas estas fiestas se viven de la misma manera, pues las hay enormes y muy visibles como las que transforman ciudades enteras durante días o semanas, y otras que son mucho más discretas. Algunas giran en torno al fuego, al cambio de estación, y en ocasiones el simple objetivo es juntarse y celebrarlo. Entenderlas te permite interiorizar mejor cómo funciona Escocia en su fondo.

Vamos a poner el foco en algunas de las más significativas y explicar qué hay detrás de ellas, por qué siguen celebrándose y cómo se viven a día de hoy. No necesitas buscarlas todas en tus viajes. Lo importante es tener en cuenta qué papel juegan dentro de la cultura. Y quién sabe, puede que alguna coincida con tu estancia y puedas vivirla en directo. O puede que no. En ambos casos, saber de ellas te aporta conocimientos y te da una base más sólida sobre el área que estás recorriendo.

El festival de Edimburgo

Cuando hacemos referencia a este festival, no estamos hablando de un único evento. Lo que ocurre en la ciudad cada mes de agosto es la superposición de varios actos culturales que se celebran al mismo tiempo y que, juntos, se convierten en un todo un acontecimiento.

El origen de todo esto se remonta a 1947, en plena posguerra. Europa acababa de salir de la Segunda Guerra Mundial y la sensación era de hastío. La necesidad de mirar hacia adelante era primordial para la ciudadanía. En ese contexto, surgió la ambiciosa iniciativa de utilizar las artes como una vía para recuperar el ánimo colectivo y volver a conectar con otros países europeos. Edimburgo, con su tradición cultural y su tamaño parecía el lugar perfecto para hacerlo. El impulso vino desde el ayuntamiento, liderado por el entonces Lord Provost (una figura similar al alcalde), que apostó a las claras por convertir la ciudad en un gran escaparate cultural. Para ello se contó con Rudolf Bing, un importante empresario vinculado al mundo del espectáculo, quien fue el encargado de organizar aquel primer evento. Así nacía el Festival Internacional, con compañías de teatro, música y ópera llegadas del Reino Unido y de otros países del continente.

El éxito fue inmediato y el público respondió con creces. Los artistas también. Esto provocó, para sorpresa de todos, que al año siguiente se decidiera repetir la experiencia, aunque ese mismo éxito trajo consigo un problema. Ahora había muchos más artistas que querían participar de los que el festival oficial estaba dispuesto a admitir. Se creó entonces un comité de selección y muchos quedaron descartados, por lo que hubo bastante descontento. De esa exclusión nació algo inesperado ya que, aun así, algunos artistas decidieron venir de igual modo a la capital y actuar al margen del festival oficial, en salas pequeñas, espacios improvisados o, si no había más remedio, en la calle. Sin filtros, sin jurados y sin permisos surgió el Fringe, un festival alternativo que en la actualidad es el mayor evento de artes escénicas del planeta y que sigue manteniendo ese espíritu abierto, donde cualquiera puede participar.

A lo largo de los años, el Festival Internacional y el Fringe convivieron con cierta tensión, compitiendo por la atención del público. Con el paso de las décadas, esa rivalidad se fue diluyendo y ahora ambos forman parte de un mismo ecosistema cultural, cada uno con su personalidad, pero compartiendo ciudad y fechas. Y aún faltaba algo más porque en 1949, aprovechando la afluencia de visitantes, el ejército también organizó un pequeño desfile militar en el centro. Nada grandioso al principio, solo unos soldados desfilando, gaiteros y un ambiente típico. Ese primer desfile ocurrió en el parque de Los Meadows y casi con certeza nadie pudo visualizar aquel día que acabaría convirtiéndose en el famoso Military Tattoo. Hoy se celebra en la explanada del castillo, con gradas montadas para unas 9.000 personas y entradas que se agotan meses antes de que empiece el mes de agosto.

A partir de ahí, el crecimiento fue continuo y con los años se fueron sumando nuevos eventos como el festival de televisión, el festival del libro, el de arte, otro para encuentros dedicados al cine, etc. Así que, cuando se habla del Festival de Edimburgo, en realidad se está hablando de más de una decena de festivales que coinciden en el mismo espacio al mismo tiempo.

En la actualidad, es el evento cultural anual más grande del planeta y más multitudinario (con permiso de las Olimpiadas y el Mundial de fútbol que se celebran cada cuatro años) y el resultado es difícil de imaginar si no se ha vivido. En el mes de agosto, no sorprende que la ciudad triplique su población y haya miles de espectáculos programados de disciplinas tan diversas como teatro, comedia, música, danza, magia, circo y muchas más que no podría encasillar. Y lo más llamativo es dónde se celebran, porque no importa si se trata de teatros, iglesias, universidades, pubs, sótanos, escuelas, autobuses, taxis, baños públicos (sí, lees bien) o directamente en la calle.

Pasear por aquí ese mes es encontrarse artistas actuando cada pocos metros, muy en concreto en la Royal Mile, donde en los espacios se van turnando y cada hora aparece alguien con un espectáculo distinto. Algunos números son de pago y conviene reservar con mucha antelación, pero otros son gratuitos o funcionan a base de donaciones. Y entre todo ese ruido, no es raro descubrir talentos sorprendentes, intérpretes con un nivel altísimo actuando ante cualquiera que se detenga a mirar. Ahora bien, venir al festival no es apto para los que buscan calma porque todo se llena, los precios del alojamiento suben mucho y en este punto, la planificación se vuelve todavía más importante si cabe. Hay quien reserva con un año de antelación, pero, si lo que buscas es tranquilidad, sinceramente este no es tu mes. Pese a ello, si te interesan las artes y no te importa el bullicio, creo que vivir el evento al menos una vez en la vida merece mucho la pena. La capital deja de ser solo una ciudad bonita para convertirse en un escenario gigante.

Episodio: "El festival de Edimburgo" (14:16)

Los juegos de las Highlands

Los Juegos de las Highlands (Highland Games) suelen asociarse, casi de forma automática, a hombres enormes lanzando troncos al aire. Y sí, eso existe. Pero reducirlos solo a esto es quedarse en la superficie. En realidad, los Highland Games son una mezcla de competición, celebración popular y punto de encuentro, y llevan siglos formando parte de la vida social escocesa. A diferencia del Festival de Edimburgo su origen exacto no está del todo claro, y eso ya dice bastante. No hay una fecha concreta ni un acta fundacional, aunque existen varias teorías al respecto. Una de las más repetidas nos sitúa al inicio del siglo XI, cuando el rey Malcolm III habría organizado una carrera para elegir a su mensajero real buscando al hombre más rápido del reino. La prueba se habría celebrado en una colina cercana a lo que hoy es Braemar. Es una historia bonita, pero difícil de comprobar. Hay otra teoría, mucho más aceptada, que sitúa el origen en la Edad Media. En este caso, los jefes de los clanes organizaban campeonatos entre sus hombres coincidiendo con celebraciones y reuniones sociales. Se trataba de usar la fuerza bruta, pero también de demostrar habilidades útiles como resistencia, coordinación, agilidad, etc.

En un mundo donde la defensa del territorio y el prestigio del clan eran su razón de ser, este tipo de pruebas tenía todo el sentido porque además de un juego, era un desafío para medir capacidades.

Mucho más tarde, ya en la época victoriana, estas celebraciones se estandarizaron y empezaron a parecerse más a lo que vemos en el presente. Se fijaron las pruebas, con sus reglas y calendarios tal como ocurre en la actualidad, pero la base seguía siendo la de reunirse, competir y celebrar.

Hay un detalle poco conocido que explica mejor la importancia de estos juegos. A finales del siglo XIX, se presentó una exhibición de los Juegos de las Highlands en la Exposición Universal de París (1889). Entre el público estaba Pierre de Coubertin, el impulsor de lo que más adelante serían los Juegos Olímpicos modernos. Aquella combinación de atmósfera festiva y competición le impresionó muchísimo. No insinúo que copió los Highland Games, pero es muy posible que se llevase el concepto de que el deporte podía ser algo más que una prueba física, haciendo de él también un acto social y cultural.

A día de hoy, los Juegos de las Highlands se celebran por toda la geografía. Hay cientos de eventos repartidos entre primavera y verano. Algunos son pequeños y muy locales y otros, sin embargo, congregan a miles de personas. Pero todos ellos están coordinados por una asociación común, que planifica los calendarios por zonas.

Para adentrarnos en lo que son, lo mejor es ponerse en la piel del espectador:

Imagina un parque o un prado a las afueras de un pueblo, a finales de julio. Pagas una entrada simbólica y accedes a un recinto animado, donde el bullicio se integra en el ambiente. Hay puestos de comida, huele a hamburguesas y salchichas recién hechas, y una multitud va vestida con kilt. Se oyen gaitas a lo lejos. En un extremo, niños y niñas bailan danzas típicas al son de la música. Más tarde lo harán los adultos. Estas danzas representan la alegría de la victoria y en la antigüedad, cuando un clan ganaba una batalla, los guerreros bailaban sobre los escudos acompañados por un gaitero. Era una forma de celebrarlo y de exhibir orgullo.

De repente, imagina que comienza la ceremonia inaugural. Aparecen decenas de gaiteros y tamborileros avanzando en formación, todos ataviados con el kilt. El sonido es potente, imposible de ignorar. En eventos como los Juegos de Braemar, la escena es aún más llamativa por la presencia de la familia real británica, que acude cada año debido a la cercanía del castillo de Balmoral, su residencia de verano.

Empiezan las pruebas. Una de las primeras suele ser la de levantar piedras de distintos pesos y colocarlas sobre barriles, de menor a mayor tamaño. No todos llegan hasta el final. El público anima y reconoce a los participantes habituales. Muchos de ellos entrenan todo el año para competir aquí y ahora. Para ellos no es un pasatiempo ocasional.

Luego vienen otras pruebas clásicas como lanzar pesos sujetos a cadenas por encima de una barra, lanzar el martillo escocés (una bola de piedra con un largo mango) sin mover los pies del suelo, o arrojar piedras lo más lejos posible. Y, por supuesto, está la prueba más famosa, el lanzamiento de tronco o *caber toss*. A diferencia de lo que suele creerse, no se trata de lanzarlo lejos. Lo que deben hacer es levantarlo desde la base, ponerlo en vertical y hacerlo girar en el aire, de modo que el extremo superior se clave en el suelo y gire hacia delante. La base, que antes se sostenía sobre las manos, tiene que quedar alineada en el suelo, lo más lejos posible del lanzador como si marcara las doce en un reloj. Es una prueba en la que técnica y fuerza son importantes por igual.

Pero como hemos visto, los Juegos de las Highlands no son solo estas pruebas atléticas. También hay competiciones de música y danza, con categorías masculinas y femeninas, y con un nivel altísimo.

Eventos como los Juegos de Cowal, en la costa oeste, reúnen a decenas de miles de personas y a miles de competidores. Otros no son tan multitudinarios, pero aun así la estructura es muy similar. El premio a los ganadores suele entregarlo el jefe de los juegos, manteniendo así la costumbre.

Al mismo tiempo, es llamativo que los Juegos de las Highlands no se limitan solo a Escocia porque allí donde en algún momento de la historia emigraron escoceses (EE.UU., Canadá, Australia…) surgieron celebraciones similares. Son una especie de vínculo de aquellos primeros emigrantes con su añorado origen.

Al final, es complicado definirlos con una sola palabra porque no son solo una competición, ni son solo una fiesta, ni tampoco un simple hábito. Son todo eso a la vez. Para muchas personas se convierten en una cita anual señalada en el calendario y una excusa perfecta para competir y reencontrarse honrando su memoria.

Episodio: "Los juegos de las Highlands" (12:56)

Hogmanay. Mucho más que Nochevieja

Si hay una celebración realmente importante para los escoceses, esa es el Hogmanay. Para entenderlo bien hay que olvidar, al menos por un momento, el concepto que tenemos en otros países de la Navidad como gran punto de encuentro entre familias. Aquí, por mucho tiempo, la fecha importante del calendario fue la Nochevieja, por encima del 25 de diciembre. Las razones son históricas. Tras la Reforma protestante, muchas celebraciones asociadas a la Navidad fueron vistas con recelo y, en la práctica, quedaron relegadas a un segundo plano.

De hecho, fueron prohibidas oficialmente en 1640 y el día de Navidad fue solo un día laborable más. Con esto, el cambio de año se convirtió en el momento de reunirse para festejar y cerrar ciclos. Ahí es donde está el origen del Hogmanay.

De dónde proviene el origen de la palabra no está del todo claro. Hay teorías que lo relacionan con términos del francés antiguo, otras con el nórdico, lo que encaja bien con la influencia vikinga en el norte de las Tierras Altas. Lo que sí es evidente es que siempre ha estado relacionado con el final del año y con la idea de renovación. Tiempo atrás se disfrutaba en casa y era, en esencia, una celebración familiar o de barrio. Los hogares se limpiaban a fondo antes de que acabara el año para dejar atrás lo viejo, y una vez pasada la medianoche, entraba en juego la tradición del *first-footing*. Esto consiste en ver quién es la primera persona que cruza el umbral de una casa después de las doce. Y no vale cualquiera porque según la costumbre debía ser un hombre alto, moreno y, mucho mejor si venía con regalos. Carbón para asegurar calor durante el año (no por haber sido "malo"), whisky para la hospitalidad y algo de comida para que no faltara sustento. Con todo esto, los buenos augurios estaban asegurados para comenzar el 1 de enero.

En muchas casas, esta festividad era también el momento de cantar el Auld Lang Syne. Como ya vimos, aquí tiene un significado especial. Se canta de la mano, formando un círculo, mirando a los ojos a quien tienes al lado. Es una manera muy escocesa de cerrar el año, más emotiva de lo que parece leyendo estas líneas.

Con el paso del tiempo, el Hogmanay ha ido cambiando. A partir del siglo XX, especialmente desde finales de siglo, las celebraciones públicas empezaron a ganar peso. Las ciudades vieron en esto una oportunidad para reunirse en la calle y festejarlo en grupo. Hoy, Edimburgo es uno de los ejemplos más claros y verás que hay varios días en los que se organizan conciertos, procesiones de antorchas con fuegos artificiales y fiestas al aire libre que atraen a miles de personas. La Nochevieja se vive en la calle, con música en directo y brindis que se repiten por todas partes, en un ambiente muy distinto al habitual. Es un acto masivo, pensado tanto para locales como para visitantes.

A pesar de todo, no hay que perder de vista que esta es solo una parte de la fiesta y que, en muchos pueblos y barrios, sigue haciéndose en la intimidad. En aldeas, reunirse en casa de alguien para cruzar la puerta pasada la medianoche y compartir un buen whisky son una buena excusa para una conversación hasta la madrugada. Por suerte, esa esencia no se ha perdido del todo.

Up Helly Aa

El Up Helly Aa es un festival invernal único. Se trata de una celebración del fuego inspirada en la época vikinga que cada año ilumina la oscuridad del invierno en las remotas islas Shetland. La más grande y famosa de estas fiestas discurre en Lerwick, la pequeña capital del archipiélago, todos los años a finales de enero. Esa noche, las calles se llenan de isleños y de los pocos turistas intrépidos que se animan a venir en pleno invierno, todos dispuestos a presenciar una espectacular procesión de antorchas que culmina con la quema de un barco vikingo (drakar) construido especialmente para la ocasión. Es un evento de un encanto especial, que combina la herencia nórdica de las Shetland con un fuerte sentido de comunidad. Y aunque el Up Helly Aa de Lerwick se lleva todos los focos, no es el único que se celebra. A lo largo del archipiélago muchas localidades más pequeñas realizan sus propias versiones de este festival del fuego, haciendo perdurar esta costumbre en cada rincón de las islas.

A pesar de su temática vikinga, muchos se sorprenden al saber que el Up Helly Aa es de creación bastante reciente, surgida en el siglo XIX e inspirada en prácticas antiguas. Sus raíces se remontan a las viejas celebraciones de Yule, la Navidad pagana de los pueblos nórdicos. En invierno se encendían hogueras y se celebraba el fin de la época más oscura del año.

En Shetland, que perteneció al mundo vikingo hasta el siglo XV, estas influencias escandinavas dejaron huella en los eventos locales. En el primer tercio del siglo XIX, los habitantes de Lerwick celebraban las noches de Yule y Año Nuevo de forma bastante caótica y ruidosa. Grupos de jóvenes disfrazados recorrían las estrechas calles del pueblo arrastrando barriles de brea ardiendo (una práctica entonces conocida como *tar barrelling*). Les encantaba montar juerga, hacían sonar cuernos, tocaban tambores y hasta disparaban mosquetes al aire, todo ello acompañado de abundante bebida. Un misionero que visitó Lerwick en 1824 dejó escrito que "todo el pueblo estuvo alborotado desde la medianoche hasta el día siguiente, con chicos haciendo ruido con cuernos y armas, mientras gritaban, bebían y peleaban sin parar". Aquellas fiestas espontáneas eran divertidas para los mozos, pero peligrosas e incómodas para el resto. En alguna ocasión más de una casa estuvo a punto de incendiarse y las calles terminaban hechas un desastre, para desesperación de las autoridades.

Con el crecimiento de Lerwick a mediados del siglo XIX, se incrementaron las quejas formales de algunos vecinos y la presión aumentó por controlar a aquellos que se pasaban con la bebida y el fuego. Finalmente, en la década de 1870 se decidió poner fin a los barriles de fuego en las calles y a tanta algarabía desenfrenada. Pero los jóvenes lerwickenses no querían renunciar a sus juergas invernales, así que idearon una manera más segura y organizada de canalizar su entusiasmo festivo. La solución propuesta fue cambiar los barriles por antorchas y estructurar un desfile más tranquilo.

Ya en 1876 se hizo la primera procesión organizada de antorchas por las fiestas de Yule, y pocos años después, en 1881, se celebró el primer festival denominado Up Helly Aa, en Lerwick, con un desfile nocturno de antorchas similar al actual. De hecho, el nombre "Up Helly Aa" se acuñó por entonces, derivado de "Uphalyday" (término del dialecto local para determinar el final de las Navidades). La propia expresión alude a poner fin al período festivo del Yule con una gran celebración comunitaria.

A partir de entonces, el festival fue evolucionando y tomando su carácter nórdico tan distintivo. En 1889 se incorporó por primera vez un barco vikingo a la fiesta y, al final del desfile de antorchas, se quemó la primera réplica de una galera, un espectáculo que entusiasmó al público. Por esa misma época, la sociedad de Lerwick (influida ya por el romanticismo victoriano) comenzó a revindicar su herencia escandinava de las islas. En 1894 un escritor local, Haldane Burgess, incluso compuso la canción del Up Helly Aa (un himno que aún hoy cantan con orgullo los participantes) promoviendo la temática del evento. Y ya en las primeras décadas del siglo XX se instauró la figura del Guizer Jarl, el "conde" o cabecilla vikingo del festival, y su respectiva escuadra de guerreros con armaduras y cascos característicos.

Con estos elementos, el Up Helly Aa de Lerwick terminó de tomar el aspecto que conocemos actualmente. En esencia, pasó de ser una noche de fuego descontrolado a un festival comunitario bien organizado e inspirado en sus raíces, tal como se sigue celebrando más de un siglo después.

La versión moderna en Lerwick es multitudinaria y está planificada al detalle tras meses de preparación colectiva. Desde mucho antes de que llegue enero, voluntarios locales trabajan en la construcción de la galera vikinga de ese año (hecha de madera, muy decorada con cabeza de dragón incluida) que será sacrificada al fuego. Los participantes (conocidos como *guizers*) también dedican meses a diseñar y confeccionar sus trajes. Pertenecer a un *squad* (grupo participante) es un honor muy codiciado entre los habitantes de Shetland. Hay incluso un comité organizador donde cada año puede entrar como máximo una persona nueva, y solo tras quince años de servicio en ese comité se puede llegar a tener el honor supremo de ser elegido *Jarl* (el líder de la fiesta). Cuando por fin llega el día esperado, Lerwick amanece con talante festivo porque ha llegado la gran noche y todos se ponen manos a la obra con los últimos preparativos. Las vidrieras de las tiendas llevan días decoradas para la ocasión y desde bien pronto el pueblo hierve de actividad. Cuando cae la tarde, llega el plato fuerte. Alrededor de las siete, tras horas de expectación, comienza la procesión principal de antorchas. Más de un millar de personas avanzan por las calles oscuras de Lerwick portando antorchas encendidas, desfilando en un río de fuego impresionante. Al frente de la marcha va el *Guizer Jarl*, el primero, vestido como un héroe o dios vikingo de las sagas nórdicas. Este "jefe" va cargado con toda la parafernalia: casco, capa de piel, coraza, escudo y espada, como si hubiera salido de una historia medieval. A su lado marcha su escuadra de guerreros vikingos, quizás cincuenta o sesenta hombres (a veces también mujeres, como veremos) con trajes a juego, portando orgullosos el drakar sobre una plataforma con ruedas. Detrás del grupo vikingo principal vienen los demás squads de guizers, en filas organizadas de a cuatro en fondo, cada cual con su propia temática de disfraces. Y aquí es donde aflora el sentido del humor local ya que solo el escuadrón del Jarl tiene derecho para ir de vikingo auténtico, así que las otras cuadrillas se las ingenian para divertir al público con disfraces de toda clase. Todo vale con tal de pasarlo bien y arrancar sonrisas, sin salirse del orden de la procesión.

La marcha recorre las calles principales del pueblo en medio de una atmósfera emocionante. El público se agolpa en las esquinas y aceras para ver pasar las antorchas, muchos sacan fotos, aunque te aseguro que ninguna captura realmente la magia del momento. Y tras aproximadamente una hora larga de desfile, el cortejo llega hasta un espacio abierto. Allí se realiza el ritual final y el drakar se coloca en el centro. Todos los squads forman un gran círculo alrededor, con las antorchas en alto. Cuando todos están en posición, el Jarl da un paso adelante para dar comienzo al ritual. En ese instante, todos los guizers lanzan sus antorchas a la galera al unísono, alimentando una hoguera gigantesca. Las llamas envuelven rápidamente el barco de proa a popa, elevándose con chispas que vuelan al viento nocturno. Mientras la nave arde, los participantes entonan juntos canciones a voz en grito y desde la distancia, los espectadores también disfrutan de la fiesta mientras el resplandor ardiente calienta la noche. Es un momento emotivo que simboliza despedir el invierno y sus oscuras noches con el poder purificador del fuego, al estilo de los ancestros vikingos.

Una vez extinguido el fuego, podría pensarse que acaba la fiesta, pero en realidad la noche acaba de empezar. Tras la quema del barco, los participantes se dispersan por el pueblo para continuar la celebración en interiores. Alrededor de una docena de locales (los halls comunitarios: colegios, centros sociales, polideportivos, etc.) abren sus puertas esa noche para acoger las fiestas privadas de Up Helly Aa. Cada hall es organizado por anfitriones voluntarios que se encargan de la comida, la bebida, todo ello amenizado con música. La tradición dicta que cada squad de guizers visita todos los halls uno por uno durante la madrugada. Esto dura toda la noche. En cada sitio, el grupo entra y presenta un pequeño espectáculo para entretener a los asistentes: algunos hacen parodias cómicas de sucesos locales, otros montan breves números de baile o cantan canciones divertidas. Imagina casi una docena de mini-carnavales itinerantes recorriendo los halls uno por uno y actuando en cada parada. Entre actuación y actuación, el salón se convierte en un baile de cèilidh. Todos bailan al son de música antigua y moderna, hay risas, cerveza, whisky, y mesas repletas de sopa caliente, junto a sándwiches y pasteles caseros para recargar energías. El ambiente es de alegría desbordante y camaradería.

Cabe destacar que, hasta fechas muy recientes, el Up Helly Aa de Lerwick era tradicionalmente un asunto solo de hombres. Durante más de un siglo, únicamente los varones podían ser guizers y participar en los squads (y, por supuesto, todos los Jarls eran hombres). Pese a todo, los tiempos cambian incluso en estas islas remotas ya que, en 2023, después de mucho debate en la comunidad, se permitió por primera vez la participación de mujeres y niñas en los desfiles. A día de hoy, el Up Helly Aa sigue orgullosamente fiel a sus costumbres, pero también ha evolucionado con su población.

Aunque el desfile de Lerwick es el más multitudinario y conocido, no es para nada el único ni necesariamente el "más auténtico". De hecho, el festival se celebra en múltiples comunidades de Shetland en el transcurso del invierno. Una decena de pueblos y distritos del archipiélago organizan sus propios Up Helly Aa entre los meses de enero y marzo. En particular, la localidad de Scalloway (antigua capital histórica) tiene su propio desfile de antorchas y suele ser el primero del año. Del mismo modo, los hay en pequeñas comunidades rurales como Nesting & Girlsta en el interior de la isla Mainland, o pueblos de las islas exteriores como Uyeasound en Unst, Cullivoe en Yell, Walls (Waas) en la costa oeste, entre otros. Cada celebración tiene sus ligeras diferencias y su propio calendario. Se reparten en distintas semanas para que los squads puedan asistir con sus números a todas ellas. En algunos sitios, por ejemplo, prefieren quemar el drakar en el mar. Los guizers arrojan las antorchas al agua del puerto, prendiendo fuego a la galera flotando en las olas, lo que añade un toque muy pintoresco. En otros, quizá el número de participantes no llega al centenar y casi todo el pueblo está involucrado, ya sea desfilando o preparando la comida y el baile. Estas versiones más pequeñas de verdad que tienen un encanto único. Al ser eventos pensados por y para la comunidad local, el ambiente es genuino y acogedor. Me parece algo único, y por eso todos los años organizo un circuito allí para ir a ver uno de estos eventos tan auténticos.

Otras festividades y tradiciones

Antes de cerrar este recorrido por las fiestas escocesas, nos vamos hasta Kirkwall, en las islas Orcadas, donde cada Navidad ocurre algo increíble. En esta pequeña localidad por lo general tranquila, *The Ba' Game* convierte las calles en un campo de batalla de caos festivo. Imagina al pueblo dividido en dos equipos (los de la parte norte "uppies" contra los de la parte sur "doonies") persiguiendo una pelota de cuero por callejones y plazas sin más límite que las paredes de las casas. No hay reglas escritas ni árbitro, solo empujones, gritos y risas. Cada equipo tiene asignada una zona del puerto donde debe hacer llegar la pelota y tirarla al agua y gana el equipo que lo consiga antes. Como digo, sin reglas. Es como un partido callejero medieval que empieza cada Día de Navidad (y se repite en Año Nuevo) cuando lanzan la pelota al aire junto a la catedral de St Magnus. A partir de ahí, todo vale. Los comercios incluso aseguran sus puertas y escaparates con tablones antes del juego, porque saben que la marea de jugadores puede arrasar con todo a su paso. Reina la anarquía y el ruido, pero se trata de pasarlo bien con los vecinos. Y aunque es una celebración algo excéntrica, más vinculada a un público joven que otras prácticas que hemos visto, sigue teniendo una autenticidad que merece la pena destacar.

Pero The Ba'Game no es la única tradición curiosa. Ya conoces el Beltane, ese festival celta de la primavera en el que arden hogueras en Calton Hill para dar la bienvenida al verano. Y seguro recuerdas el Samhain, la celebración de otoño en la noche de Halloween, cuando el fuego ceremonial marca el final de la cosecha y el comienzo del invierno. También hemos hablado de la Noche de Burns, esa cena festiva cada 25 de enero en honor al poeta Robert Burns, donde no faltan el haggis, el whisky ni los versos en voz alta. Tres fiestas muy distintas entre sí, cierto, pero todas cosidas por un mismo hilo. Las hogueras purificadoras, el cambio de estación y el orgullo cultural de los escoceses se entrelazan en cada una de ellas. En la Noche de Burns, la llama es más figurada pero igual de cálida. Yo lo definiría como la chispa de la identidad escocesa, avivada por la poesía y la herencia.

Todas estas celebraciones nos cuentan una única historia ya que Escocia vive su legado con una pasión contagiosa. No importa si es una antigua costumbre pagana o un homenaje gastronómico-literario. Todas ellas son experiencias vibrantes que invitan a cualquiera a unirse.

Cierra los ojos e imagínate en medio de alguna de estas celebraciones. Saltando sobre una hoguera en Beltane, viendo como arde un drakar vikingo, cantando Auld Lang Syne con escoceses en una Noche de Burns… O quizás prefieras estar apretujado en un callejón de Kirkwall, en un Ba'Game, sin saber del todo lo que ocurre, pero disfrutando a lo grande. Al terminar este capítulo, lo más probable es que sientas ganas de estar en una de estas. Y, sinceramente, no puedo pensar en un mejor cierre que dejarte con esa curiosidad encendida.

Capítulo 15. Leyendas

Cada leyenda surge por una razón. Todas se originan de un hecho real, partiendo de una persona concreta o de una situación histórica verídica. A veces la base es sólida y bien documentada. Otras es apenas un rumor o un suceso aislado. Lo que ocurre después es lo interesante ya que, con el paso del tiempo, esas historias se deforman, se exageran, o lo peor, se cargan de intención.

Hay que tener en cuenta a su vez el contexto en el que muchas de estas narraciones se forjan después de siglos de conflictos, guerras internas, luchas de poder y enfrentamientos con Inglaterra. Y como suele pasar en cualquier conflicto, la historia la escriben los vencedores. Eso significa que lo que nos ha llegado es, en muchos casos, una versión interesada de los hechos. Es algo muy fácil de entender si lo traemos al presente porque basta con encender la televisión y poner dos canales distintos con líneas editoriales opuestas. La misma noticia puede parecer otra completamente diferente según quién te la cuente. Con las leyendas ocurre algo parecido, solo que aquí han pasado cientos de años de por medio.

Un buen caso es el de William Wallace. En Escocia es un héroe nacional que simboliza la resistencia y la lucha por la independencia. En Inglaterra, fue retratado como un rebelde violento, sin duda alguna un criminal. El personaje es el mismo, pero el relato cambia según quién lo cuente y desde dónde se cuente.

Las leyendas que vamos a ver en este capítulo funcionan exactamente así. Para nada son cuentos inocentes ni simples historias con el único objetivo asustar a nadie porque sí. Son relatos que se crean por factores sociales o por la necesidad de dar una explicación a lo desconocido. Algunas se apoyan en personajes reales que existieron de verdad. Otras nacen de hechos difíciles de explicar en su momento. Todas han ido evolucionando hasta convertirse en lo que son ahora. Vamos a ver tres de esas leyendas y de dónde salen.

El monstruo del lago Ness

Entre las verdes colinas y los páramos de turba de las Highlands se encuentra el famoso lago Ness. Con sus treinta y siete kilómetros de largo y su profundidad máxima de doscientos treinta metros, es tan voluminoso que contiene más agua que todos los lagos de Inglaterra y Gales juntos. La escasa visibilidad de sus aguas (teñidas siempre de oscuro por la turba que arrastran ríos y torrentes) han alimentado durante muchísimo tiempo la imaginación colectiva.

A medio camino entre la leyenda y la mitología encontramos al famoso monstruo del lago Ness. La mención más antigua conocida sobre una extraña criatura en el área de este lago proviene de la Edad Media temprana. A mediados del siglo VI, el monje irlandés St Columba (quien se dedicaba a evangelizar a los pictos de la región) se encontró con un suceso impactante junto al río Ness, en las cercanías del lago. Según se narra en su biografía medieval, el santo vio a unos aldeanos enterrando a un hombre y les preguntó qué había ocurrido. Ellos le contaron que el desafortunado había sido atacado por una "bestia acuática" mientras nadaba. Entonces Columba, decidido a ayudar envió a uno de sus discípulos a cruzar a nado el río para atraer la atención de la supuesta criatura. Al poco, la leyenda cuenta que emergió del agua un ser enorme que se lanzó hacia el hombre. En ese momento, el santo alzó la mano, trazó el signo de la cruz y ordenó la retirada de la bestia en nombre de Dios. Milagrosamente, el ser detuvo su embestida y se hundió de nuevo en las profundidades, dejando a todos boquiabiertos. Este relato, transmitido por escrito en la *Vita Columbae* en el año 697, es considerado la primera referencia escrita a un monstruo en estas aguas. Si bien los historiadores señalan que era común en aquella época atribuir prodigios a los santos, para muchos este episodio marca el origen de la leyenda del monstruo del lago Ness.

Tras la historia, hubo un largo silencio en los registros sobre criaturas extrañas en el loch, pero eso no significa que la zona estuviera libre de suspicacias. En el folclore de las Tierras Altas abundaban los cuentos de espíritus acuáticos y criaturas misteriosas en los lagos. Antes de que "Nessie" entrara al imaginario popular, los habitantes hablaban de seres legendarios como los kelpies, en los que entraremos más a fondo en el próximo capítulo sobre mitología. Aunque aquellas criaturas míticas no tenían el aspecto que asociamos con el monstruo (eran más parecidas a un caballo que a un reptil), sembraron la duda de que en las aguas del lago podía haber algo grande y desconocido.

Al entrar en la edad moderna, empezaron a surgir informes más concretos de supuestos avistamientos, aunque seguían siendo relatos aislados. Menciono algunos de ellos:

· En 1868, un periódico local de Inverness publicó por primera vez el rumor de que un "pez enorme u otra criatura" merodeaba en las profundidades del lago Ness. Este breve artículo, casi perdido entre las noticias locales, sugería que ya entonces algunos highlanders sospechaban que algo fuera de lo común vivía bajo las aguas negras.

· En 1880 y 1888, distintos testigos afirmaron haber visto apariciones extrañas en el lago. Uno describió un objeto alargado y oscuro parecido a un bote invertido que se movía por la superficie, mientras que otro habló de un animal grande y de patas rechonchas que salió brevemente del agua. Lo describió como una "salamandra gigante".

· A comienzos del siglo XX continuaron los rumores. En 1930, dos pescadores aseguraron haber visto cómo algo provocaba un gran remolino cerca de la orilla, y en 1932 otro vecino contó haber divisado una criatura nadando contra corriente en el lago, a la que describió como "similar a un cocodrilo". Ninguno de estos incidentes tuvo mucha repercusión en su momento, pero con el tiempo serían recordados como preámbulos de la fiebre que estaba por desatarse.

¿Dónde podemos situar el inicio entonces? Fue en el año 1933. Hasta entonces, el lago era un rincón relativamente tranquilo de las Highlands, visitado por sus paisajes y su pesca, pero no precisamente famoso mundialmente. No obstante, a principios de los años 30 se mejoró la carretera que bordea la orilla oeste, facilitando el acceso y el tránsito. Y fue justamente en esa nueva carretera, en la primavera de 1933, donde ocurrió el avistamiento que lo empezó todo. Una pareja local, John y Aldie Mackay, viajaba en coche el 15 de abril por la orilla cuando, de improviso, vieron algo en el agua que los dejó boquiabiertos. Según relataron después, en medio de la superficie se divisaba un enorme animal que se movía de forma brusca, rodando sobre sí y sumergiéndose entre espuma y oleaje. La visión duró apenas unos instantes, pero fue tan impactante que sintieron que habían visto algo extraordinario. Este testimonio acabó en las páginas del Inverness Courier el 2 de mayo de 1933. En el artículo, el reportero (un hombre que a la vez era guarda forestal en la zona) habló de una criatura descomunal, "con cuerpo de ballena", que rompía la tranquilidad del lago. Por primera vez se utilizaba en prensa la palabra "monstruo" para referirse a aquello. Esto captó la atención de lectores más allá de Inverness y marcó el nacimiento oficial de la leyenda moderna.

A partir de ese momento, el gusanillo de la curiosidad picó a muchas personas y se multiplicaron los supuestos avistamientos. Lugareños y curiosos que recorrían la orilla afirmaban ver cosas extrañas en el agua, jorobas oscuras entre las olas e incluso largos cuellos que emergían a lo lejos. Cada nueva historia añadía sensacionalismo al fenómeno. En julio de ese año, por ejemplo, un turista inglés llamado George Spicer y su esposa aseguraron que, mientras conducían cerca del lago, un enorme animal cruzó la carretera frente a ellos para deslizarse hacia el agua. Describieron a la criatura como algo increíble. Un ser de aspecto prehistórico, con un cuerpo de unos siete u ocho metros de largo y un cuello ondulante que recordaba al de un dragón o un dinosaurio, pero lo detallaron sin extremidades. Esto también se publicó, disparando aún más la imaginación del público. El rumor de que se trataba de un plesiosaurio iba ganando popularidad y hay que tener en cuenta que la época estaba fascinada con los dinosaurios (no olvidemos que la película King Kong se había estrenado en 1933, mostrando monstruos prehistóricos en pantalla). Así pues, esta teoría del dinosaurio viviente caló hondo en la opinión pública.

La prensa nacional e internacional pronto se hizo eco de la "fiebre del monstruo". Periódicos de Londres enviaron reporteros al norte de Escocia en busca de la próxima gran exclusiva. Un circo incluso ofreció una gran recompensa a quien lograse capturar al supuesto monstruo (vivo o muerto), convencidos de que sería la atracción del siglo. Nessie ya era toda una celebridad, y en solo unos meses pasó de ser un rumor a convertirse en uno de los grandes misterios populares del siglo XX.

El clímax llegaría un año después, en 1934. Fue entonces cuando apareció la que, con el paso de las décadas, sería la imagen icónica del monstruo. En abril de ese año, un respetado médico londinense, el Dr. Robert Kenneth Wilson, presentó a la prensa una fotografía que, según su relato, había logrado tomar en una de sus visitas al lago Ness. En la foto en blanco y negro se apreciaba la superficie del agua rizada por las ondas, y emergiendo de ella, la silueta inconfundible de un cuello largo y delgado con una pequeña cabeza acompañada de lo que parecía ser parte de un lomo o una joroba asomando. Era exactamente la imagen que todos imaginaban de Nessie. El hecho de que el fotógrafo fuese un cirujano de renombre le dio aún más credibilidad, aunque curiosamente, él pidió mantener su nombre en el anonimato, por lo que se la conoció simplemente como "la fotografía del cirujano". El Daily Mail y otros periódicos publicaron esta foto el 21 de abril de 1934 a gran escala, y de la noche a la mañana el mundo entero pudo "ver" al monstruo del lago Ness con sus propios ojos. El impacto fue tremendo porque suponía la primera prueba visual. En los años siguientes, esta foto también apareció en revistas y libros. Incluso quienes nunca habían oído hablar del lago, reconocían aquella figura serpenteante saliendo del agua. Esto atrajo a aún más visitantes deseosos de ser los siguientes en divisar a Nessie en persona.

Con el paso del tiempo, sin embargo, surgieron dudas y análisis críticos sobre la célebre imagen. Algunos expertos notaron que, al ampliarla, las "olas" en realidad parecían pequeñas ondulaciones, sugiriendo que el objeto no era tan grande como se pensó en un inicio. Aún y con eso, la mayoría siguió dando el beneficio de la duda y la foto mantuvo su estatus de evidencia durante mucho más tiempo. Tuvieron que pasar seis décadas para que finalmente se conociera la verdad detrás de la famosa foto. Todo había sido un montaje. A finales del siglo XX, uno de los implicados confesó todos los detalles. Resultó que la famosa imagen fue fruto de una "broma" planeada por Marmaduke Wetherell, un cazador y actor aficionado que ya había participado en la búsqueda del monstruo en 1933. Wetherell, resentido porque lo habían ridiculizado cuando sus supuestas huellas de Nessie resultaron ser falsas, decidió vengarse de la prensa con un fraude perfecto. Con ayuda de su hijastro y de unos amigos construyó un pequeño artefacto hecho de arcilla con un dininuto flotador en la base. En una mañana tranquila, pusieron el objeto en el lago y tomaron las fotos desde la orilla y para darle credibilidad, convencieron al Dr. Wilson (amigo de uno de los cómplices) de que presentara la foto como suya, aprovechando su buena reputación. El plan funcionó mejor de lo que pensaron ya que acabaron engañando a todo el mundo. Aún pasaron más años hasta que, Christian Spurling (el último sobreviviente del grupo) reveló en su lecho de muerte cómo habían montado exactamente aquella escena.

Después de toda la agitación de los años 30, el monstruo del lago Ness había quedado bien cimentado en la memoria colectiva. Aun sin pruebas concluyentes, la falta de certeza no hizo sino avivar más el mito. En las últimas décadas muchas expediciones científicas han seguido intentando resolver el enigma explorado el lago con sonar y haciendo numerosas incursiones de buceo. Siempre parece haber algo que vuelve a encender la chispa.

Y así, desde aquel antiguo relato de St Columba hasta la vorágine mediática del siglo XX, el monstruo del lago Ness ha pasado de ser un cuento local a convertirse en una leyenda mundial. La cuestión es que, en nuestros días, Nessie se ha convertido en un icono de Escocia, tan famoso como las gaitas o los castillos. En muchos pueblos cercanos como Fort Augustus o Drumnadrochit, la bestia sigue omnipresente en el folclore y en los souvenirs.

Hace unos años, en una de mis visitas al lago, me acerqué a hablar sobre este tema con un habitante de Fort Augustus. Después de conversar con él un momento, mi última pregunta fue: *¿Cree usted en Nessie?* Me respondió con otra pregunta: *¿Tú crees en Dios?*. Esa respuesta se me quedó grabada en la memoria. Con el tiempo, me ha llevado a la conclusión de que exista o no exista, de alguna manera, para muchas personas Nessie existirá siempre.

La leyenda de Bloody Mackenzie

Otra de las leyendas que cualquiera que venga por aquí debe conocer es esta. Para explicar la figura de Bloody Mackenzie hay que separar dos cosas. Por un lado el personaje histórico real y por el otro, la leyenda que se construyó después. Y como suele ocurrir por aquí, ambas están irremediablemente entrelazadas.

Detrás del apodo está George Mackenzie, nacido en Dundee en 1636, en el seno de una familia acomodada. Fue un hombre culto y bien formado con una carrera brillante, siendo alumno de prestigiosas universidades como la de St Andrews y Aberdeen y especializándose en derecho. Pronto destacó por su audaz oratoria y su capacidad como jurista. Nada en su biografía hasta ese momento apunta a un personaje con algún desequilibrio mental, todo lo contrario. Su ascenso culmina cuando es nombrado Lord Advocate, el principal fiscal del reino en Escocia, un cargo que requería de la plena confianza del rey Carlos II. Y aquí entramos en el punto clave de la Escocia de finales del siglo XVII. Como vimos en el capítulo seis, en ese periodo había una profunda división por motivos religiosos y políticos. Después de la firma del Pacto Nacional, los covenanters (los presbiterianos radicales) se oponían tanto a la autoridad episcopal como al control que se ejercía desde Londres tras la restauración de la monarquía.

En 1679, este grupo fue derrotado en un enfrentamiento muy cerca de la ciudad de Glasgow, la batalla de Bothwell Bridge. La cifra de muertos suele exagerarse en el relato popular porque en realidad no murieron cientos en el combate. Lo que sí ocurrió es que después de esa contienda se hicieron miles de prisioneros presbiterianos. Aproximadamente mil doscientos fueron capturados y trasladados a la capital, donde quedaron meses retenidos en condiciones extremas, en un recinto improvisado junto al cementerio de Greyfriars. Ese espacio, conocido hoy como la "Prisión de los Covenanters", fue un solar cercado donde los prisioneros vivían a la intemperie, sin alimentos y expuestos al frío y a las enfermedades. Los vecinos, a escondidas de las autoridades, lanzaban comida y mantas por encima de los muros. Muchos reos murieron allí en condiciones infrahumanas. Mackenzie fue por entonces el responsable legal de procesarlos y muy probablemente no fue el carcelero ni el verdugo, pero sí el arquitecto jurídico de la represión.

Aquí es donde la historia empieza a ponerse interesante porque él defendía el uso de la tortura como medio legal para obtener confesiones. Esto que ahora nos parece inaceptable, en su época estaba plenamente asumido dentro del sistema judicial escocés. No hay pruebas sólidas de que él mismo disfrutara personalmente de esas torturas, aunque tampoco mostró intención de cambiarlo (teniendo autoridad para hacerlo). Para un sector de la población, cumplía con su deber como funcionario del rey. Para otros muchos, fue un represor implacable. Y ambas cosas pueden ser ciertas al mismo tiempo.

Cuando Mackenzie murió en 1691, algunas crónicas narran que fue enterrado en Greyfriars por su expreso deseo, muy cerca de la prisión donde habían sufrido tantos covenanters. Ese detalle es fundamental para entender lo que viene después.

Durante siglos no se habló de fantasmas en el cementerio. La leyenda paranormal es bastante tardía, del siglo XX en adelante. Greyfriars empieza entonces a adquirir fama por supuestos fenómenos extraños ocurridos a todo aquel que visita el lugar. Sensaciones físicas intensas que incluyen desmayos, arañazos, golpes y mareos. Todo esto se concentra en la zona que cubre desde el mausoleo de Mackenzie (conocido como el Mausoleo Negro) hasta la antigua prisión. La leyenda se alimenta con historias y relatos como la del vagabundo que pasa la noche dentro de la cripta y amanece con numerosas heridas que cubren todo su cuerpo. Turistas que dicen despertar con marcas tras una visita nocturna y objetos electrónicos que fallan.

La policía ha tomado numerosas declaraciones, lo que ha llevado a pensar que la actividad paranormal en Greyfriars es intensa. Aquí además entra en juego la sugestión, el contexto y el miedo a la fuerza que se siente estando presente allí. Lo interesante es que la leyenda necesita muy poco para ser escalofriante, porque se apoya de pleno en una historia real profundamente violenta y ya el mero hecho de que hablemos de un cementerio resulta inquietante, sobre todo por lo que ocurrió allí. Las torturas y el trato que recibieron los prisioneros han dejado en el recuerdo de todos la figura de Mackenzie como la de un villano absoluto que representa al poder vencedor. Los covenanters, derrotados, fueron convertidos con el tiempo en mártires en las crónicas escocesas. Lo contrario ocurrió en el país vecino. Y como suele pasar, la historia la escriben los que sobreviven, pero la memoria popular se reescribe después.

Hay además una ironía que rara vez se menciona. Mackenzie fue un hombre ilustrado y cuestionó muchos procesos por brujería, fundó la Biblioteca de los Abogados de Edimburgo (origen de la actual Biblioteca Nacional) y escribió *Aretina* (en 1660), considerada por muchos la primera novela escocesa de la historia. Nada de eso encaja con la caricatura del monstruo. Aun así, la de Bloody Mackenzie funciona muy bien como leyenda porque sabemos exactamente quién fue y que, desde su perspectiva, encarnó el orden y la ley, pero también el sufrimiento que ese orden provocó. Es decir, las dos caras de la historia. El fantasma no es solamente un cuento de miedo, es una forma de recordar un pasado incómodo sin tener que explicarlo del todo.

El cementerio de Greyfriars sigue poniendo los pelos de punta por todo lo que conocemos sobre su historia.

Episodio: "La leyenda de Bloody Mackenzie" (19:13)

La leyenda de Sawney Bean

Esta es otra de las narraciones que siguen clavadas en el relato popular escocés. La historia de Sawney Bean se sitúa, según la leyenda, a finales del siglo XVI, durante el reinado de Jacobo VI. No hay unas fechas exactas ni documentos que la respalden, pero esto no supone ningún inconveniente ya que muchas de estas fabulaciones arrancan en ese mismo punto. Estamos pues, en una Escocia todavía rural y mal comunicada que estaba plagada de zonas aisladas donde poder pasar desapercibido.

Sawney Bean habría nacido en East Lothian (una región cercana a Edimburgo) en una familia pobre pero trabajadora. Pasó su infancia allí, aunque desde joven mostró rechazo a cualquier trabajo estable y siendo adolescente se mudó a la capital. Vagó a lo largo de los años hasta conocer a una mujer llamada Agnes "Black" Douglas, descrita en casi todas las versiones como alguien dominante y con fama de bruja. Juntos decidieron alejarse por completo de la sociedad y se dirigieron hacia la costa suroeste, a Galloway, cerca de la frontera con Inglaterra. Era una región abrupta, con poca densidad de población y repleta de zonas que alternaban bosques con acantilados. Allí, casualmente encontraron una cueva profunda (hoy se dice que fue Bennane Cave), con una entrada tan larga que se internaba decenas de metros en las entrañas de la montaña. El acceso quedaba cubierto por el mar cuando había marea alta, lo que hacía imposible verla desde fuera durante muchas horas del día. Ese detalle tiene su importancia, porque explica cómo pudieron permanecer ocultos tanto tiempo sin ser descubiertos. La cueva se convirtió en su hogar y en su guarida.

Al principio sobrevivían robando a viajeros solitarios. En muchos casos comerciantes cansados que recorrían los caminos para vender su mercancía de aldea en aldea. Asaltaban rápido y regresaban a su refugio. Con el tiempo, según la leyenda, empezaron acechar y matar a cualquiera que cruzase los senderos de la zona. Los cadaveres eran arrastrados hasta la cueva y utilizados como alimento. El canibalismo aparece en el relato como algo necesario para la supervivencia, no como actos rituales. Desde ese momento, la historia se vuelve cada vez más oscura…

Sawney y Agnes tuvieron numerosos hijos, y más tarde nietos, fruto del incesto. Todos nacieron y crecieron en la miseria y se dice que en sus cortas vidas no conocieron otro sabor que el de la carne humana. Nunca pudieron imaginar otra realidad ni otra alternativa. Y poco a poco, con el paso de las décadas, la familia se convirtió en un clan cerrado, ajeno a cualquier norma social, que solo salía al exterior para cazar y buscar agua dulce. El número de miembros varía según la versión, pero suele hablarse de más de cuarenta personas entre adultos y niños.

En el transcurso de todo ese tiempo las desapariciones en los bosques y caminos eran demasiado frecuentes y pocos caminantes de los que pasaban por esos dominios llegaban a su destino. Restos humanos aparecían de repente en la costa para sorpresa de muchos y los vecinos empezaron a hablar de magia negra, de demonios que habitaban el bosque maldito… La incertidumbre provocó que los aldeanos se acusaran los unos a los otros e incluso hubo linchamientos a personas inocentes a quienes se culpaba de todo lo ocurrido. Nadie imaginaba que el origen de todo estuviera en una cueva oculta junto al mar.

La leyenda cuenta que el final llegó cuando un ataque de los Bean salió mal. Una pareja fue emboscada, pero el hombre logró defenderse y pedir ayuda. A diferencia de otras víctimas, consiguió escapar y contó la dantesca escena que presenció cuando estas "bestias" arrastraron el cadáver de su mujer a la espesura del bosque. Finalmente, el caso llegó a oídos del rey, que decidió intervenir. Jacobo VI envió un grupo de soldados acompañados de perros de caza, los animales siguieron el rastro hasta la cueva y lo que encontraron allí fue espantoso. Restos humanos, huesos, extremidades en salmuera y las pertenencias de las víctimas acumuladas durante décadas. Toda la familia de los Bean fue capturada pero no hubo juicios. El castigo fue inmediato y ejemplar. A los hombres los desmembraron atándolos con cuerdas a varios caballos, que tiraban en direcciones opuestas hasta hacerlos morir desangrados. Después de obligarles a presenciar esto, las mujeres y los niños fueron quemados vivos. La historia termina sin redención ya que el mal debía ser eliminado por completo…

No existe ninguna prueba histórica de que esto ocurriera realmente. No hay registros judiciales de la época, ni crónicas contemporáneas, ni menciones oficiales de ningún tipo. La historia aparece por escrito mucho más tarde, sobre todo en relatos populares y panfletos del siglo XVIII, cuando ya se había convertido en un recuerdo más que en una advertencia. Aun así, la narración se transmitió de generación en generación y quedó fijada en el imaginario colectivo.

Si viajas junto a la costa de Ayrshire, muy cerca de la bahía de Balcreuchan podrás encontrar señalizada la supuesta cueva donde ocurrió todo. Puede ser un vestigio de las barbaridades que se hicieron en épocas de grandes hambrunas o quizá es una fábula surgida de Inglaterra como parte de su panfleto para evitar que se cruzase esa frontera para llegar a Escocia. O quién sabe, tal vez todo esto ocurrió en realidad. Eso lo decides tú…

Si te llama la atención, te recomiendo que escuches el episodio de *Escocia sin límites* que dediqué a esta leyenda para conocer más detalles.

<u>Episodio: "La leyenda de Sawney Bean" (17:10)</u>

Después de recorrer historias como esta, vemos que las leyendas escocesas aparecen en momentos puntuales. Contextos de miedo o de cambio, y siempre dicen más sobre la sociedad que las cuenta que sobre los hechos en sí. A los turistas les encantan y a los guías nos gusta contarlas, con más o menos detalles o más o menos exageradas, pero se sigue haciendo porque te mete de lleno en el pasado. Te da contexto.

Aunque en el fondo sabemos que es poco probable, sigue siendo ilusionante poder encontrarte con Nessie (sí, para mí también) pero nadie tendría un cara a cara con Mackenzie y mucho menos con Sawney Bean. Lo bonito es caminar por ciertos lugares sabiendo lo que se ha contado allí durante siglos. Y cuando eso ocurre, da igual si la historia fue exactamente así porque ya ha cumplido su función.

A partir de aquí cambiamos el enfoque. Dejamos atrás relatos anclados en personas y episodios concretos para entrar en un terreno más antiguo. La mitología habla de creencias, no de hechos. Y ahí, Escocia vuelve a contar mucho más de lo que parece.

Capítulo 16. Mitología escocesa

Los seres humanos siempre hemos tenido la necesidad de analizar las cosas que nos rodean y "rellenar" todo aquello que no podemos explicar. Incluso sin pruebas fehacientes. No en vano, el folclore escocés está plagado de seres fantásticos y criaturas legendarias que reflejan la herencia celta y gaélica de las Tierras Altas. En este capítulo las vamos a organizar para darles su espacio en la cultura. Así podrás viajar por unos instantes a través de las Highlands y las islas, donde la superstición se integra en las creencias locales.

En el capítulo anterior hablábamos de leyendas, y éstas suelen apoyarse en personas o hechos conocidos. Pero la mitología va un pasito más atrás. Aquí hablaremos de criaturas que nacen del paisaje y de esa necesidad de explicar todo lo que no se puede ver, lo que "hay que rellenar". Todo se basa en el respeto a lo desconocido. En Escocia, estas figuras aparecen siempre asociadas a parajes concretos como ríos, bosques, o montañas. Y muchas de ellas tienen raíces celtas, aunque con el tiempo hayan adoptado un carácter plenamente escocés.

Kelpies

Imagina un lago en calma, de esos que parecen un espejo cuando no sopla el viento. Da igual en qué punto de Escocia estés. Si hay agua dulce, puede haber una historia. Y casi siempre, detrás de esa historia, aparece el peligro con aspecto de Kelpie. Son quizás las criaturas más peligrosas de la mitología escocesa, espíritus del agua que habitan en lagos y ríos (siempre en agua dulce), capaces de adoptar distintas formas para atraer a sus víctimas. La más habitual es la de un caballo grande y aparentemente dócil. Un animal que aparece en la orilla cuando cae la tarde o en noches claras, como si llevara allí toda la vida. Esa normalidad es precisamente la trampa ya que, según las creencias tradicionales, el kelpie espera a que alguien se acerque. Un niño curioso, un viajero cansado o cualquiera que confíe. En el momento en que la víctima toca al animal o se sube a su lomo, todo cambia. La piel del kelpie se vuelve pegajosa, imposible de soltar. El caballo se lanza entonces al agua y arrastra a la persona al fondo del lago sin escapatoria posible. Este depredador mitológico ahoga a su presa y la devora. En algunas versiones del relato, lo único que vuelve a la superficie es el hígado de la víctima, que sale a flote como única prueba de lo sucedido.

El kelpie no siempre adopta un aspecto animal. Además, puede transformarse en humano, pero su transformación nunca es perfecta del todo, siempre hay algo que lo delata. Pueden ser pequeños restos de algas en el pelo, pies que conservan la forma de las pezuñas equinas u otros detalles pequeños, pero suficientes para quien conoce bien la historia. Por eso las advertencias insisten en que hay que prestar mucha atención y desconfiar de todo lo que no encaje.

Estas narraciones no suelen surgir a la ligera, hay una razón detrás. En una Escocia rural, repleta de lagos profundos y ríos traicioneros, el agua era una amenaza muy real. Las historias de kelpies funcionaban como advertencias, en especial para los niños. Se les advertía: “no te acerques solo a la orilla”. “No confíes en desconocidos”. “No subestimes el peligro de un lago en calma”. El mito servía para recordar tragedias reales y al mismo tiempo para intentar evitarlas.

Aunque el kelpie es una criatura con raíces escocesas y un trasfondo celta, pertenece a una familia más amplia de seres acuáticos presentes en otras culturas europeas. Aquí recibe distintos nombres según la zona, como *each-uisge*, pero su esencia es siempre la misma. El agua como engaño y la belleza como peligro.

Hoy ha pasado del miedo al símbolo y en la localidad de Falkirk, dos enormes esculturas de acero representan a estos caballos mitológicos. Su autor, el escultor escocés Andy Scott, quiso representar a las criaturas, pero fue más allá creando todo un homenaje. Construyó dos figuras de treinta metros de alto y trescientas toneladas de peso, utilizando únicamente planchas de acero independientes montadas sobre dos estructuras enormes del mismo material. Un homenaje al folclore, al caballo de tiro escocés (una raza autóctona que tiraba de los arados antes que los tractores) y a la tradición industrial del cinturón central de la nación. En esta región, la mayoría de la actividad es todavía obrera y hay varias fábricas de acero. Estos talleres moldearon cada una de las planchas que da forma a los caballos.

La inauguración fue en el año 2014 y solamente el primer año recibió a más de un millón de visitantes. Es un ejemplo perfecto de cómo estos monstruos han cambiado su rol con el tiempo y siguen en la memoria, ahora ligados a la identidad, dejando atrás el terror. Aun así, cuando caminas junto a un lago al atardecer y el agua está completamente quieta, es fácil entender por qué estas historias fueron útiles durante tanto tiempo. Quizás no creas en kelpies, pero puedes sentir que hay algo inquietante en ciertos lugares. Y eso es lo que convierte a este ser mitológico en una de las figuras más potentes del folclore escocés.

Criaturas malévolas

El imaginario no se limita a los kelpies cuando habla de peligro. En distintos rincones aparecen otras figuras asociadas al miedo, criaturas que recuerdan que cada páramo puede esconder una amenaza inesperada.

En las Highlands tenemos al Cù Sìth, un enorme perro sobrenatural parecido a un sabueso, aunque algo más grande. Las historias lo describen con pelaje verde oscuro y patas tan robustas como las de un ternero. El mito dice que ladra tres veces y que quien escucha el tercer aullido sin haber encontrado refugio corre el riesgo sufrir una muerte súbita.

Otro ser destacado es el Cat Sìth, un gran gato negro con una pequeña mancha blanca en el pecho. Según las creencias populares rondaba las casas cuando alguien moría, esperando robar el alma del difunto antes del entierro. Para evitarlo existía la costumbre de velar el cuerpo sin dejarlo solo en ningún momento. La habitación debía permanecer iluminada todo el velatorio si era necesario.

En las Orcadas tenemos el Nuckelavee, otra de las criaturas más inquietantes del folclore. Lo describen como un ser monstruoso que mezcla rasgos humanos y equinos en un solo cuerpo, aparentemente sin piel con los músculos visibles. Surge del mar durante las tormentas y se le atribuían enfermedades incurables y malas cosechas. Solo el agua dulce podía detenerlo, ya que no era capaz de cruzarla.

Criaturas benévolas

No toda la mitología escocesa gira en torno al pánico. Entre lagos traicioneros y presagios oscuros aparecen también criaturas que no buscan hacer daño. Algunas incluso ayudan a quien cree en ellas. Son figuras más discretas, en conexión con el bosque y el hogar. No se dejan ver fácilmente y, cuando lo hacen, suele ser porque alguien ha sabido comportarse. Los *brownies* son quizá los más conocidos. Espíritus domésticos que habitan granjas y casas rurales, sobre todo en las Lowlands y en zonas agrícolas. Se les describe como pequeños, de aspecto desaliñado y siempre ocupados. Trabajan de noche, en silencio, haciendo tareas sencillas que facilitan la vida diaria. A cambio esperan respeto y algo de comida. Nada más. No quieren agradecimientos exagerados ni regalos materiales. De hecho, ofrecerles ropa o dinero es la vía más rápida de perderlos, porque las creencias dictan que en cuanto se sienten recompensados, desaparecen para siempre. Es un buen modelo para los más pequeños porque simboliza que la ayuda se acepta con humildad y se agradece, pero no se compra.

En las Highlands aparece una figura emparentada con el brownie, pero mucho más salvaje. El *ùruisg* vive cerca de cascadas y gargantas montañosas. En algunas regiones se cree que antes de ser ùruisg, sus espítitus fueron brownies que por alguna razón perdieron el hogar. Su aspecto es más inquietante ya que evolucionaron mitad brownie mitad animal, y no siempre es fácil discernir si es amable o peligroso. A pesar de todo, en muchas historias estos seres bajan a los valles en invierno para ayudar en tareas agrícolas. Son benévolos, pero algo toscos y huraños. Representan a la naturaleza y el concepto de que el respeto hacia ella trae cosas buenas.

Más esquivo todavía es el *Ghillie Dhu*, una criatura asociada exclusivamente a los bosques profundos, en particular a los bosques de abedules en la región de Gairloch. Se le describe como una figura oscura, oculta entre hojas y musgo, casi indistinguible en el territorio arbolado. Estamos hablando de un "hada" masculino que no habla, no ataca y rara vez se deja ver. Protege el bosque y a quienes lo respetan e incluso algunas historias cuentan que le gustan los niños y que sólo estos pueden verlo. Se dice que simplemente observa. Es una presencia silenciosa que encarna la idea de que el bosque no está deshabitado.

En las islas del norte, en especial en las Shetland, aparece otra figura peculiar: el *Wulver*. Mitad hombre, mitad lobo, pero sin la carga tétrica del hombre lobo clásico. El Wulver no sufre transformación ni está maldito. Vive solo, bien en cuevas o zonas remotas, y se dedica a pescar, pero a menudo deja algo de lo que captura en las ventanas de familias pobres. No busca el reconocimiento de nadie, ni siquiera la compañía, aunque ayuda a los viajeros perdidos a encontrar el camino y luego se retira. De carácter tranquilo, su figura rompe con el prejuicio de que lo salvaje debe ser siempre peligroso.

Todas estas criaturas tienen en común que no dominan el relato ni protagonizan grandes historias. No castigan ni persiguen a nadie. Existen como en un segundo plano, formando parte de un equilibrio frágil entre la realidad humana y la naturaleza, ayudando cuando se las deja en paz, pero desapareciendo si se las intenta controlar. En ese sentido, son quizá las figuras más reveladoras de la mitología escocesa porque su esencia está en la convivencia.

Criaturas del mar

Si el interior de Escocia genera mitos unidos al bosque y a la casa, la costa y las islas han construido los suyos con los ojos siempre orientados al mar. Para ellos, el océano ha sido una fuente de sustento, una frontera y por qué no decirlo, una amenaza constante. De él venía el alimento, pero también las tormentas que suponían las desapariciones de pescadores y las noticias que nunca llegaban. A todo esto, hay que añadir que los marineros siempre han sido (y son) tremendamente supersticiosos. Con semejante telón de fondo, nacen algunas de las criaturas más curiosas de la mitología escocesa.

Las selkies ocupan una posición especial dentro de este imaginario. Son focas capaces de desprenderse de su piel y adoptar forma humana. Las historias se repiten, con variaciones, a lo largo de toda la costa norte y oeste, especialmente en las Orcadas, Shetland y las Hébridas. También más allá en Islandia y las Islas Feroe. Las crónicas más antiguas las presentan como seres con una conexión intensa con el mar, capaces de amar y de sufrir en tierra firme, aunque siempre con un fuerte vínculo con su verdadero hogar. Muchas narraciones hablan de hombres que encuentran la piel de una selkie en la orilla y la esconden, obligándola así a quedarse en tierra. La selkie (siempre de una belleza incomparable) se convierte en esposa, tiene hijos y lleva una vida en apariencia normal. Pero el mar nunca deja de llamarla. El día que consigue recuperar su piel, desaparece sin despedirse, retornando al agua incluso aunque eso signifique abandonar a su familia. Estas historias parecen románticas, pero en el fondo están cargadas de melancolía. Relatan la dureza de la vida costera y la sensación constante de pérdida en comunidades donde el mar se llevaba a miembros familiares sin previo aviso.

Algunas baladas tradicionales sitúan a las selkies como amantes fugaces que solo aparecen una noche al año. Otras canciones las convierten en antepasados míticos de ciertas familias isleñas, explicando rasgos físicos de una relación ancestral con el mar. En todos los casos, la selkie simboliza la imposibilidad de poseer aquello que pertenece a otro mundo.

Por otro lado, tenemos a los hombres del Minch, conocidos como "Blue Men of the Minch". Se trata de una de las figuras más singulares del folclore marítimo escocés. Según las crónicas recogidas en las islas Hébridas, estos seres habitan el estrecho que separa las islas del continente, una zona famosa por sus corrientes imprevisibles y su mar siempre agitado. A estos, se les describe como figuras humanoides de piel azulada que flotan en el agua con el torso fuera, riendo y gritando durante las tormentas. Estas criaturas no atacan de manera inmediata. Al principio solo juegan. Se dice que cuando un barco atraviesa su territorio, lo rodean y desafían al capitán a un duelo de versos. Si el humano es capaz de responder rimando correctamente, se le permite continuar. Si falla, los hombres azules levantan las olas y vuelcan la embarcación. Este peculiar tipo de enfrentamiento es curioso porque pertenece a comunidades donde la tradición oral y la improvisación poética tenían un gran valor. Es como si incluso el mar exigiera ingenio y rapidez mental. En algunas versiones los presentan como espíritus caídos o antiguas razas marinas previas a la existencia del ser humano. Se relacionan con pueblos extintos que se pintaban el cuerpo de azul mientras navegaban estas aguas. Sea cual sea su origen personifican el peligro del mar del Norte y la imposibilidad de dominarlo.

En las Orcadas y Shetland aparece además la figura del finfolk (o finmen), seres marinos capaces de navegar grandes distancias en pequeñas embarcaciones. A diferencia de las selkies, los finfolk no despiertan la compasión de nadie. Se les atribuye el secuestro de humanos, especialmente mujeres, para llevárselas a su reino submarino. Son silenciosos y en este caso también representan el miedo a lo desconocido que viene de mar abierto.

Cuando escuchas estas historias junto a la costa, no cuesta nada intuir por qué se contaban. Tanto el Mar del Norte como el Océano Atlántico imponen mucho respeto.

Aunque ahora crucemos estas aguas en ferris modernos y miremos el mar con otros ojos, basta con una noche de viento fuerte o una travesía complicada para recordar que la mitología escocesa está ahí por algo.

Episodio: "Mitología escocesa" (16:33)

Parte 3
Conoce los lugares

Esta última parte del libro es, probablemente, la más personal porque aquí voy a hablarte de los sitios que puedes visitar desde mi propio punto de vista. Lógicamente no van a estar todos, del mismo modo que en el bloque anterior no hemos abordado absolutamente todo lo relacionado con la cultura escocesa, aquí tampoco pretendo ser demasiado enrevesado. La propuesta es plantear opciones claras y ayudarte a decidir qué zonas pueden encajar mejor contigo según el tipo de viaje que tengas en mente.

Ten en cuenta que no exagero si te digo que se podría escribir un libro entero de cada uno de los capítulos que componen este bloque. Por eso voy a intentar ser muy concreto resumiendo mi visión personal en base a mi propia experiencia. Para hacerlo en orden, empezaré por las principales ciudades del cinturón central de Escocia (Edimburgo, Glasgow y Stirling). Después recorreremos juntos las distintas regiones y sus poblaciones más representativas. Y finalmente, cerraremos con las islas, que considero que merecen un tratamiento propio.

No vas a encontrar aquí itinerarios cerrados del tipo "Escocia en X días" ni fórmulas prefabricadas. El tiempo lo decides tú, y en función de ese tiempo te pido que seas realista y que le concedas a cada lugar el espacio que merece. Y que tú te mereces. Porque en Escocia los desplazamientos pueden ser largos y, muchas veces, recuerda que "menos es más". Si solo dispones de tres días, sin ir más lejos, yo enfocaría la visita en una sola ciudad, como Edimburgo o Glasgow, y la viviría con calma. El viaje te cunde más cuando te centras en menos lugares y les dedicas tiempo.

De todas formas, algo es seguro y es que vas a querer volver, y probablemente volverás. No importa si tu primera visita dura cuatro días o veinticinco. Escocia es un destino inabarcable. Incluso después de más de una década viviendo aquí todavía me quedan rincones por visitar. Por eso, el libro está pensado para que tu viaje tenga sentido y merezca la pena, no para ayudarte a tachar localizaciones de una lista. Ese es el verdadero objetivo de las páginas que vienen a continuación.

Capítulo 17. Edimburgo

Qué decir de Edimburgo… Para mí una de las capitales más bonitas de Europa. Hoy en día tiene algo más de medio millón de habitantes, pero vamos a priorizar su centro histórico que está dividido en Old Town y New Town.

Mi recomendación es que traigas buen calzado porque lo mejor es caminar, ya que el centro no es especialmente grande, pero sí muy intenso. En pocos pasos sales de callejones medievales estrechos y oscuros para entrar en avenidas georgianas con plazas elegantes. Pasas de pubs centenarios a barrios residenciales donde la vida sigue su ritmo normal, casi ajena al turismo. De repente, te ves caminando por antiguos cementerios que ahora son parques públicos y creo que esa dualidad es fascinante.

La Old Town es densa y un poco caótica. Creció hacia arriba porque estaba encajada entre murallas y colinas, y todavía conserva ese aspecto compacto y algo dramático. Aquí están muchos de los iconos que seguramente ya tienes en la cabeza antes de llegar, pero también existe una sensación constante de pasear a través de la historia. Todas estas calles tienen su encanto porque no se hicieron para ser cómodas. Y, aun así, recorrerlas a pie es tu mejor opción. Aunque hay desniveles grandes, usar taxis o transporte público no tiene sentido si quieres vivirla.

La New Town, es todo lo contrario. Nació en el siglo XVIII como respuesta a la saturación y a las malas condiciones de vida en el casco antiguo. Es más amplia y luminosa, diseñada con un criterio urbanístico claro y una voluntad muy definida de progreso. Pasear por sus calles es descubrir otra cara más elegante y burguesa y, en cierto modo, más tranquila. Lo interesante es que ambas partes conviven sin anularse y se complementan de una manera muy natural.

Edimburgo no es solo un sitio curioso donde echar fotos. Es una ciudad que vives de la misma manera tanto si vienes por primera vez como si repites y sirve para una escapada corta si vienes desde España, pero esto no significa que se recorra rápido. Dale tiempo. Además, lo increíble es que tiene una oferta cultural constante (mucho más en agosto por el festival) y un panorama gastronómico cada vez más interesante si eres de los que les gusta comer bien. Engancha por muchas cosas y créeme cuando te digo que es difícil ponerlo en palabras. Subir a Calton Hill, Arthur's Seat o simplemente asomarte a uno de sus muchos miradores te permite parar un momento, salir del bullicio y saborearla con más calma.

Si tuviera que resumirlo, diría que Edimburgo tiene un carácter muy personal. Y si te gusta, te va a gustar de verdad. Ese suele ser el principio de una relación larga con ella.

Pero imagina cómo sería vivir aquí hace 400 años. Estarías todavía en el Reino de Escocia y aunque el rey residía ya en Londres, las coronas todavía estaban separadas. Caminar por una calle empedrada sería muy distinto de lo que es en el presente…

Hay algunas casas de piedra, pero la gran mayoría están hechas de madera. Las paredes son altas y húmedas y cientos de chimeneas arrojan un denso humo negro que no te deja ver el cielo. La ciudad entera rezuma hollín y pestilencia. Apenas entra la luz del día al laberinto de callejones donde solo puedes oír el rítmico golpeteo de cascos, el chirrido de carros, gritos de pregoneros y un repique lejano de campanas. El aire está recargado de todo tipo de olores pestilentes. Unos metros más allá, pasas junto a un carnicero que te mira desconfiado mientras cuelga carne cruda en ganchos. Pollos y otras piezas que no sabrías identificar, probablemente gatos desollados. Líquidos viscosos en el suelo resbalan calle abajo hacia el Nor Loch haciendo de la calle un lugar resbaladizo y putrefacto. De lejos, gracias al cielo, te alcanza un ligero aroma a pan recién horneado y carbón que rápidamente desaparece y llega otro más desagradable porque no hay sistema de alcantarillado. Los inodoros son letrinas en sótanos o cubos vaciados por la noche al exterior, y los vecinos arrojan desperdicios a la calle con gran frecuencia, lo que atrae cucarachas y moscas. En cada esquina puedes ver restos de basura de la que no comen ni las ratas. Un vecino abre una ventana porque en el interior de su casa quema brezo para intentar purificar el aire.

Sientes las pulgas encarnizadas picándote en todo momento. Ellas también deben sentir la punzada del hambre en sus estómagos de insectos inmundos. Llevas días durmiendo sobre paja mojada, compartiendo mantas viejas con otras personas que a veces son familiares y a veces solo conocidos… Cuando no ves a alguien en una semana, lo mejor es darlo por muerto.

La noción de bañarse a diario no existe, bastan unos enjuagues rápidos, muy de vez en cuando, en un cántaro de agua reutilizada. Los "limpiadores" municipales recorren los callejones con cal para espolvorear sobre pozos negros y carroñas, conscientes de que el hedor propaga la peste. La vida cotidiana acontece en medio del bullicio y al medio día hay tenderetes de verduras junto a carretas de cereales, lúpulo, paños gruesos y vasijas de barro. Campesinos y marineros ríen y negocian ruidosamente en el mercado, regateando por un saco de cebollas o un litro de sidra. Percibes murmullos o incluso algún lejano insulto en gaélico. Los hombres suelen beber en tabernas tras el trabajo y las mujeres lavan ropa en el río mientras cuidan de los niños. La austeridad es palpable en casi todos los hogares y en cada esquina encuentras moribundos aún con fuerzas para alzar la palma de la mano temblorosa pidiéndote limosna.

Los domingos por la mañana casi no ves a nadie caminando ni oyes músicos porque el día se reserva para la iglesia y el descanso. No hay gestos amorosos en público, y un simple roce indebido puede despertar escándalo. El orden público es severo y quien roba o ataca puede ser sentenciado a muerte sin miramientos. Pero no importa, muchos roban y atacan porque nadie quiere morir de hambre.

Los más desgraciados pasan cada día por la horca de Grassmarket y a menudo hombres y mujeres son clavados o esposados y abucheados por faltas menores (borracheras, peleas o blasfemias). La superstición dicta parte de la vida de forma permanente y sin creencias a este mundo no se le puede encontrar ningún sentido.

Sabes que este es el pan de cada día. La suciedad, la enfermedad, las calamidades, el peligro constante… No existían muchas opciones para vivir entre las murallas que protegían a la ciudad de todo excepto de ella misma.

Historia

El crecimiento en la época medieval se produjo bajo una presión continua. La Old Town surge de siglos de acumulación dentro de un espacio muy limitado, ajena a cualquier plan previo o a un concepto de ciudad ideal. La New Town, sin embargo, aparece más tarde, cuando ese modelo deja de ser sostenible. El origen se desarrolló alrededor del Castillo, en una posición defensiva privilegiada pero encerrada entre murallas, colinas y barrancos. Nunca pudo expandirse hacia los lados. La población aumentaba mientras el espacio seguía siendo el mismo y la única opción fue construir hacia arriba. Por esa razón, llegó a haber edificios residenciales muy altos para su época, con siete, ocho y hasta doce plantas donde convivían decenas de personas en cada uno de los hogares. Esa densidad marcó la vida diaria en calles estrechas con una ventilación mínima. La convivencia era forzada y las construcciones crecían en vertical. Cuando ya no quedaba hueco, también empezó a ocuparse lo que había por debajo, como sótanos y semisótanos, construidos en un principio como almacenes o talleres pero que acabarían utilizándose como viviendas por los más pobres. Eran espacios húmedos y mal ventilados, los primeros en inundarse cuando llovía fuerte o se vaciaban las letrinas. Por la necesidad, se terminaron usando como hogares lugares que nunca se habían hecho para vivir.

En la época medieval, la Old Town fue el centro político, religioso y social del reino. Aquí estaban el Parlamento y la High Kirk de St Giles, corazón religioso de la ciudad. A su alrededor se extendían los mercados, siempre llenos de ruido. En ese mismo espacio a su vez tenían lugar las ejecuciones públicas, que atraían a multitudes curiosas y todo ocurría en medio de la vida cotidiana de una capital pequeña, comprimida entre muros y calles estrechas, intensa y a menudo dura para quienes la habitaban. Era una ciudad importante, aunque limitada por su propio tamaño y por unos recursos que no siempre acompañaban a su crecimiento.

El siglo XVIII supuso un punto de inflexión. La unión política con Inglaterra y el nacimiento del Reino Unido alteraron el equilibrio político y abrieron una etapa de mayor estabilidad. Con ella llegó también algo decisivo para la ciudad: el dinero. Edimburgo dejó así de ser una capital encerrada sobre sí misma y se incorporó a un proyecto más amplio, con acceso a inversiones y prosperidad. Esa cuestión permitió plantear algo impensable hasta entonces, como era una ampliación hecha desde cero.

Hasta ese momento, las malas condiciones higiénicas en la Old Town, las epidemias recurrentes y la falta de espacio habían llevado a las clases acomodadas a marcharse. La ciudad necesitaba crecer y retener a los ricos y la solución perfecta fue la New Town. Y esta sí que fue una iniciativa planificada desde el principio, porque en 1767 se convocó un concurso para diseñar la expansión y el ganador fue un joven arquitecto llamado James Craig. Su propuesta consistía en una trama ordenada de calles amplias y paralelas, con plazas abiertas y edificios proporcionados. Todo estaba pensado para ganar luz, ventilación y una sensación de orden que contrastaba radicalmente con la Old Town. De hecho, el proyecto resolvía un problema urbano a la vez que transmitía una sensación de progreso sin precedentes.

Ese nuevo trazado coincidió con una de las épocas más brillantes de su historia ya que el siglo XVIII fue una auténtica edad dorada. Aquí vivieron o trabajaron figuras clave de la Ilustración escocesa como David Hume, Adam Smith o Alexander Flemming entre muchos otros... Filósofos, economistas, científicos, escritores y todo tipo de personalidades ilustradas que convirtieron la ciudad en un centro intelectual de primer nivel en Europa. Seguía sin ser grande, pero pasó a ser muy influyente. Se hablaba de ella como la "Atenas del Norte", más por su influencia intelectual que por su innovadora arquitectura.

Todo esto provoco que la élite se trasladase a esta nueva zona, dejando la Old Town asociada, de forma irremediable, a la pobreza y al deterioro. Aun así, ambas siguieron formando una sola, la Edimburgo de las dos caras. Una más ordenada y abierta y la otra más densa e irregular. Y ambas son Patrimonio de la Humanidad por la Unesco desde el año 1995.

Lugares de interés

Esta es una ciudad que se puede disfrutar perfectamente caminando, dejando que tu propia curiosidad marque el ritmo y aceptando que aquí rara vez vas a avanzar en línea recta. En la Old Town lo natural es que te pierdas, que entres y salgas de closes, y subir y bajar cuestas. En la New Town, en cambio, el paseo te invita a ir con más calma y a fijarte en la simetría de las fachadas. Lo que verás es el orden urbano que se quiso imponer en el siglo XVIII.

Pienso que es un error habitual intentar verlo todo en una primera visita, lo mejor es decidir desde dónde empezar y aceptar que siempre quedará algo para la próxima vez. Muchos de sus espacios más interesantes cobran sentido por cómo se conectan entre sí, por encima de su escala monumental. Por ejemplo, subir a Calton Hill te permite ver cómo se extienden la Old Town y la New Town a ambos lados del antiguo Nor Loch, hoy ocupado por los jardines de Princes Street. Al recorrer después la Royal Mile y sus callejones comprendes cómo creció la parte medieval y todo empieza a encajar.

A continuación, te describo algunos sitios que pueden ayudar a orientarte y a leer la ciudad con más atención.

Castillo de Edimburgo

Se encuentra en la cima de la colina volcánica de Castle Rock y es visible desde casi cualquier calle del centro. A lo largo del tiempo ha sido desde residencia real hasta cuartel militar, y en la actualidad se ha convertido en uno de los grandes símbolos nacionales. Conocer su historia, te puede servir para orientarte y para leer el crecimiento de su entorno. Te recomiendo que hagas la visita, así como rodearlo y observarlo desde distintos ángulos.

Royal Mile

Une el castillo con el Palacio de Holyrood y condensa la historia de la ciudad desde sus orígenes. Pero lo interesante no es recorrerla rápido, sino detenerse, desviarse por los callejones y dejar que la propia calle te marque el ritmo.

"Catedral" de St Giles

La High Kirk ha sido desde que se construyó el centro religioso principal. Su interior refleja bien el carácter del presbiterianismo escocés, sobrio y funcional, aunque también alberga una capilla muy especial, de gran riqueza ornamental: Thistle Chapel. Es la sede de la Orden del Cardo y una de las muestras más refinadas del neogótico.

Grassmarket

Hoy es una plaza animada con pubs y restaurantes, aunque tiempo atrás fue un espacio oscuro, relacionado tanto con el comercio, como con las ejecuciones públicas. Está situada justo a los pies del castillo y allí puedes imaginar cómo fue de dura la vida en la Old Town.

Cementerio de Greyfriars

Un recinto funerario cargado de historia y relatos. Más allá de las leyendas, este parque público refleja cómo se vivía la muerte en una ciudad con mucha población y poco espacio.

Victoria Street

Curva y en pendiente, es una de las calles más icónicas y fotografiadas. Conecta la parte alta de la Old Town con Grassmarket. Es un buen ejemplo de cómo el desnivel es la esencia del carácter del barrio y además puedes encontrar una gran variedad de tiendas y restaurantes.

Princess Street Gardens

Estos jardines ocupan el antiguo valle que separaba la Old Town de la New Town, donde en otro tiempo hubo un lago de aguas negras. En el presente son un gran espacio verde en pleno centro, en uno de cuyos lados discurre Princes Street, la principal arteria comercial de la ciudad. El parque está salpicado de esculturas y monumentos que forman parte del paisaje urbano. Desde la Ross Fountain posiblemente encuentras la mejor vista del castillo desde abajo.

Calton Hill

Uno de los mejores miradores que hay para contemplar el centro. Desde aquí se aprecia la separación entre Old Town y New Town, así como la apertura hacia el puerto de Leith.

Rose Street

Repleta de algunos de los mejores pubs de la New Town, esta calle peatonal te deja ver el gran salto que se dio en el siglo XVIII. En la actualidad también hay tiendas y restaurantes.

Dean Village

Este antiguo barrio de molinos creció desde la Edad Media aprovechando la fuerza motriz del río. Ahora, las casas de piedra y los antiguos edificios se han reconvertido en zona residencial. Su trazado y el sonido del agua siguen presentes y su visita es muy recomendable.

Leith Shore

Leith fue un burgo portuario independiente hasta el 1 de noviembre de 1920, momento en el que pasó a formar parte de Edimburgo. Durante siglos concentró toda la actividad marítima y comercial. Sus muelles y almacenes industriales han sido rehabilitados respetando buena parte de su esencia original. Hoy conviven edificios históricos, restaurantes y paseos junto al agua.

Recomedaciones en Edimburgo

Howies (Restaurante escocés, Old y New Town)
The Dome (Café restaurante, New Town)
Sandy Bell's (Pub, Old Town)
Dirty Dick's (Pub, New Town)
Stramash (Bar con música en directo, Old Town)
Fazenda (Restaurante brasileño, New Town)
La Barantine (pastelería cafetería, Old Town)

Episodio: "Recomendaciones en New Town" (23:19)

Capítulo 18. Glasgow

Cuando empiezas a planificar tu viaje a Escocia, casi siempre surge la duda de si merece la pena incluir Glasgow o centrarse solo en Edimburgo. A muchos viajeros les pasa, principalmente porque Edimburgo entra fácil por los ojos desde el primer momento. Glasgow, en cambio, no se presenta así de llamativa, y quizá por eso a veces se queda fuera de los planes.

La rivalidad histórica entre ambas ciudades se nota en muchas cosas. La arquitectura es distinta y el carácter de sus habitantes cambia bastante de una ciudad a otra. Glasgow es más grande y más abierta, con un acento local potente que al principio cuesta seguir, pero que acaba formando parte de su encanto. Aquí no hay un gran centro medieval. Eso ha hecho que se apueste desde hace tiempo por la cultura, el diseño, el arte urbano y la música como señas de identidad, hasta el punto de haber sido reconocida como Ciudad de la Música por la UNESCO gracias a la fuerza de su escena musical. Ofrece también una gran variedad de museos de entrada libre, muy bien planteados y con propuestas interesantes, con zonas que se han transformado poco a poco con el paso de los años. El área del río Clyde es un buen ejemplo de ello y aunque décadas atrás estuvo asociada a un recuerdo de decadencia industrial y problemas sociales, hoy es una zona agradable para pasear.

Como ocurre en cualquier gran núcleo urbano, hay barrios más recomendables que otros, pero los recorridos habituales no son inseguros. Creo que incluir Glasgow en la planificación de tu viaje no es restar tiempo, sino sumar contexto. Porque si Edimburgo te lleva al pasado, Glasgow te asoma al presente.

Episodio: "Un día en Glasgow" (28:38)

Historia

El nombre de Glasgow procede del gaélico escocés *Glaschu*, una palabra que suele interpretarse como "valle verde". El término hace referencia al paisaje natural y fértil que se extendía junto a las orillas del río Clyde, en un punto donde el paisaje ofrecía condiciones favorables para el asentamiento humano desde hace mucho tiempo. Fue precisamente en ese mismo enclave donde, en el siglo VI, llegó san Mungo (también conocido como Kentigern) para establecer una misión cristiana. En torno a ese núcleo religioso comenzó a crecer una pequeña comunidad que, con el paso del tiempo, se convertiría en el embrión de la ciudad.

A lo largo de la Edad Media, fue consolidándose en torno a su catedral y reforzó su papel como centro religioso. La fundación de la Universidad de Glasgow en 1451 marcó un cambio decisivo, convirtiéndola en un foco intelectual de primer orden y atrayendo estudiantes, clérigos y comerciantes. No obstante, el gran salto llegó entre los siglos XVII y XVIII, en ese entonces su acceso al Atlántico a través del Clyde permitió una integración plena en el comercio transatlántico. En una época de gran movimiento con las colonias británicas, la riqueza llegó en gran medida gracias al azúcar y al algodón, pero también al tabaco, lo que generó la poderosa élite mercantil conocida como los Tobacco Lords, una prosperidad que desgraciadamente avanzó en paralelo a la explotación colonial y al sistema esclavista.

El siglo XIX llevó a Glasgow a su gran despegue industrial, y sectores como la construcción naval y la industria textil convirtieron la ciudad en uno de los motores económicos de Europa, hasta granjearle el apodo de la "segunda ciudad del Imperio". La población creció a toda velocidad y miles de personas llegaron desde otras zonas de Escocia, de Irlanda y del continente en busca de trabajo. Para alojarlas surgieron barrios enteros de "tenements", grandes edificios de pisos de piedra, con varias plantas organizadas en torno a una escalera común, donde se concentró la mayor parte de la población obrera. Así se fue creando una urbe densa, en comunión por el esfuerzo diario, en la que el progreso y la riqueza de algunas zonas convivieron con el hacinamiento y la pobreza de otras.

Glasgow se convirtió en el eje de la industria armamentística británica a comienzos del siglo XX, suministrando armas y barcos para las dos guerras mundiales. Tras estas contiendas, el declive de la industria pesada golpeó con fuerza a las clases bajas, forzando cierres en astilleros y fábricas, aumentando el desempleo y arrastrando una imagen de deterioro que duró décadas. Más adelante, a partir de los años ochenta, empezó una profunda transformación con base en la cultura y la educación. Su designación como Ciudad Europea de la Cultura en 1990 certificó ese cambio de rumbo.

Tras siglos de golpes y vaivenes, ha construido un carácter propio. Aquí el orgullo nace de su pasado y de la comunidad que la ha transformado generación tras generación. De hecho, su lema actual es "People make Glasgow" (la gente hace Glasgow), una frase sencilla que resume bien el sentir de la ciudad. Es la suma de quienes residen y trabajan en ella para mantenerla en constante movimiento.

Lugares de interés

Para orientarse en Glasgow conviene tener en cuenta que se divide en zonas amplias muy distintas entre sí. No es monumental en el sentido clásico, pero sí extraordinariamente rica por la variedad de sus espacios urbanos y por una historia que se percibe en cada barrio.

El City Centre suele ser el punto de partida de cualquier visita. Aquí se concentran las grandes calles comerciales, los teatros, las estaciones y los principales edificios cívicos. George Square funciona como el corazón simbólico, rodeada de una arquitectura victoriana solemne que remite al momento de máximo esplendor industrial. Muy cerca, Buchanan Street es la mayor avenida peatonal, elegante y cosmopolita, donde se agrupan tiendas, edificios culturales y un constante ir y venir de viandantes. Sauchiehall Street, por otro lado, mezcla comercio con teatros, bares y salas de conciertos, y reúne algunos de los espacios culturales más emblemáticos.

A pocos pasos aparece Merchant City, uno de los barrios más refinados y animados. Sus calles y edificios revelan la enorme riqueza acumulada por Glasgow en los siglos XVIII y XIX gracias al comercio internacional. Hoy es un área plagada de restaurantes, galerías y vida nocturna, pero también tiene un aire crítico sobre su pasado y aquel vínculo con el comercio de esclavos.

El East End es donde Glasgow empezó a ser Glasgow. Aquí se superponen los orígenes medievales con la memoria de la ciudad obrera, salpicada por fábricas y barrios populares. Esa identidad sigue muy presente, aunque el vecindario vive una transformación constante con arte urbano y proyectos que combinan patrimonio y renovación. Es, por su dinamismo, una de las zonas más interesantes para observar la evolución social.

El West End te ofrece una visión bien distinta, más relajada y bohemia. En torno a la Universidad de Glasgow, Kelvingrove Park y sus museos, se concentra una intensa vida cultural hecha de refinados cafés y calles flanqueadas por parques públicos. Es ideal para pasear sin rumbo y observar la vida local. Puedes descubrir un Glasgow más artístico y cotidiano.

Al sur del Río Clyde, el South Side muestra una cara más tranquila plagada de residencias. Destaca Pollok Country Park, un enorme espacio verde que conserva un paisaje casi rural dentro de la ciudad. Aquí te puedes permitir bajar el ritmo y conocer una parte menos turística pero muy valorada por sus propios habitantes.

Y, por último, las inmediaciones del río y los antiguos muelles, conocido como Clyde Waterfront, representa la faceta más renovada de la urbe. Donde antes hubo astilleros y fábricas, ahora se extiende un frente fluvial con arquitectura contemporánea, museos y agradables paseos junto al agua. Es un homenaje a la herencia industrial y su modernización se torna clave en su identidad actual.

En cuanto a los desplazamientos, Glasgow es mejor visitarla a pie, sobre todo dentro de cada zona y entre el centro, el East End y el West End. Muchas distancias son asumibles y es, sin duda, la mejor manera de captar su carácter. Para trayectos más largos, especialmente hacia el South Side o a lo largo del Clyde, el metro es toda una experiencia. Se trata del tercero más antiguo del mundo después del de Londres y el de Budapest y se inauguró en 1896. Otra opción son los trenes de cercanías (con Central Station y Queen Street Station como principales estaciones) y los autobuses, que pasan con frecuencia y son fáciles de usar. La combinación idónea suele ser caminar todo lo posible y apoyarse en el transporte público cuando las distancias empiezan a notarse. Aunque es el núcleo urbano más grande de Escocia, al recorrer Glasgow a pie la descubres desde su historia, más que como una simple suma de puntos de interés.

City Chambers (City Centre)

Situado en George Square, es uno de los máximos exponentes de arquitectura cívica victoriana. Construido a finales del siglo XIX, muestra el enorme poder económico que alcanzó Glasgow durante su etapa como gran núcleo industrial del Imperio británico. El interior destaca con mosaicos y una monumental escalera de mármol de Carrara que marca el tono de todo el edificio.

Galería de Arte Moderno (GoMA) (City Centre)

Es el principal referente del arte contemporáneo en Glasgow y uno de los espacios importantes para entender la creación artística actual, como ya comentamos en el capítulo dedicado al arte. Justo delante del museo se encuentra la célebre estatua del Duque de Wellington, famosa por el cono de tráfico que suele coronar su cabeza día tras día, un gesto popular que se ha convertido en uno de los símbolos más normalizados.

The Lighthouse (City Centre)

Ubicado en el antiguo edificio del Glasgow Herald, fue el primer encargo público de Charles Rennie Mackintosh, y sigue funcionando como centro dedicado a la arquitectura y al diseño. El edificio conserva elementos emblemáticos como la Torre Mack, desde la que se puede disfrutar de una de las mejores vistas del centro.

St Andrew´s in the Square (Merchant City)

Fue una de las primeras iglesias presbiterianas levantadas en la ciudad tras la Reforma. El edificio actual, construido en el siglo XVIII, es una destacada muestra del neoclasicismo escocés de esa época y una evidencia de la prosperidad de la élite mercantil. En nuestros días acoge frecuentemente diversos actos culturales.

Merchant Square (Merchant City)

Ocupa el antiguo patio de un mercado histórico y combina una amplia oferta de bares y restaurantes convirtiéndolo en un alto en el camino perfecto para hacer una pausa.

Catedral de Glasgow (East End)

Impulsada por el rey David I, el origen de la catedral se remonta al siglo XII, cuando se levantó sobre el lugar asociado a la tumba de St Mungo, patrón de la ciudad. El edificio actual, construido entre los siglos XIII y XV, es uno de los ejemplos de arquitectura gótica medieval mejor conservados y ha permanecido en uso continuo como templo de culto por más de 800 años.

Necrópolis (East End)

Fundada por la cámara de comercio en 1833 y situada en una colina junto a la Catedral, este espacio es un gran cementerio-jardín victoriano. El paseo te lleva a descubrir un espacio repleto de tumbas ornamentadas y esculturas de inmensa belleza. No en vano, es considerado uno de los recintos funerarios más importantes de Europa.

Mercado The Barras (East End)

Este histórico mercado se fundó para dar espacio y sustento a los vendedores ambulantes y a la población trabajadora que llegaba en masa a Glasgow durante su crecimiento industrial a principios del siglo XX. Hoy encontrarás entre sus puestos antigüedades, vinilos, ropa usada y muchas otras curiosidades.

Glasgow Green (East End)

Este es el parque urbano más antiguo, con orígenes en el siglo XV. Fue un espacio comunal unido a la vida cotidiana y a celebraciones públicas, y más tarde un escenario clave de la historia social y política de la ciudad.

Universidad (West End)

Fundada en 1451 es la segunda universidad más antigua después de la de St Andrews. El campus actual está dominado por el gran edificio neogótico diseñado por el arquitecto George Gilbert Scott. Sus claustros y patios ofrecen algunas de las estampas más reconocibles del conjunto.

Museo Hunterian (West End)

Estamos ante el museo público más antiguo de Escocia. Abrió sus puertas en 1807 gracias al legado del médico y coleccionista William Hunter. En él reunió colecciones de arqueología, historia natural, ciencia, Egipto antiguo y restos de la Escocia romana. La Hunterian Art Gallery completa su oferta con una destacada colección artística.

Kelvingrove Park (West End)

Parque público situado a orillas del río Kelvin, creado en 1852 para ofrecer un espacio de recreo a una población en pleno crecimiento. Con amplias zonas verdes y senderos, te sirve para hacer una parada entre la universidad y el resto del West End.

Museo Kelvingrove (West End)

Inaugurado en 1901, ocupa un edificio monumental de estilo español-barroco que fue diseñado originalmente para la gran exposición internacional en Kelvingrove Park. Además de una galería de arte, es un museo de colección diversa. Junto a la pintura, las salas exploran varias disciplinas y la historia social e industrial de la región.

Jardín Botánico (West End)

Fue diseñado para la conservación e investigación de plantas y abierto gratuitamente al público. A parte de su interés por la botánica, los jardines permiten paseos junto al río con zonas arboladas y caminos que conectan con espacios verdes más amplios como Kelvingrove Park.

Ashton Lane (West End)

Se trata de una peculiar calle adoquinada conocida por su espíritu gastronómico y de ocio, repleta de numerosos bares y restaurantes. Podríamos considerar que Ashton Lane y sus alrededores serían el equivalente en Glasgow del Temple Bar de Dublín o la Rose Street de Edimburgo.

Pollok Country Park (South Side)

Es el gran espacio natural del sur de la ciudad, reconocido como el gran pulmón verde y uno de los pocos sitios donde puedes ver vacas de las Highlands todo el año, especialmente entre marzo y junio, cuando nacen los terneros. Puedes pasear por sus senderos y hacer un picnic si el día acompaña.

The Burrell Collection (South Side)

En medio de Pollok Park se encuentra este singular museo que expone la colección privada que Sir William Burrell, que durante la primera mitad del siglo pasado amasó una gran fortuna y la destinó a reunir obras de arte de enorme calidad. La colección alberga piezas que abarcan unos 6.000 años de historia, obras de arte medieval, islámico, chino, egipcio e impresionismo francés, todas de enjundia internacional.

Riverside Museum (Clyde Waterfront)

El edificio fue diseñado por la famosa arquitecta iraquí-británica Zaha Hadid e inaugurado en 2011. Destaca tanto por la arquitectura como por el contenido, ya que más de 3.000 piezas recorren la evolución del transporte y su tecnología a lo largo de varios periodos. Una de sus señas de identidad es la recreación de calles históricas de Glasgow, en las que puedes ver los vehículos en su espacio urbano original.

Recomendaciones en Glasgow

The Wild Olive Tree (café y restaurante, City Centre)
Sugo (restaurante italiano, City Centre)
Paesano Pizza (pizzería, City Centre)
Ox and Finch (restaurante contemporaneo, West End)
The Finnieston (restaurante marisquería, West End)
Mharsanta (restaurante escocés, Merchant City)
The 78 (restaurante vegetariano, West End)
Inn Deep (pub, West End)
The Arlington (pub, West End)
Laurieston Bar (pub, Clyde Waterfront)
Tantrum Doughnuts (café y dulces, City Centre)
The Clydeside Distillery (destilería, Clyde Waterfront)
Barrowland Ballroom (sala de conciertos, East End)

Capítulo 19. Stirling

Stirling es uno de los enclaves con mayor historia de toda Escocia. Cuando llegas a la ciudad te encuentras con un núcleo urbano fácil de recorrer a pie, dominado por su colina y rodeado de campos atravesados por el río Forth, lo que refuerza de inmediato esa sensación de emplazamiento estratégico. No en vano, antiguamente se la conocía como "la puerta de entrada a las Highlands", una posición que le otorgó una importancia clave en el control del territorio y en las rutas de paso. El castillo marca el perfil de Stirling desde casi cualquier zona y actúa como referente durante la visita a la ciudad, de forma muy similar a lo que ocurre en Edimburgo. A su alrededor, el casco histórico se presta a un paseo, enlazando calles y jardines en distancias cortas. El paisaje y la arquitectura explican por sí solos por qué fue tan decisivo.

Historia

La importancia de Stirling se entiende, ante todo, por su geografía. La parte medieval se asentó junto al punto más bajo y estable para cruzar el río Forth, un paso natural que canalizó tanto el paso del comercio como el cruce de tropas. Controlar Stirling equivalía a dominar el tránsito entre las Lowlands y las Highlands, una ventaja tan clara que pone en valor un pensamiento repetido en la mente de muchos líderes: quien controla Stirling, controla Escocia. Esa ubicación estratégica es la principal razón de que la plaza fuera tan disputada y de que su castillo se convirtiera en una de las fortalezas clave del reino.

Los historiadores debaten su nombramiento como Burgo Real entre los años 1124 y 1130, bajo el reinado de David I. A partir de entonces, su crecimiento quedó unido al de la monarquía y al del comercio fluvial, muy frecuente por entonces. Con esto, la ciudad se consolidó como un centro económico de relevancia y sus alrededores se llenaron de parques reales y espacios destinados al uso de la corte, un reflejo claro de su creciente peso político.

En las Guerras de Independencia, Stirling volvió a tener protagonismo para los cronistas. En 1297 se libró la batalla del Puente de Stirling, donde las fuerzas escocesas encabezadas por William Wallace y Andrew de Moray derrotaron al invencible ejército inglés. Pocos años después, en junio de 1314, muy cerca de allí se disputó la decisiva batalla de Bannockburn, una de las mayores victorias de Roberto I, y en la que se dio el golpe definitivo para conseguir la ansiada independencia. El castillo fue sitiado en repetidas ocasiones y no es de extrañar que fuese una de las fortalezas más codiciadas del norte.

Lejos de perder relevancia con el paso del tiempo, la ciudad reforzó su papel estratégico en el siglo XV. Se rodeó de una muralla que protegía el perímetro del casco antiguo. Torres, puertas monumentales y fosos cumplían una doble función como defensa militar y control comercial, que siguió creciendo durante el dominio de los Estuardo. Aún hoy puedes reconocer tramos de estas defensas, como la Torre del Reloj o la antigua puerta del puente, que se integran en el trazado urbano actual.

El siglo XVI trajo consigo profundos cambios religiosos también aquí. La Reforma protestante, como en el resto del Escocia, transformó la vida cotidiana y figuras influyentes como John Knox predicaron por sus calles en varias ocasiones.

En ese mismo periodo, la capilla del castillo fue escenario de la coronación de María Estuardo, proclamada reina en septiembre de 1546 cuando apenas tenía nueve meses de edad. Ya adulta, tras su regreso de Francia, residió por temporadas en Stirling y participó activamente en el gobierno desde el castillo. Mientras reinó, supo mantener en privado el culto católico en la capilla real, mientras la mayoría de la población asistía a servicios protestantes, una convivencia religiosa tensa y a la vez muy reveladora de aquel periodo histórico.

En el XVII, Stirling siguió siendo un centro militar y político de primer orden. Se experimentaba una nueva etapa de crecimiento, con el bullicio del tráfico mercantil y la construcción de nuevos edificios. En 1606 se decidió la construcción un puente permanente sobre el Forth, mejorando aún más las comunicaciones y reforzando su papel estratégico.

En plena guerra civil, Stirling volvió a verse envuelta otro conflicto y 1651 fue un año nefasto. A pesar de sus murallas defensivas, la ciudad fue sitiada por las tropas de Oliver Cromwell, que finalmente lograron el objetivo de tomar el castillo tras varios meses de asedio.

Más tarde, con la Revolución Industrial, aumentó la población en la zona del cinturón central y como consecuencia, también su repercusión económica. Se abrían fábricas y talleres a un ritmo nunca visto, lo que permitió que muchas familias se asentaran. Y lo curioso es que, a pesar de todos estos cambios a lo largo de la historia, el centro urbano siempre conservó su estructura medieval, algo que todavía puedes percibir al bajar a pie desde la explanada del castillo.

Ya en la segunda mitad del siglo XX, con la reciente creación de la universidad, se fue dejando atrás aquel perfil industrial para orientarse más hacia los servicios y el turismo. Sin renunciar a su pasado, ha incorporado siglos de historia a su día a día, y eso hace que conserve una herencia que todavía define su presente.

Episodio: "La importancia de Stirling" (17:07)

Lugares de interés

Castillo de Stirling

Fortaleza real documentada desde el siglo XII y residencia habitual de los Estuardo. Fue testigo de coronaciones, bautismos reales y grandes fiestas cortesanas. Destaca entre sus estancias el Gran Salón, terminado en 1503, uno de los salones medievales más grandes de Escocia.

Monumento Nacional a William Wallace

Se inauguró en 1869 y es un caso representativo del nacionalismo romántico del siglo XIX. Llegar hasta él implica una subida prolongada por Abbey Craig, ya sea a pie o con minibús. A pie el paseo merece la pena por las vistas y si se entra en la torre, hay que afrontar una estrecha escalera de caracol con más de doscientos escalones. Bien valen el esfuerzo de subir para ver la exposición sobre Wallace y una panorámica excepcional.

La iglesia de Holy Rude

Fue fundada en 1129 y luego reconstruida en el siglo XV, siendo el segundo edificio más antiguo de Stirling tras el castillo. A nivel histórico tiene gran importancia porque aquí fue coronado el único rey de Escocia que posteriormente también lo fue de Inglaterra. La investidura de Jacobo VI en 1567 fue una ceremonia celebrada en plena Reforma protestante. Conserva un excepcional techo de madera medieval y vidrieras de más de doscientos años.

Puente viejo

Aunque el actual puente de piedra data del siglo XV, sustituye varios pasos de madera mucho más antiguos. Fue el cruce principal más estable del río Forth. Muy cerca de allí, se ganó la batalla de Stirling Bridge en septiembre de 1297. Su trazado estrecho nos recuerda la función defensiva de este tipo de construcciones de ingeniería.

Abadía de Cambuskenneth

Se remonta al 1140 durante el reinado de David I y estuvo estrechamente relacionada al Castillo de Stirling. Fue escenario de importantes parlamentos de Robert de Bruce en el siglo XIV y es sepulcro de Jacobo III y su esposa la reina Margarita de Dinamarca. El campanario, único según los expertos, es el elemento más destacado y un magnífico ejemplo de arquitectura del siglo XIII, con elegantes ventanas ojivales y arcadas decorativas.

Argyll's Lodging

Se considera una de las residencias aristocráticas mejor conservadas de Escocia. Partiendo de una casa del siglo XVI, fue ampliada y embellecida por nobles como el conde de Stirling y el conde de Argyll, que la transformaron en un alojamiento acorde a su rango. Sus habitaciones de decoración lujosa te llevan a una época donde la élite vivía con todas las comodidades cerca de la corte.

Mar´s Wark

Se construyó a finales del siglo XVI por John Erskine, el conde de Mar, como una ambiciosa residencia urbana que nunca llegó a completarse. Sus restos reflejan las aspiraciones renacentistas de la nobleza en relación a la corte de Stirling. Además, se encuentra muy cerca de la iglesia de Holy Rude y a pesar de que con el paso del tiempo se ha ido deteriorando por el abandono, por suerte, ha sobrevivido su grandiosa fachada.

Tolbooth

En el año 2000 fue remodelado y hoy es uno de los pilares en la cultura de la ciudad con actuaciones musicales y artísticas, pero el edificio es del siglo XVII (aunque sustituyó al original del XV). Se actualizó para hacer funciones administrativas, pero también como juzgado y cárcel. Tota la actividad comercial en la época medieval se realizaba en torno a este edificio.

Old Town Jail

Construida en 1847 como respuesta a las duras críticas al antiguo Tolbooth, esta cárcel te pone en situación sobre las reformas penales de la época victoriana. Sirvió como prisión municipal, centro de detención militar y más tarde tuvo usos industriales. En la actualidad funciona como atracción y oficina de información turística y recrea de algún modo la Stirling penitenciaria del siglo XIX.

Campo de Batalla de Bannockburn

Aquí tuvo lugar en 1314 la batalla de Bannockburn, en la que el ejército liderado por Robert de Bruce derrotó a las tropas inglesas de Eduardo II. El enfrentamiento supuso un punto de inflexión decisivo en la lucha por la independencia. Hoy el páramo conserva una fuerte carga simbólica y cuenta con un centro de interpretación y con una gran estatua a caballo del rey escocés.

Cowane´s Hospital

Es un antiguo asilo urbano fundado en 1637 gracias a la generosa donación del comerciante John Cowane para acoger a miembros ancianos del gremio de mercaderes. Es también una de las construcciones más destacadas de arquitectura civil del siglo XVII y conserva sus jardines históricos. Allí puedes encontrar una pequeña exposición sobre su fundador y la historia del edificio.

Recomendaciones en Stirling

The Portcullis (pub, restaurante tradicional)
Nooch Bar and Kitchen (café, restaurante vegano)
The Allan Park (café, pub, restaurante)
The Birds & Bees Stirling (pub, restaurante)
Nicky-Tams Bar & Bothy (pub, música en directo)

Capítulo 20. Resto de las Lowlands

Las Lowlands (exceptuando de las tres ciudades de las que ya hemos hablado) suelen quedar en un segundo plano frente al magnetismo de las Highlands, pero ese enfoque puede resultar incompleto. Esta es la Escocia central y aquí hay una concentración de historia y cultura que te explica mejor que ningún otro sitio la evolución de la nación. Viajar por aquí es moverte por donde nacen las monarquías medievales, donde se consolida el cristianismo y después, donde la Revolución Industrial lo cambia todo. También es un territorio cómodo para recorrer, con buenas carreteras que te llevan a pueblos bien conservados.

South Queensferry y North Queensferry

A ambos lados del estuario del Forth, estos dos burgos fueron el principal punto de cruce entre Midlothian y Fife. Un paso estratégico controlado desde la época medieval que fue fundamental para el movimiento de comercio y peregrinaje desde Edimburgo hacia la catedral de St Andrews.

En South Queensferry no te puedes perder el paseo por el puerto histórico con sus calles empedradas y los distintos miradores que se asoman al estuario del Forth. Desde aquí se contemplan los tres grandes puentes que cruzan hacia el norte, cada uno representativo de una etapa distinta de la ingeniería y de las necesidades de su tiempo.

El más antiguo es el Forth Bridge, inaugurado en 1890. Es un puente ferroviario, aún en uso, y uno de los grandes iconos de la ingeniería victoriana, orgullo de los escoceses. Lo reconocerás por su estructura metálica en voladizo de color rojo intenso. Inmediatamente a su lado se encuentra el Forth Road Bridge, inaugurado por Isabel II en 1964, que marcó un antes y un después al facilitar el cruce por carretera entre Edimburgo y Fife en pleno auge del automóvil. El tercero de los puentes es el Queensferry Crossing, terminado en 2017 e inaugurado por la misma reina, una infraestructura moderna diseñada para absorber el grueso del tráfico actual y responder a las exigencias del transporte de nuestra era.

Para comer, siempre recomiendo el Orocco Pier Restaurant, ubicado en la High Street, que te ofrece cocina de calidad con unas vistas impresionantes a **los tres puentes del Forth**.

El pueblo de North Queensferry es más pequeño y tranquilo, idóneo para caminar junto al agua y observar los puentes desde otra perspectiva. También para acercarte al pequeño **North Queensferry Lighthouse,** uno de los faros más pequeños y antiguos de toda Escocia aún en pie.

Episodio: "El puente de Forth" (11:45)

Perthshire

Ocupa una posición de transición entre las Lowlands y las Highlands, un territorio donde el paisaje empieza a cambiar sin perder su peso histórico. Fue en varios periodos una zona clave en la organización del reino, de especial predilección para los monarcas. Era un escenario habitual en los rituales de poder.

Perth, la ciudad más grande en Perthshire, fue una de las más importantes de Escocia gracias a su situación junto al río Tay, que la convirtió en un punto estratégico de paso. Ahora es una localidad tranquila y fácil de recorrer, pero su importancia histórica sigue presente en el trazado urbano y en muchos de sus edificios. El **Perth Museum** es una visita destacada ya que allí se expone la Piedra del Destino, utilizada en la coronación de los reyes escoceses y fundamental para entender el poder en la Escocia medieval. Muy cerca está **Scone Palace**, levantado justamente donde se celebraban esas coronaciones, un enclave esencial para adentrarte en los orígenes políticos y ceremoniales de la región.

Para comer en la zona del museo, el restaurante Enzo es una opción práctica, con cocina mediterránea que incluye en su menú carnes a la brasa.

Hacia el oeste, **Crieff** muestra una Perthshire más rural, desde siempre unida al comercio de ganado y al paso hacia las Highlands. A pocos kilómetros tienes **Drummond Castle**, famoso por sus jardines de estilo renacentista, de los más llamativos en la región. Una visita altamente recomendable.

También **Dunkeld** merece una parada tranquila. Situado a orillas del Tay, mantiene casas de hace más de trescientos años que están bien restauradas. Su catedral fue sede episcopal y creció a lo largo de la Edad Media, poniendo de manifiesto la importancia religiosa de la localidad. Tras la Reforma perdió parte de su estructura, pero mantiene elementos destacados, como el coro y el sepulcro del excomulgado Alexander Stewart, conde de Buchan, apodado el "Lobo de Badenoch" en vida por sembrar el terror y el caos en la región de Moray.

Puedes hacer una pausa después del paseo y detenerte en Aran Bakery, una elección apropiada para tomar café y probar pan y repostería elaborados allí mismo.

Muy cerca de Dunkeld encontramos **The Hermitage**, el bosque diseñado en el siglo XVIII por los duques de Atholl. Tiene un sendero a orillas del río Braan que está pensado como una experiencia paisajística, donde el agua y el bosque marcan el ritmo. **Ossian's Hall**, sobre un precioso desfiladero, te acerca a la fascinación romántica por la Escocia mítica, y los grandes abetos Douglas, originarios de América, te ponen un telón de fondo a la altura del mejor cuento de hadas.

Episodio: "La Piedra del destino" (15:23)

Falkirk

Esta localidad del cinturón central es base para la industria pesada y antaño lo fue para la red de canales que conectaban ciudades de oeste a este. Una de las principales atracciones en Falkirk son las esculturas monumentales de acero de **los Kelpies**, que se integran perfectamente dentro del **Helix Park**. Siempre suele haber familias pasando el día entre sus lagos y bosques repletos de fauna. A escasos kilómetros, **la Rueda de Falkirk** es el único elevador de barcos giratorio del mundo y conecta el canal Forth & Clyde con el canal de la Union. Con sus treinta y cinco metros de altura, funciona con un consumo energético ridículo y es una auténtica proeza técnica.

Otro edificio interesante en Falkirk es **Callendar House**, cuyo origen se remonta al siglo XIV, cuando fue una casa-torre fortificada. Con el paso del tiempo evolucionó hasta adoptar el aspecto señorial que tiene ahora, con una gran remodelación en el siglo XIX. Además, como se encuentra dentro de Callendar Park, te permite caminar por uno de los espacios verdes históricos más importantes del pueblo. Si te decides a recorrerlo llegarás a un tramo del Muro de Antonino, la última frontera norte del Imperio Romano en Britania.

Si optas por el centro, puedes parar a tomar algo en The Wheatsheaf, un genuino pub clásico con raíces que van hasta el siglo XVIII y donde a veces hay actuaciones de música en directo.

Linlithgow

Este pueblo a medio camino entre Edimburgo y Stirling fue otra de las residencias preferidas de la monarquía escocesa, y de ahí su importancia política y estratégica. Junto al palacio (donde nació la reina María Estuardo), el pueblo conserva un centro histórico compacto, con calles tradicionales y edificios vinculados a la vida cortesana y administrativa. El parque que rodea el edificio (incluyendo el lago) fue en su día el jardín privado de los Estuardo y tiene un sendero circular muy recomendable para caminar con muy buenas vistas. También te recomiendo visitar **la iglesia de St Michael**, justo al lado del palacio, que destaca por su arquitectura gótica escocesa más sobria y menos ornamental, y por su famosa aguja moderna con aspecto de "corona de espinas".

A muy poca distancia de Linlithgow puedes visitar el **Castillo de Blackness**. Conocido como "el barco que nunca zarpó" cuya estructura recuerda a la de un navío, esta fortaleza del siglo XV fue construida como residencia de los Crichton pero pronto pasó a manos de la Corona. Con sus muros orientados al fiordo de Forth, protegía el acceso por vía marítima a Linlithgow y a Leith. A lo largo de su historia tuvo diversas funciones: fue castillo real, fortaleza militar, prisión estatal y depósito de municiones en tiempos de guerra.

Para quienes son fans de la serie Outlander, unir Linlithgow, Blackness Castle y Midhope Castle suele ser bastante coherente. Es una ruta corta, muy fácil de encajar, que además tiene sentido más allá de la ficción. **Midhope**, que aparece en la serie como Lallybroch, en realidad es una sencilla casa-torre rural de finales del siglo XVI, aislada entre granjas, que te permite hacerte una idea de cómo eran este tipo de residencias en las Lowlands.

Los Trossach

Aunque por su ubicación y por su extensión podría encajar en varios territorios a la vez, he decidido incluir el **Parque Nacional de Loch Lomond y los Trossachs** dentro del capítulo dedicado al resto de las Lowlands. La razón es sencilla y tiene más que ver con cómo se recorre que con las líneas en un mapa. Este es, para muchos viajeros, el primer gran contacto con una Escocia de lagos, bosques y montañas suaves, un territorio de transición donde las Lowlands empiezan a adquirir relieve sin dar todavía el salto a las Highlands más abruptas. Fue declarado Parque Nacional en 2002, el primero de Escocia y continúa siendo uno de los más visitados. Influye en ello su fácil acceso desde ciudades como Glasgow, Stirling o Edimburgo, pero también la variedad de paisajes que concentra en un espacio relativamente reducido, donde se alternan grandes lagos y montañas con amplios bosques.

Callander actúa como una puerta de entrada al parque muy frecuentado, con pequeños comercios y una calle principal con mucha actividad. En esta calle encontrarás una panadería llamada Mhor Bakery donde hacen unos deliciosos steak pie caseros.

A las afueras del pueblo se encuentra **Kilmahog,** otro punto muy conocido porque en sus prados suelen verse de cerca las famosas "vacas peludas" de las Highlands. Es una de las paradas más accesibles para observarlas sin necesidad de adentrarte en zonas más remotas.

Avanzando hacia el interior tenemos **Balquhidder**, que a menudo pasa desapercibido por los grandes operadores turísticos. Es una aldea en medio de un valle verde que mucho tiene que ver con la figura del famoso Rob Roy. Su nombre real era Robert MacGregor (1671–1734), y fue un personaje clave de la Escocia de su tiempo. Apodado "el Rojo" por su cabello pelirrojo, fue un proscrito obligado a vivir al margen de la ley. Tras ganarse la vida como comerciante de ganado, un mal acuerdo lo convirtió en fugitivo. A partir de entonces protagonizó robos e incursiones en las Lowlands, fue capturado en dos ocasiones y logró escapar ambas veces. Con el paso del tiempo, su figura fue idealizada por la literatura y el cine, y hoy se le recuerda como un símbolo de la resistencia popular frente al poder de los grandes terratenientes.

La tumba de Rob Roy está en el cementerio de Balquhidder, donde su lápida conserva la desafiante inscripción "MacGregor despite them", una declaración de orgullo frente a quienes persiguieron a su clan. Su fama creció con el paso del tiempo, impulsada por la novela de Walter Scott y por la adaptación cinematográfica estrenada en 1995. En la actualidad, para muchos escoceses encarna la oposición mayoritaria a un sistema de propiedad de la tierra dominado por una minoría aristocrática.

Episodio: "Rob Roy" (14:35)

El pueblo de **Killin** es interesante para disfrutar de las **Falls of Dochart**, un tramo del río Dochart en el que el agua se abre paso con fuerza entre las rocas, formando rápidos anchos y espumosos que atraviesan el pueblo. Aquí, te recomiendo comer en el Falls of Dochart Inn, un acogedor restaurante con comida tradicional y buenas vistas, donde tienen su propio ahumadero de salmón (que por mucha descripción que haga, nunca lograré transmitirte lo rico que está).

El eje principal de los Trossach lo marca el Loch Lomond, el lago de agua dulce más grande (en superficie) de Escocia y de toda Gran Bretaña. Está muy presente en los planes de fin de semana de los escoceses, tanto por su accesibilidad como por la variedad de experiencias que encuentras en él. Verás que está repleto de pequeñas islas, rodeado de bosques y cuenta con pequeñas playas, lo cual es ideal para descansar o, si te animas, hacer una incursión en kayak.

Una buena opción para recorrer la zona es visitar el Loch Lomond descubriendo los pueblos que se asoman a sus orillas. Al sur, en **Balloch** encontrarás actividades náuticas y de ocio. En la orilla este, **Balmaha** te ofrece actividades en el bosque, con senderos por los que caminar viendo los islotes. En esta orilla oriental, el paisaje empieza a ganar altura con la presencia del Ben Lomond, la montaña más emblemática del lago. Ya hacia el norte, **Tarbet** te enseña un cambio drástico en el paisaje y las montañas parecen querer acercarse a la orilla. Al final, en la orilla oeste destaca **Luss**, pueblo pintoresco donde los haya. Con sus originales casas tradicionales de piedra y el pequeño muelle es un sitio idóneo para tomar un café o un almuerzo ligero junto al agua. Yo suelo hacerlo en Coach House Coffee Shop and Store, porque la gran variedad de repostería casera y sopas nunca decepciona.

Ayrshire

Ayrshire combina costa, paisaje rural y una fuerte identidad cultural inseparable de la Escocia popular. La costa del Firth of Clyde, con localidades como **Ayr** o **Troon**, tienen su papel histórico como zona de comercio y conexión marítima, mientras que en el interior mantienen su carácter agrícola y señorial, con castillos y propiedades centenarias.

Ayrshire es una de las regiones más accesibles y mejor comunicadas de las Lowlands occidentales. En **Alloway** puedes encontrar la casa-museo del poeta Robert Burns, que te invita a entender su figura y su obra a través de sus manuscritos y algunos objetos personales. El recorrido se completa en la **"Burns Cottage"**, la modesta casa donde nació en 1759 y en la que vivió sus primeros años. Esto te lleva a visualizar al joven poeta en su hábitat rural original. En pocos minutos a pie puedes acercarte a lugares directamente vinculados con su obra, como **Alloway Auld Kirk** y el **Brig o'Doon**, que son de visita imprescindible para apasionados de la literatura.

Si te apetece parar a tomar un refresco o comer algo, The Secret Garden es una muy buena elección, y tiene terraza con vistas al río Doon.

Siguiendo la costa de Ayrshire se alza imponente sobre los acantilados el **Castillo de Culzean**. Es una de las obras maestras del arquitecto Robert Adam, terminado a finales del siglo XVIII. Aunque su silueta recuerda a una fortaleza medieval, está pensado para impresionar desde cada ángulo. Su interior representa el poder y las aspiraciones de la aristocracia escocesa, con grandes salones que albergan considerables colecciones de armas y una espectacular escalera oval para subir a las plantas superiores.

Dumfries y Galloway

Verás a pocos turistas dispuestos a llegar hasta aquí, pero esta zona del sur de Escocia resulta especialmente atractiva por sus suaves colinas y amplios valles, que dibujan un paisaje distinto al de las Highlands, pero que también es adecuado para la práctica del senderismo. La ruta alrededor del Loch Trool dispone de un recorrido muy accesible entre bosques con vistas constantes al lago. Durante la ruta, un breve desvío te lleva a la Bruce's Stone, que nos traslada a una emboscada atribuida a Robert de Bruce contra tropas inglesas a comienzos del siglo XIV. En contraste, la caminata por los acantilados del Mull of Galloway recorre el extremo sur de Escocia entre paisajes costeros frente al canal del Norte. Desde el faro, en días totalmente despejados, se puede ver la costa irlandesa.

La localidad de **Dumfries** encajaría bien en tu ruta como una parada tranquila, más para descansar y contextualizar que para dedicarle muchas horas. Es un lugar que te traslada a su pasado fronterizo con edificios de piedra rojiza de los siglos

XVIII y XIX y la presencia del río Nith. Si te interesa Robert Burns, aquí puedes adentrarte en la última etapa de su vida, con varios puntos vinculados a su figura repartidos por el centro. Y puedes culminar la estancia parando en The Globe Inn, la taberna que Burns solía frecuentar.

Otro referente a tener en cuenta es el **Castillo de Caerlaverock**, fundado a finales del siglo XIII por la familia Maxwell, una de las grandes sagas nobiliarias del suroeste, con un papel clave en la defensa de la frontera con Inglaterra. Su inusual planta triangular responde a una lógica defensiva muy eficiente y poco común en otros castillos.

Muy cerca de Dumfries también se encuentran las ruinas de **Sweetheart Abbey**, un antiguo monasterio cisterciense del siglo XIII cargado de simbolismo personal. Fue fundado por Lady Devorgilla en memoria de su esposo, John Balliol, padre del rey John Balliol de Escocia (quien "intentó gobernar" en el siglo XIII bajo la presión y la mano dura de Eduardo I). Según las crónicas, Devorgilla conservó el corazón embalsamado de su esposo en un relicario de marfil y lo llevó consigo hasta su muerte, siendo enterrada con él en la abadía.

Capítulo 21. Scottish Borders

Al sureste, los Scottish Borders son la franja fronteriza entre Escocia e Inglaterra, un territorio manchado en otras épocas por la guerra. También el contrabando y las lealtades cambiantes forman parte de esta tierra a lo largo de su historia. En esta región no vas a encontrar grandes ciudades ni paisajes espectaculares en el sentido clásico, pero sí colinas suaves, ríos como el Tweed y un entramado de pueblos y abadías que impresionan más de lo que podrías esperar. Visitar los Borders es adentrarse en una Escocia distinta, menos masificada en meses estivales y más discreta. Es ideal para quien busca tranquilidad y una lectura más profunda del pasado medieval, fuera de los circuitos más habituales y demandados.

Una buena vía para adentrarse en los Borders es seguir el valle del Tweed y sus alrededores, donde se concentran las tres grandes abadías medievales de Melrose, Jedburgh y Kelso, que explican mejor que nada la importancia religiosa y política de esta línea de frontera. Te planteo este recorrido como uno de mis favoritos, ya que se trata de una sucesión lógica de lugares muy próximos entre sí que comparten una esencia histórica. A continuación, voy a centrarme en sus puntos clave si tienes en mente conocer o recorrer esta región.

Melrose

La presencia romana en Melrose se remonta al siglo I d. C., cuando el ejército imperial estableció muy cerca el gran fuerte de **Trimontium**, controlando el valle del Tweed y las rutas comerciales hacia el norte. Más de un milenio después, la localidad aumentó más su importancia con la fundación de la **abadía de Melrose** en 1136, una de las grandes obras del gótico medieval en Escocia. Aquí se enterró el corazón de Robert de Bruce, separado de su cuerpo tras su muerte. La abadía fue saqueada y reconstruida en varias ocasiones, pero en su momento fue (y de algún modo sigue siendo) uno de los espacios más cargados de memoria histórica del reino. Si visitas Melrose no deberías marcharse sin recorrer con calma las ruinas de su abadía y sin fijarte bien en sus esculturas, muchas de ellas inusuales, como su cerdo gaitero.

A solo dos millas de Melrose tenemos **Abbotsford House**, la residencia de Walter Scott, situada a orillas del Tweed. Está considerada una de las casas literarias más importantes del Reino Unido y su visita es más que recomendable. Scott la concibió como su hogar y a la vez como una reinterpretación del pasado medieval escocés, cargada de referencias históricas, torres, almenas y detalles góticos que marcaron tendencia en la arquitectura del siglo XIX. Dentro se conserva la biblioteca privada de Scott, en la que puedes ver manuscritos y objetos conectados al pasado de Escocia, muchos de ellos utilizados por el autor como fuente de inspiración para sus novelas. Abbotsford es fundamental para sumergirse en cómo se construyó la imagen romántica de Escocia que todavía tenemos todos en la cabeza.

Para hacer una pausa en el camino y disfrutar con calma de un buen almuerzo en Melrose, el café Apples for Jam es excelente.

Jedburgh

El histórico burgo real de Jedburgh se sitúa a unos quince kilómetros del límite con Inglaterra y siempre fue uno de los puntos más disputados en los Borders. Su papel lo ubicó en el centro de guerras e incursiones tácticas hasta bien entrado el siglo XVII. La grandiosa abadía que puedes ver allí fue fundada en 1138 por David I y sufrió saqueos antes de ser reconstruida en repetidas ocasiones. Hoy se alza como el principal símbolo de la ciudad. Dicen las crónicas que en 1566 se alojó en Jedburgh la reina María Estuardo, en una casa-museo que actualmente puede visitarse y narra su vida y su caída.

Para tomar un café, degustar comida casera y hacerlo en un ambiente agradable, te recomiendo Bridge Coffee House & Pizzería.

Kelso

Encontramos este pueblecito en un entorno privilegiado, en la confluencia de los ríos Tweed y Teviot. Kelso concentra una combinación muy equilibrada de historia y arquitectura. Su abadía, fundada en el siglo XII por monjes tironenses (una rama reformista francesa de la orden benedictina), fue otro de los centros religiosos influyentes en la región y destaca por su planta (poco común) y por la calidad de su arquitectura románica, aún apreciable en los muros y arcos que se conservan. Para completar la visita merece mucho la pena detenerse en el elegante puente de cinco arcos sobre el Tweed, que te presenta unas vistas inmejorables del rio. También es buena elección acercarse a **Floors Castle**, una residencia del siglo XVIII que guarda valiosas colecciones y se integra en un amplio parque ajardinado junto al río.

En las cercanías se encuentran los restos del **castillo de Roxburgh**. En su momento era considerada como una de las fortalezas reales más importantes de la Escocia medieval, situada en un punto estratégico frente a Inglaterra. Fue escenario de continuos conflictos con los ingleses y está asociado a episodios clave de la monarquía, como la muerte de Jacobo II en 1460 durante un asedio.

En Kelso, The Cobbles es una apuesta segura si buscas comer bien en un establecimiento propio del lugar.

St Abbs

Esta pequeña y encantadora villa toma su nombre de Æbbe, una princesa del reino de Northumbria del siglo VII que, según la leyenda, fundó un asentamiento religioso en esta costa. El pueblo creció a partir del siglo XVIII como comunidad pesquera, asociada de forma tradicional a la captura de arenques y langostas. Por mucho tiempo fue conocido como Coldingham Shore antes de adoptar su nombre actual a finales del XIX. Además, St Abbs tiene un atractivo especial para cualquier amante del séptimo arte, porque tanto el puerto como algunas calles del pueblo se usaron como la localidad ficticia de New Asgard en la película "Avengers: Endgame", e incluso hay rincones que celebran esa conexión cinematográfica con fotos y reclamos.

Si caminas hacia el norte desde el puerto comienza la **St Abb's Head National Nature Reserve**. Se trata de una reserva natural nacional que protege un tramo de costa de acantilados abruptos y praderas marítimas en el extremo oriental de los Borders. Aquí se puede disfrutar de un paseo con vistas costeras y unos acantilados que alcanzan casi noventa metros de altura con grandes colonias de aves marinas. La reserva conserva tanto el paisaje como los hábitats costeros y se puede caminar por senderos señalizados, manteniendo el fino equilibrio entre el acceso público y la protección del medio ambiente.

Frente al puerto de St Abbs encontrarás el Ebbcarrs Café, un agradable establecimiento de gestión familiar donde, además de encontrar una gran selección de pastas y sándwiches, te puedes comer una de las mejores Cullen Skink de toda Escocia.

El Muro de Adriano

Aunque el Muro de Adriano se encuentra ya pasando la frontera que separa Escocia de Inglaterra, he querido incorporarlo a esta sección por su enorme peso histórico y por lo bien que encaja en una visita al sur de Escocia. Si te mueves por los Borders, acercarte hasta él es una incursión lógica muy recomendable.

Construido en el siglo II d. C. por orden del emperador Adriano, el muro marcó el límite más septentrional del Imperio

Romano y simbolizó tanto el poder de Roma como su incapacidad para dominar completamente el norte de Britania.

A la muerte de Trajano, los romanos cesaron en su empeño de seguir incorporando nuevas regiones. Su sucesor, Adriano, se focalizó en apuntalar los territorios ya conquistados y la decisión que tomó en Britania fue separarla de Caledonia con este espectacular muro que iba de costa a costa. La frontera más monumental que surgió de aquella elección, se puede ver como una muralla continua, pero también fue un sistema defensivo complejo con fuertes de piedra, torres vigiladas y campamentos custodiados por legiones. Entre esos asentamientos destacan **Housesteads**, **Vindolanda**, **Chesters** y el tramo central del muro, donde el paisaje es realmente espectacular.

Cerca de Vindolanda encontrarás The Twice Brewed Inn, una posada rural, que tiene también pub y restaurante, lo que la convierte en una buena opción para hacer una pausa tras la visita al muro, con cocina británica bien resuelta y cervezas artesanales.

Episodio: El muro de Adriano (18:58)

Capítulo 22. El Reino de Fife

Entre los estuarios del Forth y del Tay se extiende una banda de tierra que, pese ser relativamente pequeña, ha tenido un gran peso en la historia. A un nivel turístico, Fife suele estar eclipsada a menudo por otras regiones o por la cercanía de Edimburgo, pero aquí hay puntos clave a tener en cuenta que pueden mejorar el recorrido que planees hacer.

En la actualidad, el concejo de Fife cuenta con algo menos de 380.000 habitantes, lo que la convierte en una de las áreas más pobladas fuera de las grandes ciudades. Es una región diversa, tanto en paisaje como en el carácter de los locales, donde conviven ciudades industriales, pueblos históricos, zonas agrícolas y una larga franja costera que encara al mar del Norte. No es una plaza homogénea ni fácil de definir, y por ello, aunque pertenece a las Lowlands, creo que era importante dedicarle un capítulo entero.

Desde el punto de vista económico, Fife es un buen reflejo de la Escocia contemporánea. Por décadas fue una región en la que su gente se ganaba la vida con la minería del carbón, la industria textil o la fabricación de linóleo. Hoy en día, aunque ese pasado industrial sigue presente, la economía ha ido evolucionando. Los servicios, la logística y por encima de todo el sector energético, tienen un peso fundamental.

Fife participa activamente en la transición hacia energías renovables, con proyectos vinculados a la eólica marina y al hidrógeno verde, focalizados en la franja costera del rio Forth. A esto se suma una agricultura muy activa (sobre todo en el interior) y un turismo que crece de forma constante, aunque de manera más discreta que en otras zonas.

Dunfermline, es su ciudad más grande. Tradicionalmente fue un centro político de máxima importancia. En la actualidad, se encuentra bien conectada por los puentes, con una fuerte presencia del sector servicios. La abadía es un punto de interés turístico porque allí se encuentran parte de los restos de Robert de Bruce. Te recomiendo su visita.

Kirkcaldy, está en la costa, creció como ciudad industrial y aún tiene ese aire obrero, al igual que **Glenrothes** (el centro administrativo de la región), concebido tras la Segunda Guerra Mundial como un lugar planificado desde cero. Se erigió de repente desde la nada en 1948 y es el resultado de cómo Fife supo reinventarse tras el declive minero, que fue dramático.

Junto a estas ciudades más grandes tenemos el pueblecito de **Falkland**, que parece detenido en el tiempo y que destaca por su carga simbólica. Su gran palacio nos revela que fue burgo real y residencia de monarcas. También fue el lecho de muerte de Jacobo V de Escocia (padre de María Estuardo) que falleció entre sus muros. Solo por su importancia histórica y por la belleza de sus calles, ya habría motivo suficiente para visitar la villa, pero a eso hay que añadir su aparición en la famosa serie televisiva *Outlander*, donde representa en la ficción la Inverness de los años cuarenta.

Antes de ser un concejo administrativo, Fife fue en sí un reino. El nombre procede de una antigua división territorial de origen picto y durante la Alta Edad Media este territorio tuvo un estatus singular. Aquí se asentaron algunos de los centros de poder más importantes del reino y se consolidaron linajes reales que marcarían el rumbo de Escocia. Esto justifica por qué concentra tantos lugares con una densidad histórica notable en tan poco espacio.

Dentro de este perímetro, hay dos zonas que destacan. Una es St Andrews. La otra es el East Neuk, una sucesión de pueblos costeros donde el ritmo de cualquier viaje cambia por completo.

Episodio: "El reino de Fife" (17:46)

St Andrews

St Andrews sobresale ante todo por tres razones de gran importancia. Allí se encuentran las ruinas de la catedral católica más grande e imponente de Escocia hasta el siglo XVI. También la universidad más antigua de la nación (tercera de Reino Unido después de Oxford y Cambridge) fundada por los propios clérigos en 1413. Y no menos importante es el icónico campo de golf de Old Course, cuna de este deporte tanto para golfistas profesionales como para aficionados.

Catedral de St Andrews

Incluso ahora, al ponerte frente a estas ruinas, cuesta poco intuir la magnitud real que tuvo en su momento. En la Edad Media fue el principal centro religioso de Escocia y el edificio eclesiástico más relevante. Además del gran templo que puedes visualizar, también fue el verdadero corazón espiritual y político del reino, un lugar desde el que se ejercía una influencia que iba mucho más allá de lo religioso.

La construcción de la catedral comenzó en el siglo XII, en un momento en el que Escocia estaba consolidándose como reino cristiano independiente. Pero el peso religioso de St Andrews es anterior. El relato sitúa aquí la llegada de las reliquias del apóstol san Andrés, patrón de Escocia, traídas desde el Mediterráneo oriental por el monje san Regulus (St Rule) después de un naufragio providencial en esta costa. Según la leyenda, Regulus recibió la misión divina de proteger esas reliquias y llevarlas lo más lejos posible de Constantinopla. Aquí fue donde finalmente llegó en su travesía hacia el norte, convirtiéndolo en un enclave sagrado. Con independencia de la veracidad del relato, esta historia fue crucial para convertir St Andrews en uno de los grandes centros de peregrinación del norte de Europa.

A lo largo de los siglos, la catedral dominó la vida religiosa. El obispo (y más tarde arzobispo) era la figura eclesiástica más poderosa de Escocia, con una autoridad que por momentos competía directamente con la del propio rey. Desde aquí se tomaban decisiones que afectaban a la política del reino y al equilibrio de poder entre la monarquía y la Iglesia. Todo ello explica por qué estuvieron en el centro de las tensiones en el siglo XVI.

La Reforma protestante supuso el principio del fin para la catedral. Fue desmantelada de modo consciente por los partidarios de John Knox, al simbolizar el poder católico, y no quedó destruida como consecuencia de una batalla ni del abandono. El saqueo y el estado del edificio nos recuerdan el cambio radical en cómo se profesó la fe que hemos visto a lo largo del libro. Hoy los muros abiertos al cielo y las columnas rotas transmiten el testimonio físico de aquella ruptura que marcó el destino nacional, alejándonos de una imagen romántica de la época.

Dentro del conjunto destaca la torre de St Rule, anterior incluso a la catedral. Subir a ella te permite comprender mejor la escala original del complejo y dispone de una vista privilegiada de la ciudad y del mar del Norte. Aquí puedes imaginar fácilmente cómo era en el siglo XV y cómo llegaban peregrinos desde cualquier punto de Europa. La catedral, además, se encontraba dentro de un entramado en el que también estaban el castillo, el palacio arzobispal y, más tarde, la universidad. Todo giraba alrededor de estos lugares.

Se necesitaron unos 150 años para construirla y solo unos meses para saquearla, pero no hace falta tener un interés especial por la arquitectura religiosa para admirar la trascendencia que un día tuvieron estos vestigios de piedra.

Universidad de St Andrews

La universidad completa ese eje histórico que define el burgo desde la Edad Media. Los católicos la fundaron a comienzos del siglo XV en un momento en el que el saber, la religión y el poder formaban una misma estructura. Estudiar aquí era integrarse en la élite intelectual y religiosa del reino, más que una pura cuestión académica.

La universidad fue un centro de formación teológica, muy enfocada al pensamiento medieval al principio y a las tensiones de la Reforma después. Las disputas religiosas del siglo XVI no se vivieron solo en las iglesias o en las calles, también llegaron a las aulas y redefinieron por completo el papel de la institución. Con la caída del poder católico y el declive de la catedral, la universidad pasó a tener un estatus todavía mayor en la vida de la ciudad y cuando el pueblo dejó de ser el gran corazón religioso de la nación, fue esta entidad la que mantuvo su peso intelectual.

A lo largo de la historia han pasado por aquí figuras clave del pensamiento y la política británica. John Knox estudió en St Andrews antes de convertirse en el gran referente de la Reforma escocesa. También George Mackenzie mucho antes de ser conocido como Lord Advocate (o por su leyenda). El filósofo y economista James Wilson, uno de los padres fundadores de Estados Unidos, fue otro de los pupilos que en su día se formaron aquí. En tiempos más recientes, la universidad ha estado asociada a nombres del ámbito político e incluso científico, y su prestigio se ha visto reforzado por la presencia de miembros de la familia real británica entre sus antiguos alumnos, algo que ha contribuido a consolidar su imagen.

A diferencia de lo que pasa en otras ciudades universitarias, aquí se integró todo en la trama urbana y no creció alrededor de un gran campus separado del resto de la población (como ocurre en Stirling). Sus edificios y residencias se mezclan con calles y comercios, haciendo que la vida académica forme parte del día a día. En determinadas épocas del año, es habitual ver a los estudiantes con toga (de color rojo intenso), una costumbre que se mantiene viva y que, aunque para la gente local es algo común, no deja de sorprender a muchos turistas.

Campus como los de St Salvatore o St Mary son de visita recomendada porque recorrer este lugar sin echar una mirada a la vida universitaria sería quedarse con una visión incompleta de la historia. Del mismo modo que no se puede comprender la universidad sin el peso de la catedral y del antiguo poder religioso que definió todo el conjunto.

Campo de golf Old Course

Los terrenos donde se sitúa, en la actualidad son un campo de golf conocido en todo el mundo, pero también marcaron el ritmo de la historia de la población. Aquí el golf nació como un pasatiempo practicado en un espacio comunitario, en una franja de tierra abierta junto al mar que desde siempre había sido utilizada para el pastoreo. No es que fuera desde sus inicios un deporte reglado ni una actividad elitista. De hecho, las primeras normas escritas del golf se fijaron en Leith, cerca de Edimburgo, no en St Andrews.

En 1744, la "Company of Gentlemen Golfers" redactó un conjunto de trece reglas para regular un torneo que debía disputarse en Leith Links. Aquel texto buscaba poner orden en un juego que ya se practicaba desde hacía tiempo, pero cuyas reglas variaban de un área a otra. Lo que ocurrió después explica por qué St Andrews ocupa un puesto central en la historia del golf ya que, a partir de 1754, el "Royal and Ancient Golf Club" adoptó esas primeras directrices, las revisó y las fue adaptando al uso real del juego en el Old Course. Desde entonces, y durante más de un siglo, este campo actuó como referencia en la definición y evolución del golf moderno, convirtiendo aquellas normas locales en un reglamento común aceptado en todos los países.

Pero el precursor de este deporte ya se practicaba en estos terrenos mucho antes. En el siglo XV existen referencias al golf en Escocia, hasta el punto de que el propio rey Jacobo II intentó prohibirlo porque distraía a la población del entrenamiento militar. No obstante, el juego se mantuvo vivo y el Old Course fue desarrollándose de manera orgánica, condicionado por su cercanía a la playa de **West Sands** (famosa por Carros de Fuego) y por el uso diario del terreno.

Desde entonces, este campo de golf ha sido escenario de algunos de los torneos más importantes del planeta y ha visto pasar a generaciones de golfistas profesionales y aficionados. Aun con su fama internacional, sigue siendo un espacio abierto y accesible que sin duda te invito a visitar.

Como recomendación para almorzar en St Andrews, el restaurante The Saint, en South Street es una muy buena opción porque sirve cocina local. Y mención especial para la heladería Jannetas, inaugurada en 1908 por una familia italiana y regentada ahora por sus descendientes. Seguramente tienen los mejores helados caseros que he probado.

Episodio: "St Andrews" (10:54)

East Neuk

El East Neuk es la otra gran joya de Fife, aunque es totalmente distinto a St Andrews. Se trata de una sucesión de pequeños pueblos costeros unidos por carreteras secundarias y por unas costumbres que desde siempre estuvieron supeditadas casi en exclusiva a la pesca. El ritmo cambia en cuanto te adentras por aquí porque sigue siendo un lugar muy auténtico.

De sur a norte, el primero de estos pueblos es **Elie**, conocido por una playa muy apreciada por familias de la zona y por quienes buscan un contacto tranquilo y bohemio con la costa. Se puede caminar hasta Elie Ness, un modesto faro que brinda unas vistas tremendas del litoral.

Un poco más adelante aparece **Earlsferry**, prácticamente unido a Elie, pero con un aspecto distinto ya que fue burgo real y puerto importante en la Edad Media, cuando Fife tenía un peso comercial mucho mayor del que tiene ahora.

St Monans destaca por su iglesia, situada junto al mar, algo poco habitual incluso en Escocia. Es un pueblo recogido, con un puerto pesquero todavía activo. La sensación de comunidad sigue siendo muy fuerte y el paisaje costero es excepcional.

Pittenweem es otro de los pueblos que merecen tu visita. Su puerto también sigue funcionando y el pueblo mantiene un aire claramente marinero. Es conocido por su vinculación con el arte y por su festival anual, que ha ido atrayendo a artistas sin transformar el pueblo en un escaparate.

En **Anstruther** tienes vistas privilegiadas hacia la cercana isla de May. Desde su puerto, salen excursiones para visitarla y poder ver frailecillos y otras aves marinas en primavera. Históricamente fue un puerto pesquero importante en la región y por ello es muy interesante la visita a su museo marítimo. Y por supuesto recomiendo almorzar en el Anstruther Fish Bar, posiblemente el fish & chips más laureado de Escocia, con multitud de premios y reconocimientos que te garantizan un pescado fresco y un rebozado crujiente.

El itinerario terminaría en **Crail**, con toda certeza el más pintoresco de todos. Su pequeño puerto se encaja entre las casas y es una de las imágenes más bohemias en las postales del East Neuk. Lo interesante de toda esta zona está en recorrer sus pueblos sin prisa, perfectos para pasear o para comer un pescado rebozado o una langosta cocida para llevar mientras te sientas en un banco del puerto y ves a los pescadores ir y venir.

Capítulo 23. La costa este

Al dejar atrás Fife hacia el norte, llegamos a la ciudad de Dundee, donde es muy aconsejable la visita al **RRS Discovery**. Este navío, ubicado hoy como museo en el estuario del rio Tay, fue construido en los antiguos astilleros a comienzos del siglo XX. Se diseñó para una de las grandes misiones antárticas en la época heroica de la exploración polar. A bordo viajó Robert Falcon Scott en su primera expedición a la Antártida, entre 1901 y 1904, en una aventura científica y humana que marcó un antes y un después en el conocimiento antártico. La nave fue ideada específicamente para navegar entre hielos, con un casco reforzado para soportar la travesía.

Episodio: "La expedición Discovery" (17:39)

Obviando el interés histórico, el Discovery sitúa Dundee como una ciudad ligada durante generaciones al mar y a la ingeniería. Y hacia el norte, más allá de Fife, existen una serie de áreas interesantes a medida que avanzamos. Angus, Aberdeenshire y Moray forman una secuencia lógica que permite ver una sucesión de ruinas y castillos pintorescos que todavía siguen en pie. A lo largo de las páginas siguientes nos detendremos en los concejos que hacen que esta zona sea también muy interesante a la hora de planificar un recorrido.

Angus

El nombre de Angus procede de un antiguo rey picto, pero hoy resulta familiar en todo occidente por la popularidad del ganado Aberdeen Angus, originario de estas tierras fértiles del noreste.

Entre la ciudad de Dundee y Aberdeenshire, esta es una región discreta y poco masificada que combina costa y campo con un legado de castillos victorianos en un espacio relativamente pequeño. Es un destino idóneo para quien busca paisajes variados y una Escocia auténtica, apartada de las grandes rutas masificadas.

La costa regala algunos tramos muy atractivos. La localidad más conocida es **Arbroath**, con las ruinas de su famosa abadía, donde en 1320 se firmó la Declaración de Arbroath, uno de los documentos fundacionales de la identidad escocesa. Pasear entre sus muros de arenisca roja es imprescindible, igual que acercarse al puerto para probar los famosos "Arbroath smokies", eglefino (haddock) ahumado con madera de roble. Muy cerca, el **Signal Tower Museum** recuerda la historia marítima local y el icónico faro de Bell Rock.

Más al norte se encuentra **Montrose**, un pueblo sereno situado entre el mar y el estuario del Montrose Basin, una de las reservas de aves más importantes del este de Escocia. Es un lugar excelente para su avistamiento y para paseos relajados por senderos naturales. Desde allí, puedes acceder a Lunan Bay, una amplia playa con trazado de media luna, con acantilados suaves y las evocadoras ruinas del Red Castle dominando el paisaje.

Hacia el interior, encontrarás una faceta más rural. La fértil llanura de Strathmore conecta pequeños núcleos históricos como **Forfar**, antigua capital del concejo, **Brechin**, con su singular catedral y torre redonda medieval, y **Kirriemuir**, conocida como la puerta de entrada a los valles (glens). Kirriemuir, como ya vimos en el capítulo sobre literatura, es el pueblo donde nació J. M. Barrie, autor de Peter Pan, y conserva su casa natal y una estatua dedicada al escritor.

Si eres amante de la naturaleza, los Angus Glens tienen unos paisajes muy singulares. Valles como Glen Clova o Glen Doll se adentran en las montañas Grampianas y permiten trekkings sencillos hasta parajes tan abrumadores como el circo glaciar de Corrie Fee, ya dentro del Parque Nacional de los Cairngorms.

Entre los grandes puntos de interés turístico de Angus destacan sus castillos. **Glamis Castle** es uno de los más famosos por ser la residencia ancestral de los condes de Strathmore. Un castillo que además de tener relación directa con la familia real británica, está rodeado de mitos y leyendas de fantasmas. Su silueta de cuento y sus interiores históricos te invitan a visitarlo con detenimiento.

Episodio: "El castillo de Glamis" (36:25)

Aberdeen y Aberdeenshire

La ciudad de Aberdeen y la región que la rodea, Aberdeenshire, forman un conjunto especialmente interesante para explorar. Aberdeen ya existía como población en la Edad Media y se consolidó pronto como el puerto más grande de la costa este, con una actividad comercial intensa y una posición estratégica en las rutas marítimas. En ese periodo estuvo claramente dividida en dos núcleos. Al norte se encontraba Old Aberdeen, donde el burgo creció alrededor de la catedral y de la universidad, fundada en 1495, que convirtió este sector en un centro religioso y académico de primer nivel. Más al sur se desarrolló New Aberdeen, orientada al puerto y a una intensa actividad comercial que marcaba el ritmo cotidiano de la ciudad. La industrialización en el siglo XIX supuso un punto de inflexión. La expansión del puerto y, sobre todo, la explotación de las minas de granito, transformaron por completo la escala urbana y la fisonomía de Aberdeen. La cercana Rubislaw Quarry llegó a ser la mayor cantera de granito de Europa y abasteció buena parte de los edificios (públicos y privados) que todavía hoy definen la imagen de sus calles, con fachadas sólidas y uniformes que le dieron el sobrenombre de "La ciudad del granito". El crecimiento industrial continuó durante décadas, pero se volvió a experimentar una intensa transformación a partir de los años setenta del siglo pasado con la explotación del petróleo del Mar del Norte. Este nuevo impulso económico atrajo población e inversión y le dio una proyección internacional que sigue siendo visible. Hoy en día viven en Aberdeen más de 230.000 personas, lo que la convierte en el tercer núcleo más grande de Escocia, solo por detrás de Glasgow y Edimburgo. Su evolución histórica, explica el importante papel que sigue desempeñando en toda la zona noreste.

Además, es un lugar razonable para hacer noche en ruta. Como ocurre con otras ciudades escocesas de cierto tamaño, la oferta hotelera y de restauración es amplia, lo que suele traducirse en precios más competitivos y más opciones a la hora de elegir. Frente a pueblos pequeños de la costa o del interior, el alojamiento puede resultar menos pintoresco, pero a cambio se gana en comodidad y servicios. Al final, la elección depende del tipo de viaje que se quiera plantear y del equilibrio entre logística y contexto que se busque.

En el centro, hay algunos puntos que merecen una atención especial, aunque la estancia sea breve. El más evidente es el **Marischal College**, cuya imponente fachada de granito blanco resume como pocos otros sitios la evolución de Aberdeen y su relación con la piedra. Muy cerca se extiende Union Street, el eje del comercio actual, una larga avenida que aporta una amplia variedad de tiendas y restaurantes de todo tipo. Es buena elección dar un paseo por Old Aberdeen, para recrearte con el pasado universitario que sigue muy presente en sus calles. Son visitas sencillas, que no requieren de grandes desvíos y que te permiten disfrutar de una ciudad menos turística de lo que cabría esperar por su tamaño.

Como locales recomendables para almorzar o cenar, destacan el restaurante Silver Darling (marisquería cerca del puerto) o el acogedor Café Bohème en Windmill Lane.

Episodio: "Un día en Aberdeen" (28:04)

A unos veinte minutos en coche hacia el sur, me gustaría destacar una visita imprescindible por tratarse de unos de los paisajes más bonitos de Escocia. Las ruinas del **castillo de Dunnottar** se encuentran muy cerca del pintoresco puerto de **Stonehaven**.

Frente al castillo, el acantilado cae casi en vertical sobre el mar del Norte. La roca es abrupta, esculpida por siglos de oleaje, y forma una península estrecha unida a Gran Bretaña por un istmo muy estrecho. Desde el promontorio opuesto se puede sentir con claridad ese aislamiento. Es una fortaleza natural rodeada de agua por tres lados, donde el sonido del mar golpeando la base de los muros te acompaña constantemente mientras la visitas. En días despejados el contraste entre el verde del césped, la piedra gris y el azul del mar resulta casi teatral. Ya en época altomedieval existía aquí una fortificación picta porque el emplazamiento permitía controlar la costa y vigilar cualquier aproximación tanto desde el mar como desde tierra. La mayoría de las estructuras visibles ahora corresponden a los siglos XV y XVI, cuando el castillo pasó a manos de los Keith, condes Marischal, una de las familias más influyentes en la época.

Uno de los episodios más relevantes tuvo lugar en el siglo XVII. Durante las guerras civiles británicas, las llamadas "Honours of Scotland" (la corona, el cetro y la espada ceremoniales) fueron trasladadas a Dunnottar para evitar que cayeran en manos de las tropas de Oliver Cromwell. Tras un asedio en 1652, las joyas lograron salir clandestinamente del castillo y fueron ocultadas hasta la Restauración de la monarquía. Ese hecho consolidó ante todos su reputación como bastión de resistencia.

El castillo también sufrió destrucciones y abandonos. Fue parcialmente volado tras las rebeliones jacobitas y, con el paso del tiempo, quedó en ruinas. Lo que ahora puedes recorrer es el resultado de restauraciones posteriores, pero la fuerza del lugar no está tanto en la arquitectura como en su posición impresionante sobre la piedra milenaria. Dunnottar se alza sobre el mar y el vacío. Esa impresión solo se comprende al estar allí, frente al acantilado. Así se explica por qué sigue ocupando un espacio igual de firme sobre la piedra milenaria que en la memoria histórica.

Moray

Más al norte de Aberdeenshire el paisaje se convierte en una sucesión de colinas y llanuras salpicadas de granjas y destilerías. Entramos en la región de Moray, un territorio donde se respira aroma a whisky. Se concentran más de cincuenta destilerías, repartidas entre campos de cultivo y carreteras secundarias de un solo carril que invitan a saborear el camino. Aquí reposan los whiskies de la zona productora de Speyside y muchos de los visitantes llegan para recorrer estos caminos con calma, de destilería en destilería. El suelo fértil da sentido a la abundancia de granjas y zonas agrícolas, y también a la amplitud del paisaje, muy distinto al de otras comarcas más escarpadas. Los alojamientos están claramente pensados para este tipo de viajero, interesado en conocer la región a través de su producto más emblemático.

Dentro de Moray, **Elgin** destaca como el principal núcleo urbano. Su relevancia histórica se entiende al acercarse a las ruinas de su catedral, conocida en su día como el "Faro del Norte" por su gran tamaño y su influencia religiosa en la época medieval. Aunque hoy solo se conservan los muros, el conjunto sigue transmitiendo la importancia que tuvo Elgin invitándote a imaginar su época de mayor esplendor.

Más allá, la región está repleta de otras pequeñas localidades con encanto. **Cullen**, en la costa, es conocida tanto por sus tranquilas calles como por la famosa sopa de pescado ahumado, la Cullen skink, que aquí se disfruta como debe ser. Es un poco como tomarse un cocido madrileño en Madrid o una paella valenciana en Valencia.

Hacia el interior aparece **Forres**, un pueblecito agradable donde puedes visitar uno de los elementos más singulares de la región, la **Piedra Sueno**. Este enorme monolito picto de más de 1400 años de antigüedad, cubierto de relieves tallados con escenas de batalla, es uno de los más impactantes en su categoría y una buena puerta de entrada para entender el pasado más antiguo del lugar.

La región alberga además otros puntos de interés que a menudo pasan desapercibidos. La costa entre **Lossiemouth** y **Burghead** combina playas amplias con pequeños acantilados y restos históricos, como el fuerte picto de Burghead, que también nos recuerda que estas tierras tuvieron una importancia estratégica mucho antes del auge del whisky.

Capítulo 24. La costa oeste y sus islas

Cruzamos el mapa de lado a lado y nos vamos a la costa oeste, un territorio modelado por el mar y por una orografía muy singular. Aunque esta zona se encuentra al sur de las Highlands, tierra y agua conviven originando unas vistas de lagos y montañas que han funcionado como puntos de conexión desde mucho antes de la llegada de las carreteras modernas.

Si decides recorrer estas tierras, las travesías formarán una parte especial de la experiencia. Los pueblos han crecido mirando al Atlántico y las islas se integran con facilidad en el conjunto. Su relación estrecha con el mar ha condicionado su economía, siendo todavía ahora un elemento central de la vida cotidiana.

Para ofrecerte una visión clara y ordenada, el capítulo se estructura en tres bloques. Para empezar, tenemos Argyll and Bute, una región en la que puedes ver en las ruinas el peso de los clanes. A continuación, el Firth of Clyde, una costa más poblada, estrechamente conectada con Glasgow, de arraigo marítimo autóctono. Por último, veremos las islas cercanas a la costa, territorios habitados distintos al resto de archipiélagos que veremos más adelante. El transporte en ferry está asumido en el día a día para las personas que viven aquí.

Argyll and Bute

Argyll and Bute es una región muy extensa y diversa. Su territorio queda definido por la presencia constante del mar y algunos lagos y montañas que te pueden hacer pensar que te encuentras más al norte. Al este, el límite es el Loch Lomond y los Trossachs y hacia el oeste se abre a una costa fragmentada en largos tramos de litoral. En pocas millas puedes ver desde bosques densos hasta playas de arena fina, valles amplios y áreas casi vírgenes. A este escenario se suma un patrimonio histórico único, realmente fascinante, con varios castillos que destacan y asentamientos prehistóricos.

Oban, situada en la costa, es la principal puerta de salida hacia muchas de las islas. En invierno mantiene un ritmo pausado y en verano el centro se llena de turistas que continúan sus rutas por mar. A pesar de ese contraste estacional, conserva una asociación muy estrecha con el puerto y con la actividad pesquera, visible tanto en sus marisquerías como en los puestos donde se vende el género recién descargado. Se dice de esta localidad que aquí se puede llegar por dos motivos: bien para tomar un ferry o bien para comer buen marisco. Restaurantes como el luminoso y moderno Ee-usk te permiten la degustación de este manjar local mientras las vistas a la bahía se abren a través de grandes ventanales. Además, te recomiendo junto al puerto el Oban Seafood Hut, un local callejero de comida para llevar, donde cocinan pescado y crustáceos recién salidos de la barca.

Sobre el pueblo se levanta la **Torre de MacCaig**, una construcción victoriana de aire clásico encargada en 1897 por el filántropo John Stuart MacCaig para dar trabajo a los canteros de la zona. La muerte de su promotor en 1902 dejó el proyecto a medio terminar. Hoy se puede recorrer su interior y el espacio que lo rodea, transformado en parque público.

A doce millas hacia el interior, siguiendo la A85 y justo al lado de la carretera, aparece de repente una iglesia de comienzos del siglo XX que sorprende por su ubicación. **St Conan's Kirk** se alza a orillas del Loch Awe. El arquitecto autodidacta Walter Douglas Campbell concibió el edificio como una suma deliberada de estilos. El resultado es un conjunto muy personal, con un interior minucioso y lleno de detalles.

Al bordear el lago el paisaje se abre de repente y deja a la vista **Kilchurn Castle**, una de las fortalezas más fotografiadas del oeste. Construido a mediados del siglo XV, fue durante siglo y medio la base de los Campbell de Glenorchy. Tras el levantamiento jacobita de 1689 pasó a desempeñar funciones de guarnición y quedó abandonado a finales del siglo XVIII.

El acceso a pie te permite recorrer el exterior de las ruinas y desde la orilla opuesta puedes ver la imagen del castillo recortado sobre Loch Awe, con las montañas al fondo, sin duda, una de las vistas más emblemáticas que te puedes llevar en el recuerdo.

Inveraray es otro de los pueblos destacados. Fundado en 1745 por el tercer duque de Argyll, jefe del clan Campbell, mantiene un trazado ordenado y una arquitectura georgiana muy cuidada. Las fachadas blancas forman uno de los conjuntos más representativos de este estilo en Escocia y su principal referencia es el castillo. Aunque el linaje se remonta al siglo XV, el edificio actual pertenece al XVIII y continúa siendo residencia de los duques de Argyll. Se trata de uno de los primeros ejemplos del neogótico escocés con torres circulares y un planteamiento más cercano al de una gran casa señorial que al de una fortaleza medieval.

Desde el siglo VI grupos procedentes de Irlanda se establecieron en la zona de **Kilmartin Glen** y dieron origen al reino de Dalriada, una pieza clave en la formación de Escocia. En 843 este reino se unió al picto y su centro de poder estuvo en el castro de Dunadd dentro de un valle repleto de túmulos funerarios, círculos de piedra y menhires que lo convierten en uno de los paisajes arqueológicos más contrastados.

En el extremo meridional la región se estrecha hasta formar la península de Kintyre. **Campbeltown** figura entre las poblaciones de mayor tamaño de Argyll y en su momento fue conocida como la capital mundial del whisky llegando a reunir treinta y cuatro destilerías. En el presente permanecen activas Glen Scotia, Glengyle y Springbank. Si te gusta el whisky, visitarlas te lleva a conocer su historia y los perfiles propios del whisky local.

Si sigues la costa tienes la **isla de Davaar**, accesible a pie cuando baja la marea. En una de sus cuevas se conserva una crucifixión a tamaño natural pintada en 1887 por el artista

Archibald MacKinnon, quien se dice que decidió realizarla allí tras una visión que tuvo en sueños.

La península concluye en el Mull of Kintyre, un promontorio constantemente azotado por el viento donde un faro ha iluminado durante generaciones este tramo de costa. Trascendió su dimensión geográfica gracias a la canción *Mull of Kintyre* de Paul McCartney, nacida de su vida en la zona y de su vínculo personal con este paisaje.

Firth of Clyde

En la orilla occidental del fiordo de Clyde, la península de Cowal es una zona de transición entre el Argyll más rural y el sector industrial del estuario. Como en otras regiones, su evolución siempre estuvo condicionada por el mar, que fue la principal vía de conexión y que, a partir del XIX, convirtió la zona en un destino de recreo para la población de Glasgow. **Dunoon**, con unos ocho mil habitantes es el principal núcleo de la península y un ejemplo perfecto del auge del turismo victoriano. El paseo marítimo sigue siendo el punto fuerte y puedes imaginar la época en la que los barcos de vapor del Clyde surcaban las aguas frente a él. Para almorzar, hay un acogedor restaurante familiar llamado Chatters, que destaca por sus platos elaborados con productos de proximidad y en especial por sus postres caseros.

La llegada del ferrocarril a mediados del s. XIX, permitió que las familias acomodadas de Glasgow encontraran centros de retiro y veraneo en pueblos como **Helensburgh**. The Hill House es una de las visitas más destacadas de la zona y la obra doméstica más representativa de Charles Rennie Mackintosh. Su construcción fue encargada en 1902 por Walter Blackie, un editor adinerado afincado en Glasgow. En ella Mackintosh prestó tanta atención a los espacios interiores como a la arquitectura del edificio. Cada detalle fue diseñado con esmero por él y por Margaret MacDonald, su esposa y artista consolidada del movimiento Arts and Crafts.

Dumbarton ocupa una posición destacada dentro del conjunto de histórico del Firth of Clyde y es otra de las paradas imprescindibles para comprender la historia de esta zona del estuario. Fundada en el siglo V, Dumbarton fue en su momento la capital del antiguo reino de Strathclyde. Su comienzo estratégico se explica por la formación volcánica que sostiene el castillo. Esta impresionante roca, conocida como Dumbarton Rock, rellenó el cráter de un volcán activo hace unos 350 millones de años y por ello, la fortaleza era prácticamente inaccesible por todos sus lados. En el siglo XIII se construyó el castillo medieval como defensa frente a la amenaza noruega, y más tarde frente a Inglaterra. Las baterías defensivas de artillería que se conservan datan sobre todo de los siglos XVII y XVIII, y el emplazamiento siguió teniendo uso militar hasta la Segunda Guerra Mundial.

Islas

La isla de Arran, con sus 431km², es la más grande de las islas de Fiordo de Clyde. Se la conoce curiosamente como la "Escocia en miniatura" porque en un espacio muy reducido concentra casi todos los paisajes y contrastes escoceses. Su tamaño manejable te facilita recorrerla en coche o incluso en bicicleta si te animas. Creo que es un destino perfecto para una estancia de varios días en los que combinar naturaleza y gastronomía local. En el norte tenemos **Goat Fell**, su pico más elevado con 874 metros de altitud, una delicia para montañeros, eso sí, la subida exige tiempo y cierta condición física.

Lochranza ocupa la región más septentrional de la isla, un núcleo pequeño, encajado entre las montañas y el mar, sobre el que destacan unas ruinas. El Castillo de Lochranza tiene un origen medieval que se remonta al siglo XIII, aunque la mayor parte de la construcción conservada corresponde a reformas del XVI. Ya en el siglo XVIII, la fortaleza, entonces en manos de la influyente familia Hamilton, fue abandonada y quedó poco a poco en ruinas, quedando tal y como se puede ver en la actualidad. A escasa distancia se encuentra la Lochranza Distillery, inaugurada en 1994 y especializada en la elaboración de single malt. Allí elaboran un whisky conmemorativo dedicado al poeta nacional Robert Burns.

Entre las visitas que merece la pena incluir en cualquier itinerario por la isla está el **Castillo de Brodick** con sus jardines, situado en la costa este. Cargado de historia y rodeado de montañas, te brinda una de las imágenes más características de las fortificaciones isleñas. El edificio actual fue levantado en 1844, aunque el emplazamiento se remonta a varios siglos atrás, cuando su posición estratégica dominando el estuario del Firth of Clyde lo convirtió en un bastión de gran relevancia. Fue la sede histórica de los duques de Hamilton y en el interior, las maderas oscuras evocan una época de ocio aristocrático y lujo sin precedentes en la zona.

Ya en la costa suroeste puedes encontrar **King's Cave**, una gran cavidad en los acantilados que es propicio como punto de contraste entre tierra y mar, y que suma a la visita un toque de leyenda. El mito vincula esta caverna con Robert the Bruce, quien, según el folclore popular, se refugió aquí en uno de los momentos más bajos de su lucha por el trono escocés. Derrotado y perseguido por sus enemigos, habría pasado un tiempo oculto en la cueva, hasta que la observación de una simple araña intentando una y otra vez tejer su tela le devolvió la determinación. El relato, difícil de sostener en lo histórico, se ha transmitido como un cuento cargado de simbolismo sobre la perseverancia frente a la derrota.

En **Machrie Moor** se reúnen algunos de los restos prehistóricos más importantes de Arran, un conjunto de cairns, tumbas de cista y círculos de piedra levantados entre el 3500 y el 1500 a.C. Los arqueólogos afirman que es un recinto funerario integrado en un amplio y bonito paisaje, lo cual refuerza su carácter ritual original.

Hacia el sur, la **playa de Kildonan** es el mejor punto que encontrarás para la observación de fauna. Desde la orilla puedes ver focas nadando o descansando sobre las rocas, cerca de la costa.

En el apartado gastronómico, los habitantes mantienen una producción artesanal de quesos digna de mención. Cuñas hechas con mimo usando leche local y métodos tradicionales, muy apreciadas por su calidad. También destaca la producción de jabones, singulares por sus fragancias inspiradas en el paisaje de la propia isla, fabricados con base vegetal en un proceso cuidadoso que da lugar a un producto suave y refinado.

Y si te apetece una buena experiencia culinaria, The Drift Inn, en **Lamlash**, es un establecimiento con vistas al mar donde podrás probar una cocina que combina mariscos frescos y materias primas de temporada con una excelente relación calidad-precio.

La siguiente isla en protagonismo de la zona es **Bute**. Separada de tierra firme por un estrecho angosto, queda atravesada por la falla de las Highlands, de modo que, desde el punto de vista geológico, la mitad norte pertenece a las Highlands mientras que la sur se integra en las Lowlands centrales. El núcleo principal, **Rothesay**, fue un destino vacacional en época victoriana. A diferencia de otras localidades similares, no ha caído en esa sensación de esplendor marchito, de modo que una vez allí, puedes intuir con claridad qué tenían en mente quienes la construyeron.

Rothesay cuenta con su propio castillo, un edificio poco habitual del siglo XIII, con planta circular rodeado por un foso. Perteneció a los Estuardo y fue ampliado en los siglos XV y XVI con elementos como la gran puerta de acceso y la capilla de St Michael. Tras un largo periodo de abandono, fue restaurado en el siglo XIX por los marqueses de Bute, responsables en buena medida del aspecto que tiene ahora.

Entre otros atractivos interesantes, están los baños públicos victorianos, decorados con azulejos ornamentales que forman mosaicos y con mármol. En su origen contaban con numerosos urinarios de porcelana y allí se aprecia cómo incluso las necesidades más básicas se concebían con un notable sentido del glamour.

Siguiendo la costa hacia el sur se encuentra **Mount Stuart**, un espectacular palacio neogótico de piedra roja, iniciado a finales del siglo XIX por el tercer marqués de Bute para sustituir su anterior casa incendiada. Este edificio está unido a la historia de la familia Crichton-Stuart y se rodea por una finca de unos 300 acres de ostentosos jardines y bosques.

En la zona occidental tenemos un pequeño grupo de menhires, las **Blackpark Standing Stones**. En la actualidad solo permanecen tres en pie y por eso suelen interpretarse como los restos de un antiguo círculo de piedras que en su día llegó a tener hasta siete.

Las imponentes ruinas medievales de la **iglesia de St Blane** están en el extremo meridional. Es el conjunto cristiano primitivo mejor conservado de Bute y según la versión local, el monasterio fue fundado a finales del siglo VI por St Catan y más tarde dirigido por su sobrino St Blane, que regresó allí tras formarse en Irlanda para ser abad y obispo hasta su muerte hacia el año 590. Del monasterio original se conservan restos significativos, como muros que delimitaban el espacio sagrado, cimientos de edificaciones circulares, un pozo y la base de una antigua cruz de piedra. En lo alto del recinto podemos ver las ruinas de la iglesia parroquial de Kingarth, construida a mediados del siglo XII. Es una buena muestra de arquitectura románica y sobresale el arco del presbiterio, fechado en el siglo XIV.

Al norte llegaríamos a **Ettrick Bay**, que es la playa mejor valorada de la isla, muy apreciada por su amplitud y su horizonte despejado en días soleados. Si buscas un sitio con comida casera y buenas vistas, justo en frente de la playa está el Ettrick Bay Café, donde encontrarás una carta sencilla que incluye desayunos a base de pasteles caseros y en general platos ligeros.

Además de Arran y Bute, el Firth of Clyde reúne otras islas más pequeñas y poco orientadas al turismo, pero muy tranquilas para pasar unos días de desconexión.

Capítulo 25. Highlands

Las Tierras Altas, conocidas como Highlands, suelen verse como una región geográfica, aunque también funcionan como un concejo administrativo. Esa doble condición genera cierta confusión, porque cuando hablamos de las Highlands en sentido cultural o paisajístico no siempre nos estamos refiriendo a un límite administrativo concreto.

En términos generales, al mirar un mapa pensamos en el noroeste de Escocia, como un territorio dominado por montañas, lagos y grandes espacios abiertos. Y así es. Sin embargo, hay zonas que quedan fuera del concejo de Highland y que, aun así, muchos identifican como Tierras Altas. Partes de Stirlingshire son un buen ejemplo. Allí el paisaje empieza a cambiar, el relieve gana protagonismo y aparece esa Escocia que a lo largo de los siglos ha alimentado una estampa romántica de sus páramos. Más allá de las líneas que podemos ver en un mapa, es una cuestión de carácter y de personalidad.

Se trata de la región más extensa y, al mismo tiempo, una de las menos pobladas de todo el Reino Unido. Esa realidad actual puede llevar a pensar que siempre fue así, pero la historia cuenta algo muy distinto porque antes de la Revolución Industrial, las Tierras Altas estaban mucho más habitadas. Existían comunidades repartidas por valles y costas, con una economía basada en la agricultura, la ganadería y un sistema social centrado en el clan y en el territorio.

Todo eso cambió de forma drástica con un proceso conocido como "Highland Clearances". A partir de finales del siglo XVIII y en buena parte del XIX, miles de personas fueron expulsadas de sus hogares para dar paso a un nuevo modelo económico centrado en la ganadería extensiva, en concreto con la cría de ovejas. Fue un proceso largo y traumático que dejó una huella eterna en el paisaje y en la memoria colectiva.

Como consecuencia de ese periodo histórico descubrirás que, en la actualidad, al conducir por aquí, hay más rebaños que pueblos, porque hay más ovejas que personas.

<u>Episodio: “El fin de los clanes” (16:31)</u>

Rannoch Moor, Glen Coe y Lochaber

El cambio en el paisaje llega cuando la A82 abandona los valles más protegidos y se adentra en una explanada donde la roca aparece entre la turba y el agua rellena cada hueco del terreno. **Rannoch Moor** ocupa esa franja de transición y se eleva en torno a los trescientos metros sobre el nivel del mar. Bajo la capa vegetal hay una base de granito que impide el drenaje y favorece la formación de una de las mayores turberas continuas de Europa occidental. Este manto oscuro se ha ido formando muy despacio, a partir de la acumulación de materia vegetal en el transcurso de milenios. En su interior han quedado sellados multitud de restos orgánicos como plantas, granos de polen e incluso finas capas de ceniza llegadas desde erupciones lejanas. Gracias a esa conservación natural es posible seguir la transformación del paisaje desde el final de la última glaciación.

El páramo nunca reunió las condiciones necesarias para sostener una ocupación permanente. Las antiguas rutas lo rodeaban siempre que podían y, cuando no había alternativa, el cruce se hacía en grupo y con animales de carga. En el siglo XVIII los caminos militares impulsados por el general Wade buscaron un trazado más seguro algo más al este. La carretera actual avanza por una línea similar y mantiene la misma sensación de travesía expuesta, sin apenas refugio frente al viento y con las montañas apareciendo a lo lejos como una promesa del siguiente tramo que nunca llega.

Glen Coe surge después como un corte profundo en la roca, erosionado lenta y gradualmente por el hielo durante la última glaciación. Las paredes del valle dejan ver la estructura de un antiguo volcán colapsado hace más de cuatrocientos millones de años. Las aristas afiladas y los grandes corredores que bajan hacia el fondo no son solo una escena impactante, son una prueba de la historia geológica de toda esta zona. En los inviernos de grandes nevadas las avalanchas siguen cayendo por esas mismas pendientes. La presencia humana ocupa aquí un instante si se compara con el tiempo de la montaña, pero dejó una huella profunda. En febrero de 1692 la famosa masacre convirtió este maravilloso paisaje en un símbolo que todavía sigue clavado en la memoria colectiva de las Highlands.

Al dejar atrás el valle, el camino desciende hacia el **Loch Linnhe** y el reflejo del agua hace que cambie la luz. **Ben Nevis** te acompaña desde la distancia con su perfil ancho y su cima casi siempre envuelta en nubes. Sus 1345 metros lo convierten en el pico más alto de las islas británicas y su origen se encuentra en la cámara magmática de un volcán ya desaparecido. La humedad que llega del Atlántico se condensa en sus laderas y crea un microclima particular, con precipitaciones muy superiores a las de las tierras bajas.

Fort William creció a los pies de esta montaña como puesto militar tras las campañas contra los clanes y con el tiempo se convirtió en un punto de paso habitual hacia el oeste y hacia el interior. Desde aquí partían las rutas que seguían la gran fractura del Great Glen. El canal de Caledonia, inaugurado en 1822, utilizó esa misma línea natural para unir varios lochs y permitir la navegación entre el Mar del Norte y el Atlántico. Cuando se construyó dio trabajo a cientos de personas (la mayoría irlandeses) en un periodo de dificultades económicas tras las guerras napoleónicas. Trajo prosperidad a la región. Hoy sigue existiendo, aunque se usa a nivel recreativo, con pequeños botes que transportan turistas curiosos que se recrean de lago en lago.

Este primer tramo reúne muchos de los rasgos que definen las Highlands. Un relieve que nos remonta a procesos geológicos muy antiguos, acompañados de un clima condicionado por la cercanía del Atlántico. La poca ocupación humana que hubo siempre tuvo que adaptarse. Desde aquí, el viaje deja de medirse en millas y cuentan más los instantes porque cada desvío te conduce a un espacio con su propia personalidad, con paisajes salpicados por granjas y pintorescas aldeas como pueden ser **Onich**, **Ballachulish** o el mismo pueblo de **Glencoe**.

El Great Glen

Llegamos a una amplia franja del territorio que cruza las Highlands en diagonal desde Fort William hasta Inverness y, al mirar el mapa, se distingue como una línea casi recta entre montañas. Nació a partir de una falla muy antigua que, tras el paso de los glaciares, quedó ocupada por una cadena de lagos alineados. Ese relieve la convirtió en el gran eje de comunicación del norte de Escocia y uno puede comprender que tanto la carretera como el ferrocarril y el canal compartan un recorrido muy paralelo.

Desde Fort William el camino discurre junto a esos lochs que llenan la fractura en dirección noreste. Gracias a esa continuidad se consolidó pronto como el paso más directo entre una costa y otra, y por ese motivo fue aquí donde, en el siglo XIX, se abrió el canal de Caledonia.

La obra, más adelante, aprovechó los lagos naturales y los conectó mediante tramos excavados y un sistema de esclusas que permiten superar los distintos niveles del terreno. En **Corpach**, junto a Fort William, comienza el recorrido en el nivel del mar y en pocos minutos aparece Neptune's Staircase, una sucesión de compuertas que elevan las embarcaciones hasta el tramo siguiente. Luego, **Banavie** se desarrolló alrededor de este punto y todavía conserva ese ritmo de navegación lenta, con puentes giratorios y senderos junto al canal por donde antaño se arrastraban las embarcaciones, ahora usados para caminar o ir en bicicleta. Más adelante, en **Fort Augustus**, el canal vuelve a hacerse visible en pleno centro del pueblo con otra serie de esclusas que descienden hacia el Loch Ness.

El lago está en medio del valle y lo condiciona todo. Sus más de treinta kilómetros de longitud y un calado que supera los doscientos metros lo convierten en el mayor volumen de agua dulce de las islas británicas. Las carreteras bordean sus orillas sin darte nunca una vista completa, de modo que el paisaje se ve por fragmentos. En el lado oeste, el **castillo de Urquhart** se alza sobre una pequeña península que sí permite una de las pocas panorámicas abiertas. Fue una fortaleza medieval y hoy puedes visitarlo como punto de interpretación del lago y de su pasado.

Drumnadrochit se ha convertido en el principal núcleo de servicios en esta orilla oeste. Desde aquí parten rutas hacia el interior y barcos turísticos que recorren el loch, lo cual te permite una manera distinta de apreciar su dimensión real y la pendiente de las montañas que lo rodean. La fama del monstruo pertenece a las historias populares, pero lo que de verdad impresiona a nivel visual es la sensación de profundidad del lago. Se aprecia por el color oscuro del agua, teñida por la turba que baja desde las colinas con la lluvia.

Si desde Fort William se mira hacia el oeste, el eje del Great Glen se interrumpe en un desvío que conduce a **Glenfinnan**. Allí el viaducto se curva sobre el valle siguiendo la vía de la línea ferroviaria que une las Highlands con la costa atlántica. Fue construido a finales del siglo XIX en hormigón, un material poco habitual para la época en grandes infraestructuras, y con el tiempo se ha convertido en uno de los puntos más visitados. La llegada del tren de vapor en los meses de verano, para delicia de los amantes de la saga Harry Potter, nos recuerda de soslayo la importancia que tuvo el ferrocarril para conectar estas comunidades aisladas. Justo al lado opuesto de la carretera puedes encontrar el monumento que conmemora el inicio del levantamiento jacobita de 1745, en la orilla del **Loch Shiel**, donde Carlos Eduardo Estuardo reunió a sus tropas antes de avanzar hacia el sur para acabar venciendo en Prestonpans.

El otro gran desvío hacia el oeste sale desde **Invergarry** y atraviesa Glen Shiel. La carretera sube entre montañas que parecen acercarse a la cuneta a medida que se avanza, con el valle encajándose cada vez más entre miradores naturales y pequeñas paradas junto al río.

Te recomiendo un pequeño receso en una chocolatería artesanal, Chocolates of Glenshiel, que encontrarás de repente como un oasis en el desierto y cuyo aroma a cacao recién hecho sorprende en medio de un panorama tan agreste.

El horizonte se vuelve a ensanchar en dirección al Loch Duich hasta llegar a **Dornie**, donde surge el perfil del **castillo de Eilean Donan**, en la unión de tres lagos de agua salada. Su posición defendía el paso entre el interior y la costa y tuvo un papel fundamental durante el segundo alzamiento jacobita de 1719, año en el que fue bombardeado y destruido. La reconstrucción del siglo XX por cuenta del clan MacRae le dio la imagen actual, pero lo realmente interesante sigue siendo su fantástico emplazamiento.

Episodio: "El Castillo de Eilean Donan" (11:22)

Fort William queda así en el extremo sureste desde aquí. Su origen como bastión nos da una pista sobre su nombre actual, (antes An Gearasdan, "el fuerte" en castellano) y su función inicial de control militar sobre el territorio. Está bañado por las aguas atlánticas junto al Loch Linnhe. De ahí que con el tiempo se convirtiera en un centro de conexiones logísticas en el que convergen todas las vías de comunicación por tierra y por mar hacia las islas. En la actualidad, para muchos amantes de la montaña es una zona de interés porque es donde concluye la famosa ruta senderista The West Highland Way. También te puede servir como base para explorar la zona, con acceso directo al Ben Nevis, a las travesías en barco por el canal y a las conexiones marítimas hacia las Hébridas desde **Mallaig**.

Mi recomendación, si paras a comer en Fort William, es que no te pierdas el marisco del Crannog Seafood Restaurant.

Al norte del Great Glen llegamos a Inverness. Las montañas van perdiendo altura y el río Ness te conduce hacia el fiordo de Moray. Su nombre en gaéilico, Inbhir Nis, significa "desembocadura del Ness" y lo describe a la perfección.

Inverness fue un punto estratégico entre las Highlands y el resto de la nación. Aquí existió una fortaleza real desde la Edad Media, erigida en el mismo promontorio que ahora ocupa el castillo. El edificio actual es una construcción del siglo XIX, pero mantiene esa posición elevada sobre el río que permitía vigilar el paso entre el interior de las Highlands y la costa. La ciudad no destaca por tener un gran patrimonio monumental. Es interesante por la función que tiene como centro administrativo y comercial del norte. Tras la derrota jacobita de 1746 en el **páramo de Culloden**, a cinco millas al este, el control militar británico sobre las Highlands se reforzó y ganó peso como núcleo de organización del territorio.

El margen del río Ness es genial para dar buenos paseos a pie y ver las pequeñas islas arboladas que brotan del propio río. Las visitas más recomendables en Inverness son la **catedral de St Andrew**, del siglo XIX, y el **Victorian Market**.

Para almorzar o cenar hay mucha más variedad que en ningún otro lugar de las Highlands, aunque siempre me gusta recomendar el Restaurante Prime, frente al castillo, por la calidad de sus carnes y pescados, pero sobre todo por sus mejillones.

Episodio: "Un día en Inverness" (16:42)

Sutherland, Wester Ross y Caithness

Si desde Inverness decides avanzar hacia el norte, el aspecto del territorio vuelve a cambiar. Wester Ross te mete de lleno en una foto de postal. A diferencia del Great Glen, aquí las montañas dejan de ser cadenas continuas y se levantan de manera aislada sobre un terreno amplio y casi vacío. **Torridon**, **Liathach** o **Stac Pollaidh** son paradas con encanto si te gusta el senderismo.

Las carreteras en esta región son de un único carril para circular en ambos sentidos, plagadas de apartaderos que le dan un toque auténtico. Conducir con calma es necesario, pero también aconsejable para disfrutar del paisaje. El trayecto hacia **Applecross** por el paso de **Bealach na Bà** asciende con curvas cerradas hasta superar los seiscientos metros antes de caer hacia la costa atlántica. Desde arriba las vistas estremecen por su belleza y te hacen comprender el aislamiento en el que vivieron quienes habitaron estas tierras en el pasado.

Ullapool es un pequeño puerto desde el que zarpan ferris hacia las Hébridas Exteriores, pero también es uno de los puntos de parada de la famosa ruta North Coast 500. Esta ruta circular empieza y termina en Inverness y dibuja un gran arco por la costa de Wester Ross, Sutherland y Caithness. Se trata de una ruta paisajística en coche, con paradas en distintos pueblos con mucho encanto. Se ha hecho muy popular en los últimos años desde que fue lanzada en 2015 para dinamizar la economía de una zona preciosa pero poco turística, muy alejada de los puntos más concurridos como el Loch Ness. Sus 516 millas (830 km) son la promesa segura de un itinerario de cuento por la Escocia más auténtica.

En Sutherland el relieve vuelve a suavizarse y las carreteras mejoran. Su población es escasa y esa realidad tiene raíces profundas en las "Clearances", que cambiaron esta región hace dos siglos y dejaron grandes parcelas dedicadas a la ganadería. Aún hoy puedes recorrer millas en determinadas épocas del año sin cruzarte apenas con nadie.

En la costa este de Sutherland hay un castillo importante que me gustaría destacar: **Dunrobin Castle**. Su silueta, inspirada en los palacios franceses, sorprende en un paraje tan diáfano junto a la playa. Fue la residencia principal de los duques de Sutherland y muestra el poder que tuvieron en plena etapa victoriana. Los enormes jardines, inspirados en Versalles, se orientan hacia el mar y su sobriedad contrasta con la austeridad del resto de la zona.

Sin embargo, a pocas millas de allí, cruzando hacia el oeste, **Durness** muestra una fotografía bien distinta. Acantilados expuestos al Atlántico y playas como Sango Bay evidencian que el norte no es solo roca oscura contra el viento. Cuando la luz acompaña, el color del agua cambia por completo y rompe con la imagen preconcebida que muchos traen en la cabeza. Allí se encuentra la conocida **Smoo Cave**, una cueva abierta en la roca por la acción conjunta del mar y del agua dulce. Su enorme boca da paso a una cámara interior donde cae una pequeña cascada que amplía la cavidad conforme se avanza. Es una parada breve pero distinta, que te permite asomarte al interior geológico de las montañas.

En Caithness el terreno se allana casi por completo. Las montañas quedan atrás y la costa del mar del Norte se convierte en protagonista de nuevo con los acantilados de **Duncansby Head** y las formaciones rocosas que se alzan frente al agua. **John o'Groats** es una referencia geográfica para los que cruzan Gran Bretaña de sur a norte. Hablamos de una pequeña aldea costera en la punta noreste del mapa, con casas alineadas frente a la costa y fachadas pintadas de colores. El nombre se atribuye a Jan de Groot, un comerciante de los Países Bajos asentado aquí en el siglo XV.

Thurso y **Wick** son localidades más grandes pero tranquilas, también frente al mar y en el siglo XIX, Wick fue uno de los principales puertos arenqueros de Europa. La oferta gastronómica aquí es bastante limitada, pero quiero destacar el Nº1 Bistro porque allí probé el mejor rodaballo que he comido nunca.

Si has llegado hasta este punto siguiendo la NC500 o por libre, habrás entendido que el norte es preciso recorrerlo despacio, con tiempo. Es una Escocia menos conocida que se puede explorar sin necesidad de tomar ningún barco. Pero si consideras que el ferry puede sumar en tu aventura, vamos con los tres últimos capítulos dedicados a los archipiélagos…

Capítulo 26. Las islas Hébridas

Las Hébridas constituyen un amplio archipiélago frente a la costa noroeste, con más de ciento cincuenta islas, de las que solo menos de un tercio tienen población permanente. A nivel geográfico se dividen en dos grandes conjuntos. Las Hébridas Interiores se sitúan más próximas a la costa occidental de las Highlands y en ellas destacan Skye, Mull, Staffa, Islay y Jura, islas muy distintas entre sí y con una notable diversidad orográfica. Más hacia el oeste, ya en pleno Atlántico, se encuentra el arco que describen las Hébridas Exteriores, una cadena larga y casi continua que actúa como barrera natural frente al océano. Lewis y Harris (que en realidad conforman una sola isla), Benbecula, North Uist y South Uist componen su principal núcleo habitado, mientras que pequeños archipiélagos como St Kilda o las Flannan aparecen aislados, mar adentro como los ejemplos más extremos en ese límite.

Su condición insular, abiertas al Atlántico y dependientes casi por completo del mar, ha permitido que aquí se conserven algunas de las expresiones culturales más familiares de Escocia. El gaélico sigue vivo en muchas comunidades, sobre todo en las Hébridas Exteriores. Allí para muchos es parte del día a día. Aparece en las señales de tráfico, en los nombres de los lugares, en la música e incluso en las conversaciones en los pubs. Junto a la lengua, se mantienen vivas las actividades que han definido estas islas a lo largo del tiempo. El mar sigue siendo sustento y camino, mientras que la tarea de hilar y tejer con el paso de las generaciones ha creado una tradición que ha terminado traspasando fronteras.

Hébridas Interiores

Skye aparece en el mapa como la mayor de las islas de las Hébridas Interiores, unida a la Escocia continental por el puente de Kyle of Lochalsh. Es, sin duda, la más popular y está más orientada al turismo que ninguna. Cruzar hoy el puente de Skye en Kyle of Lochalsh parece algo normal, pero años atrás la isla dependió de un pequeño ferry para comunicarse con Gran Bretaña. La estructura actual se inauguró en 1995 con financiación privada y un peaje desmesurado que afectaba especialmente a los vecinos, obligados a pagar por un trayecto de apenas un minuto. La oposición local convirtió el puente en objeto de debate sobre los servicios públicos en las Highlands. Con tanta presión, tras la creación del Parlamento escocés, el gobierno compró la concesión y en 2004 eliminó el precio a pagar. Desde ese momento, la isla experimentó un cambio radical. Ganó en accesibilidad, los servicios se volvieron más ágiles y la vida para los residentes resultó mucho más sencilla, pero al mismo tiempo el turismo creció a una velocidad desconocida hasta entonces. Todo el mundo quería disfrutar de Skye y llegar ya no exigía planificación ni espera, así que pasó de ser un destino remoto a convertirse en una excursión posible en cualquier momento del año. Esa popularidad tiene una consecuencia directa para quien organiza su ruta.

En temporada alta la isla recibe un volumen de visitantes muy superior al que pueden absorber sus infraestructuras. Muchas carreteras son de un solo carril con apartaderos y los trayectos que, sobre el mapa parecen cortos, se alargan con facilidad. Por ese motivo es recomendable moverse con margen, planificar los trayectos sin ajustar demasiado los horarios y asumir que en determinados momentos puede haber tráfico lento.

La historia de la isla está escrita en dos apellidos: los MacLeod y los MacDonald, estos últimos conocidos como los Señores de las Islas. Ambos clanes fueron los protagonistas de alianzas, disputas por la tierra y el control de las rutas marítimas que conectaban Skye con las islas vecinas.

El castillo de Dunvegan, situado en la costa noroeste, es la residencia del clan MacLeod desde hace unos ochocientos años, lo que lo convierte en el castillo más antiguo de Escocia habitado sin interrupción. Todo comenzó con una torre del siglo XIII que fue creciendo con el tiempo según las necesidades del clan, hasta formar un edificio donde conviven distintas épocas y estilos. En el siglo XIX tomó el aspecto romántico que puedes ver en la actualidad. Su equivalente en el ámbito de los MacDonald se encuentra en ruinas al sur de la isla, en la península de Sleat, donde establecieron su base en Armadale.

El recorrido por Skye suele comenzar al cruzar el puente si vienes por carretera. Después de Kyleakin, **Broadford** surge más adelante como el primer gran núcleo de servicios de la isla, ubicado junto a una amplia bahía. Solo aquí y en Portree podrás encontrar un supermercado en condiciones y una gasolinera para poder repostar. Quizá no sea el lugar más pintoresco, pero sí uno de los más útiles.

Si sigues la carretera hacia el norte llegarás al puente viejo de **Sligachan** levantado a comienzos del siglo XIX por Thomas Telford. Señala el corazón geográfico de la isla y uno de sus paisajes más bonitos, con las montañas Black Cuillin como telón de fondo. Es un sitio de paso desde tiempos inmemoriales, pero además es un escenario muy ligado al folclore. No te sorprendas si ves a personas metiendo la cara en el gélido río, ya que la leyenda asegura que quien sumerja el rostro en las aguas del Sligachan siete segundos seguidos obtendrá la belleza eterna.

Portree, la capital y la localidad más poblada, se asienta en torno a su bahía, con fachadas de colores reflejadas en el agua y un ambiente donde se concentra mucha de la vida social de Skye. Su nombre original (Port Rìgh) en gaélico significa "puerto del rey", homenajeando a Jacobo V, que vino en 1540 para reforzar la autoridad de la corona en los territorios controlados por los clanes. Desde el propio muelle parten muchas de las rutas en barco que recorren la costa para observar acantilados y fauna marina. Es una buena opción que te recomiendo porque tiene un encanto muy especial. Entre los restaurantes, Sea Breezes es uno de los más apreciados, un local pequeño en el puerto, centrado en pescado y marisco.

Desde Portree la carretera se dirige hacia el norte siguiendo la península de Trotternish, el gran paisaje volcánico de Skye. Es posible que los paisajes más fotografiados que veas en redes sociales estén en esta zona. La caminata más emblemática es la del **Old Man of Storr**, un recorrido de unos cuatro kilómetros de dificultad media que sube hasta la base de la aguja de piedra de cincuenta y cinco metros, con vistas tremendas hacia las islas de Raasay y Rona. Una vez arriba comprendes que subir fue la mejor decisión del viaje.

Más adelante, la línea de acantilados nos lleva hasta **Kilt Rock**, donde las columnas verticales de basalto recuerdan el plisado de un kilt y la cascada de Mealt cae desde lo alto al mar. El camino te lleva después por una carretera angosta que sube y cruza hacia el oeste hasta **The Quiraing**. Se trata de una formación geológica espectacular causada por grandes deslizamientos de tierra que han creado mesetas y agujas de roca. Esta es otra de las rutas preferidas por los excursionistas, con un recorrido circular de unos siete kilómetros que atraviesa pasos estrechos y terrazas naturales excepcionales.

Otro de los rincones imprescindibles de Skye es el **Fairy Glen**, un pequeño valle de colinas cónicas cubiertas de helechos que dibujan un escenario de fantasía. Se recorre a pie en un paseo corto y sin ninguna dificultad, entre senderos que serpentean entre colinas naturales hasta la base de Castle Ewen, la principal formación rocosa encajada entre laderas. Muy cerca está el poblado de **Uig**, donde puedes encontrar el puerto de salida de los ferris hacia las Hébridas Exteriores. Allí también está la fábrica artesanal Skye Brewery, en la que puedes probar varios tipos de cerveza de elaboración local.

Entre los muchos lugares que aún nos quedarían por mencionar, **Neist Point** sobresale como uno de los grandes miradores en el oeste. Desde el aparcamiento dispones de dos opciones: el camino principal desciende hasta el faro y la otra alternativa avanza en paralelo a lo alto de los acantilados. Esto te permite caminar un buen tramo con vistas continuas al Atlántico y a las paredes de roca, donde verás aves marinas. Las dos rutas son sencillas y no requieren experiencia, pero siempre es recomendable llevar buen calzado y extremar la atención cuando llueve o sopla el viento.

Junto a la isla de Skye destaca la de **Mull**, otro de los nombres esenciales del archipiélago. Es montañosa, y su acceso resulta bastante sencillo gracias al ferry que la conecta con Oban en poco menos de una hora. Su principal núcleo de población está en su capital, **Tobermory**. Es popular por su bahía de casas de colores y por la destilería que produce los whiskies Tobermory y Ledaig. A muy poca distancia, una de las paradas más auténticas es Isle of Mull Cheese, una granja familiar en la que se puede ver el proceso de elaboración del queso y probarlo en su propio origen. Allí mismo, puedes relajarte en el Glass Barn Café, un bucólico invernadero cubierto de parra, en el que la carta gira en torno al producto de la casa.

La silueta de **Duart Castle** es una de las primeras imágenes que verás a lo lejos desde el ferry a Mull. Es la sede histórica del clan MacLean y ocupa una posición estratégica en un saliente rocoso en la costa este de la isla. Su origen se remonta al siglo XIII y, tras quedar en ruinas en el XVIII, fue recuperado piedra a piedra por el jefe del clan a comienzos del siglo XX.

Si avanzas hacia el oeste, los caminos te llevarán entre páramos y colinas, donde es habitual ver águilas de cola blanca, una de las grandes rapaces de la zona. En el norte, destaca **Calgary Bay** una playa de arena blanca y fina, mientras que en la costa oeste las cascadas de **Eas Fors** son un espectáculo de agua que cae en varios niveles. Al sur, el camino hacia Fionnphort alterna lochs y áreas de pasto hasta el pequeño embarcadero desde el que se alcanza **Iona** tras una breve travesía. Aquí te mueves a pie, y ese ritmo más lento cambia por completo la experiencia. La tradición histórica lo sitúa como un activo foco de espiritualidad cristiana desde la llegada de St Columba en el año 563. La comunidad monástica que estableció logró mantenerse hasta finales del siglo XII pese a las constantes incursiones vikingas, momento en el que se impulsó la creación de una abadía benedictina. La Reforma puso fin a la vida monástica en la isla, no obstante, las peregrinaciones al altar del santo continuaron y la zona mantuvo su condición de espacio sagrado. Desde el núcleo de la abadía comienza el camino que asciende hasta Dùn I, la colina más alta de Iona. La subida es suave y accesible, y desde la cima se obtiene una visión completa de la isla. El recorrido puede continuar hacia las playas del oeste, donde el paisaje ya cambia por completo. **St Columba's Bay**, formada por cantos rodados pulidos por el mar, se asocia con la llegada del santo y brinda un ambiente recogido que acentúa su potencia espiritual.

Episodio: "La abadía de Iona" (35:25)

Desde Mull zarpan con frecuencia pequeñas embarcaciones que te dan la opción de ampliar la visita hacia otras islas del entorno. Esas salidas se han convertido en una de las experiencias más completas para comprender la riqueza natural de las Hébridas Interiores. La más conocida es la que conduce a **Staffa**, una isla deshabitada de origen volcánico cuya silueta aparece de repente sobre el mar como una plataforma de columnas basálticas. En su lado sur se abre la célebre **Fingal's Cave**, una cavidad formada por esas mismas columnas hexagonales que crean una bóveda natural sobre el agua. El oleaje entra y sale de la cueva produciendo una resonancia muy característica, responsable de que en el siglo XIX se despertara la fascinación de pintores y músicos por llegar hasta aquí.

Muchas de esas excursiones continúan hasta **Lunga**, también en el archipiélago de las Treshnish, donde el protagonismo pasa de la geología a la fauna. Allí puedes encontrar una de las colonias de frailecillos atlánticos más accesibles de Escocia. Estas aves llegan a tierra firme en decenas de miles para reproducirse a finales de la primavera y se quedan hasta mediados del verano, más en concreto están entre mayo y comienzos de agosto. Durante esas semanas, el suelo se llena de madrigueras excavadas en la hierba y su vuelo constante entre el mar y los acantilados pone a tu alcance observarlos desde muy cerca. Su pico triangular y coloreado (que solo muestran en época reproductora) y la manera en que aterrizan torpemente con varios peces cruzados en el pico los han convertido en uno de los grandes reclamos.

Al sur de las Hébridas se encuentran **Islay** y **Jura**. Ambas islas están relacionadas a nivel mundial a la producción de whisky, pero Islay en particular es mucho más que la isla de los ahumados que vimos en capítulos anteriores. En su momento también fue importante a nivel político y visitarla te da la posibilidad de adentrarte en ese pasado. Puede ser buena idea pasar allí varios días con calma y entre los rincones que merece la pena conocer, hay dos que sobresalen: el primero es **Finlaggan**. Allí estuvo el centro político de los Señores de las Islas entre los siglos XIII y XV, desde donde gobernaban casi todo el archipiélago. Se encuentra en un islote dentro de un lago con el mismo nombre, y conserva la vieja capilla y restos de edificios administrativos. Era común celebrar en este punto todas las ceremonias de investidura del Señor de las Islas, perteneciente al linaje MacDonald, en un entorno cargado de simbolismo. Su caída en 1493 determinó el final del poder autónomo gaélico en las Hébridas en favor de la corona.

El segundo monumento de la isla que me resulta fascinante es **la cruz de Kildalton**. Es una escultura cristiana del siglo VIII situada al sur, junto a una pequeña iglesia en ruinas. Con más de dos metros de altura, conserva relieves muy bien definidos, entre ellos escenas bíblicas y trenzados propios del arte insular. Es una de las cruces celtas mejor conservadas de su época y refleja la conexión de la isla con Irlanda y con el mundo monástico del Atlántico temprano.

Hébridas Exteriores

Es la región más occidental del archipiélago y en este mar de pequeñas islas sobresale **Lewis y Harris**. Quizá es a día de hoy la más turística después de Skye y Mull y no es de extrañar porque allí conviven paisajes de ensueño con vestigios monumentales.

Lewis, en el extremo norte, tiene como capital **Stornoway**, la comunidad más grande de las Hébridas Exteriores con cerca de ocho mil habitantes. Su castillo fue construido a mediados del siglo XIX por James Matheson, un empresario que había hecho fortuna con el comercio de opio entre la India colonial y Asia. Lo construyó como su mansión y residencia principal porque antes había comprado la isla por 190.000 libras, convirtiéndola en una finca privada que incluía tierras, arrendamientos y un control total de su economía. Invirtió en infraestructuras e hizo prosperar a los isleños, pero todo se vino abajo con la gran hambruna de la patata (que no solo afectó a Irlanda), cuando muchos habitantes decidieron emigrar a Canadá. Matheson falleció y con ello la isla fue disgregándose, cambiando de manos y aún ahora muchos de sus territorios pertenecen a organizaciones locales. Cuando paseas por los jardines del Castillo de Lews y miras hacia el puerto, puedes ver la huella de aquel momento en que un comerciante decidió comprar una isla atlántica entera y dejar en ella su impronta.

Una vez en Stornoway, si eres amante de los dulces, en la pastelería Hebridean Bakehouse puedes comer las mejores galletas rellenas. Simplemente increibles.

Pero hay otra parada necesaria para todo turista que llega hasta aquí. Las **Callanish Stones**, que se alzan a unos veinte minutos de Stornoway desde hace más de cinco mil años, formando un círculo central del que parten varias alineaciones de monolitos. El conjunto está en una pequeña elevación con vistas al océano, y desde ahí gana bastante en presencia dentro del paisaje. La disposición nos sugiere un espacio ceremonial vinculado al cielo y al movimiento de la luna. Caminar entre las piedras transmite la sensación de estar dentro de un área donde la comunidad se reunía en torno a algo que iba más allá de lo terrenal. Créeme, esa fuerza todavía se puede sentir allí.

También destaca la visita a **Gearrannan Blackhouse Village**, un grupo de viviendas tradicionales de piedra con techo de paja, que reflejan cómo se vivía en las Hébridas hasta bien entrado el siglo XX. En estas casas compartían espacio personas y animales, con un fuego central como base de la vida diaria. Los gruesos muros y la cubierta vegetal impermeable protegían de los azotes del viento constante del Atlántico y de la lluvia. Hoy puedes encontrar exhibiciones que hacen voluntarios locales y que te enseñan cómo vivían sus ancestros hace apenas un siglo.

Otra visita interesante es la del **Broch de Dun Carloway** tanto por las vistas que te regala como por el tipo de construcción. Entraré más en profundidad en los brochs en el siguiente capítulo sobre las Islas Orcadas.

Si recorres la isla hacia el sur por su extremo oeste, llegarás a la preciosa bahía de Uig, todavía en Lewis. Allí, en 1831 se encontraron en la playa un conjunto de figuras de ajedrez talladas en marfil de morsa y dientes de ballena, datadas en el siglo XII. Con toda probabilidad fueron elaboradas en Noruega, en el ámbito cultural nórdico que dominaba las islas en esa época. En la actualidad se consideran uno de los hallazgos medievales más importantes del mundo atlántico, aunque para verlas tendrás que hacerlo en el Museo Nacional de Edimburgo (donde conservan algunas) o en el Museo Británico de Londres (donde están el resto de ellas).

Más al sur, llegarás a Harris, aunque solo deberás seguir la carretera, ya que ambas islas se integran en una sola. Es aquí donde descubrirás todas esas playas que has visto alguna vez en Instagram y te has preguntado que cómo es posible que eso esté en Escocia. Pero lo está. **Luskentyre** es una de ellas y es capaz de cambiar la imagen que uno tiene del Atlántico norte. Se extiende a lo largo de varios kilómetros en la costa oeste de Harris, frente a la isla de Taransay. La arena es fina, y cuando el sol aparece el agua adopta tonos turquesa que recuerdan latitudes más cálidas, aunque el termómetro diga lo contrario. No es la única playa de este estilo, pero sí la más llamativa.

Dejándola atrás, la carretera continua hasta el extremo sur y allí puedes hacer parada en **St Clemens Church**, en Rodel. Fue construida a finales del siglo XV por el clan MacLeod y es uno de los mejores ejemplos de arquitectura medieval en las Hébridas. En su interior conserva tumbas esculpidas con gran precisión, dedicadas a los jefes del clan. La puerta siempre está abierta y será raro que encuentres a alguien dentro, por lo que puedes disfrutar por libre viendo cada detalle.

Para seguir con un recorrido circular, te recomiendo que tomes la llamada **Golden Road** que te llevará de nuevo al norte por la costa este. La carretera es estrecha, pero las vistas la convierten en un tramo especialmente atractivo, y conduce hasta Tarbert, la principal localidad de Harris. Allí hay algo de restauración y una destilería que elabora whisky y ginebra muy apreciada a nivel local, **la Harris Distillery.** Junto a ella verás la tienda de Harris Tweed. Empezó en el siglo XIX como un tejido resistente elaborado por los isleños en sus propias casas. Con el tiempo ganó prestigio y empezó a exportarse. Ya desde 1909 está establecido que solo puede producirse a mano en las Hébridas Exteriores, con lana de ovejas autóctonas teñida con colores inspirados en el paisaje. Sigue siendo una industria que combina tradición artesanal con fama internacional.

Hacia el sur de Lewis y Harris se extiende a lo largo el arco formado por las islas exteriores con su eje principal. De norte a sur este eje está formado por **Berneray**, **North Uist**, **Bencecula**, **South Uist**, **Eriskay**, **Barra** y **Vatersay**. Todas están habitadas y presentan un turismo mínimo, por lo que adentrarse en ellas supone toda una aventura a la hora de encontrar restaurantes y alojamiento. Algunas están conectadas por puentes y en otras hay que usar los ferries de CalMac, pero todas y cada una sorprenden con paisajes costeros y con historia local. Si tienes tiempo para planificarlo bien, recorrerlas no hará que te arrepientas.

Y ya, por último, a unos sesenta kilómetros al este de Harris, en medio del Atlántico, hay un pequeño grupo de cuatro islas que forman el archipiélago de **St Kilda**. Allí se sostuvo una pequeña comunidad con habitantes que vivían de las aves marinas y que tenían un sistema agrícola muy adaptado a su territorio abrupto. En 1930 la población fue evacuada ante las dificultades para mantenerse en condiciones tan exigentes. Hoy es reconocido como Patrimonio de la Humanidad por la UNESCO por partida doble. En 1986 fue inscrito por su valor natural y en 2006 como patrimonio cultural. Conserva todavía las huellas de aquella forma tan especial de vivir.

Visitarlas merece mucho la pena, y aunque es complicado llegar, no es imposible ya que dispones de una pequeña embarcación tripulada para hacerlo con solo doce plazas al día. Te aseguro que esa sí que es una auténtica aventura…

Episodio: "St Kilda" (48:52)

Capítulo 27. Las islas Orcadas

Las Orcadas (Orkney) son un archipiélago formado por unas setenta islas, de las cuales alrededor de veinte están habitadas. Viven aquí poco más de 22.000 personas y su isla principal, Mainland, concentra la mayor parte de la población y de los servicios, con Kirkwall como centro administrativo y comercial.

Están a unos dieciséis kilómetros al norte de la costa de Gran Bretaña, separadas por el Pentland Firth, uno de los pasos marítimos con corrientes más fuertes de Europa. Permanecieron bajo soberanía noruega hasta 1468 y esa doble orientación ha dejado huella en la cultura local e incluso en los apellidos más comunes entre los isleños.

Puedes llegar por mar o por aire, y si te decantas por la primera opción, dispones de dos rutas diferentes: la primera te lleva en poco más de una hora desde St Gill's Bay hasta St Margaret's Hope, en la isla de South Ronaldsay (Pentland Ferries). La segunda, con una duración algo mayor sería desde Scrabster hasta el puerto de Stromness, ya en Mainland (Northlink Ferries).

En el presente, la economía de las islas se apoya en el aprovechamiento directo de la tierra y del mar, con grandes explotaciones ganaderas junto a una actividad pesquera que sigue siendo importante. A esto se suma el desarrollo reciente de las energías renovables y la llegada constante de visitantes, muchos de ellos a bordo de cruceros que hacen parada en el puerto de Kirkwall. Los días de escala, concentran turistas durante unas horas en enclaves muy concretos de Mainland. El resto del tiempo, las islas funcionan con su dinámica habitual, con pocos visitantes y un estilo de vida muy tranquilo.

Las Orcadas tienen un dato que las sitúa en el mapa europeo con peso propio. En muy poco terreno reúnen uno de los conjuntos arqueológicos mejor conservados del continente: el Corazón Neolítico de Orkney. A eso hay que sumar su abundante legado nórdico y su pasado en la historia reciente del Reino Unido. Y con estos elementos sobre la mesa, se presentan como un territorio pequeño en extensión, pero enorme en calado histórico y personalidad.

Para abordar el archipiélago, vamos a recorrerlo en tres niveles. Primero, la prehistoria, ya que aquí el Neolítico es una realidad física que todavía reina en el paisaje. Después, la historia antigua y reciente y, por último, la tradición actual, que explica cómo viven sus habitantes y cómo esa herencia antigua sigue influyendo en la identidad insular.

Prehistoria

Las Islas Orcadas, sin duda, concentran uno de los paisajes prehistóricos más impresionantes de Europa. En apenas unos kilómetros cuadrados se conserva un conjunto de monumentos que hablan de una sociedad organizada con conocimientos técnicos destacados. Restos arqueológicos bien conservados, nos dan certezas de cómo vivían y morían los habitantes de estas islas hace más de cuatro milenios.

Desde las curiosas viviendas hasta los grandes complejos ceremoniales, todo respondía a un mismo sistema cultural. Cuando uno recorre la zona central de Mainland, comprende que aquellas comunidades diseñaron aquel espacio común con mucho sentido. Vivían allí, justo frente a los monumentos, enterrando a sus muertos cerca de donde celebraban sus reuniones ceremoniales e incluso observaban el cielo desde lugares construidos con esa intención.

A pesar de que existen multitud de yacimientos abiertos al público, me gustaría destacar los principales en este apartado:

Skara Brae es un buen punto de partida para fijarnos en cómo vivía aquel pueblo hace unos cinco mil años. Apareció de repente en 1850 después de una tormenta que arrancó la arena que lo había estado cubriendo. Lo que salió a la luz fueron casas enteras que formaban un poblado. Todo esto estuvo tapado a través de los siglos, y ahora podemos caminar entre sus vestigios casi igual que hicieron sus aldeanos en el pasado. Las viviendas hechas de roca, madera, pieles y turba, conectaban entre ellas con pequeños pasillos y en el interior aún se conservan camas de piedra, estanterías, e incluso los centros donde hacían sus hogueras. El diseño transmite orden con una sensación de que todo se encontraba organizado con mucha inteligencia. Hablamos de un asentamiento que ya estaba en marcha hacia el 3100 a.C.

Estos pueblos basaban su existencia en la pesca, el cultivo y la ganadería por ese orden. A nivel arquitectónico supieron adaptarse al clima atlántico (por entonces algo más suave) con construcciones que, en ocasiones, estaban semienterradas en la piedra. Caminar por Skara Brae junto a la playa te hace viajar en el tiempo a una aldea prehistórica con mucho bullicio y actividad.

A pocos minutos de allí, se levantan las **Stones of Stenness**, uno de los primeros círculos de piedra construidos en las islas. Sus monolitos son altos y estilizados ocupando una posición estratégica junto al lago. Las piedras forman un límite definido dentro del paisaje y transmiten cierta solemnidad. Desde allí hay conexión visual con otros monumentos cercanos lo que nos da a entender que, con toda probabilidad, la elección del sitio respondía a esa intención. Todo parece interconectado.

Las excavaciones han ido sacando a la luz actividad ritual por todas partes. Es muy probable que el círculo respondiera a un sistema más amplio que incluía asentamientos y otros espacios simbólicos. Stenness te sirve como una primera aproximación al mundo ceremonial del Neolítico en las Orcadas.

El Anillo de Brodgar amplía esta escala porque se trata de uno de los grandes círculos megalíticos de Europa, con decenas de piedras dispuestas sobre una estrecha franja de tierra entre dos lagos. Se puede ver en la lejanía desde Stennes y su tamaño es impactante. Levantar cada bloque exigiría de la coordinación y el trabajo colectivo de muchas personas que carecían de tecnología moderna pero no de empeño. A la sensación de paz que se percibe estando allí hay que añadir la presencia constante de los elementos naturales, que terminan por dar sentido a la vivencia.

Si caminas alrededor del anillo tienes la percepción de que el monumento interactúa con el paisaje. Que se encuentre en esa posición elevada acentúa lo imponente que resulta y el papel central que tenía. Durante siglos, este espacio concentró rituales y celebraciones que solo podemos intuir, pero por la escala revela una comunidad cohesionada. Se sabe que el sitio fue reutilizado por civilizaciones posteriores por la datación de tumbas que no coinciden con el periodo cronológico original. Para todo el que pasó por aquí siempre fue un suelo sagrado.

Aunque en realidad es **Maeshowe** lo que representa el lado funerario y astronómico del complejo. Desde fuera parece una suave colina bastante discreta, pero dentro espera una obra de ingeniería que sorprende. Es una de las tumbas de cámara mejor conservadas del hemisferio norte, con un largo pasillo orientado hacia el solsticio de invierno. En los días más cortos del año, la luz del atardecer entra hasta el fondo de la estancia. Esa alineación tan precisa nos revela que observaban el cielo y planificaban algunas construcciones con base astronómica. Las juntas en la piedra encajan con tal precisión milimétrica que el interior se ha mantenido estable, aunque hayan transcurrido milenios. Y es que Maeshowe ya llevaba allí dos siglos cuando los egipcios pusieron la primera piedra de la Pirámide de Keops, la más antigua de la Meseta de Guiza. Este es uno de los hitos que más me emociona cuando veo monumentos de este calado sin una masificación que sin duda merecerían. Orcadas no promociona demasiado su turismo internacional y eso es algo que juega a tu favor en este tipo de lugares.

En torno al siglo XII, un grupo de vikingos, por motivos desconocidos, forzó la entrada y dejó inscripciones rúnicas en las paredes. El efecto es casi cinematográfico porque representa un diálogo del Neolítico con la Edad Media dentro de la misma cámara en la que uno se encuentra.

En medio de todo esto, la isla vecina de Rousay (conocida entre los arqueólogos como "el pequeño Egipto") guarda otra pieza mucho más antigua en **Taversoe Tuick**. Se trata de un túmulo neolítico construido alrededor del 3500 a.C., con dos cámaras superpuestas que se comunican mediante un acceso interior. Por fuera debía de tener el aspecto de una loma tranquila cubierta de turba, y por dentro conserva esa arquitectura funeraria que conecta con el mundo de los primeros agricultores de las islas. Se puede acceder sin problema y la conservación corre a cargo de Historic Scotland, que ha cubierto el túmulo con una pequeña edificación para evitar que los elementos deterioren el yacimiento. La cercanía entre Rousay y Mainland evidencia que había actividad neolítica en varias o quizá en todas las islas del archipiélago y que sin duda todavía quedan muchos hallazgos por descubrir.

Por otro lado, excavaciones recientes en el **Ness of Brodgar** han añadido otra capa fascinante porque han aparecido edificios de gran tamaño, decorados con piedra tallada y pigmentos, que también apuntan a reuniones comunitarias y rituales complejos. Esto refuerza la idea de que Orcadas fue un centro cultural muy influyente en su época. Un foco de conocimiento destacado en el Neolítico atlántico en el que se concentraban avances técnicos con organización social con una visión icónica del paisaje. Viendo la escala, es lógico determinar que vivienda, ritual y muerte se integraban en su misma realidad. Y, a lo largo de todo este tiempo, nada se ha detenido. El viento ha seguido soplando en Orcadas mientras la sociedad ha continuado con su avance.

Dejando atrás el corazón neolítico, otra categoría de monumento muy común son los brochs. Estas torres circulares nos remontan a la Edad del Hierro, levantadas hace algo más de dos mil años y hechas con paredes de doble muro sin uso de argamasa. El ingenio para idear esto sorprende cuando entras y caminas entre sus restos. En Mainland destacan sobre todo el de **Gurness** y el conjunto de **Birsay**.

Gurness se asienta junto al mar y conserva muy bien la conexión entre torre y poblado, con casas alrededor que ayudan a imaginar una comunidad organizada y con cierto estatus. En Birsay la experiencia cambia porque el acceso depende de la marea, con una pasarela que te da acceso a pie cuando el agua baja. Desde la isla tenían buenas vistas para mirar al horizonte y controlar la costa.

También en Rousay, **Midhowe** lleva esta arquitectura de los brochs a otro nivel. El espacio interior resulta amplio y transmite esa mezcla de refugio y prestigio que se asocia a estas torres. Allí apareció un pozo con depósitos de objetos y restos humanos que abren una lectura interesante del yacimiento, con una dimensión ritual muy evidente, además de una vida doméstica que casi se puede palpar.

En la pequeña isla de Shapinsay tenemos el **broch de Burroughston**, más contenido en altura, con una silueta muy agradecida junto a la costa. También hay otro en Hoxa Head, al sur, aunque de este quedan solo las bases y su estado de conservación, por desgracia, no es tan bueno como los demás.

Historia

Cuando uno avanza desde el Neolítico hacia la historia escrita en las Orcadas, el paisaje cambia de protagonistas. A partir del siglo IX el archipiélago entra de lleno en la órbita vikinga, con asentamiento estable e integración política dentro del reino de Noruega. Las Orcadas estuvieron ligadas al mundo escandinavo, algo que aún se percibe en la arquitectura de sus casas y en la actitud de quienes viven allí.

Los condes de Orkney gobernaron estas islas como un territorio propio dentro de ese ámbito nórdico. La figura más destacada fue el conde Thorfinn el Poderoso, en el siglo XI, cuya gran influencia alcanzaba hasta el norte de Escocia. En ese mismo periodo surge una historia que resume bien las tensiones de la época: Magnus Erlendsson, primero conde y después santo, fue asesinado en la isla de Egilsay tras un conflicto con su primo Håkon. Su muerte generó una devoción popular inmediata en los isleños. Años después, su sobrino Rognvald mandó construir en Kirkwall un gran santuario en su honor. Entrar hoy en la catedral de San Magnus impresiona por su piedra rojiza y por cómo se alza, majestuosa, en el centro de la localidad. Fue levantada en el siglo XII por manos nórdicas, y su estilo románico conectaría más con Trondheim que con Edimburgo. En su interior reposan los restos atribuidos al propio Magnus y al conde Rognvald. Estar allí nos traslada a una época en la que el conde y el obispo vivían y mandaban en un mismo lugar, y cada uno ansiaba tener más poder que el otro. Los enfrentamientos entre condes y obispos eran comunes en la vida pública de las islas y ambos aspiraban a influir en la población para controlar los pocos recursos de un territorio pequeño.

Ese carácter estratégico se va a mantener siglos después, aunque de otra manera porque a principios del siglo XX, el foco se desplaza hacia Scapa Flow. Este gran puerto natural, al sur de Mainland, cuenta con protección frente al oleaje del Atlántico y con espacio de sobra para acoger una flota entera. En la Primera Guerra Mundial, la Royal Navy instaló aquí su base principal y decenas de acorazados estuvieron anclados en estas aguas, que se transformaron en el centro de operaciones navales del norte.

Antes de ese momento, la estrategia naval británica miraba siempre hacia el sur. Francia fue el enemigo desde la Edad Media hasta las guerras napoleónicas, y España tuvo un papel destacado en conflictos anteriores. El Canal de la Mancha concentraba la atención porque protegía el acceso a Londres y a los principales puertos comerciales. En ese escenario, bases como Portsmouth o Plymouth tenían todo el sentido, pero a comienzos del siglo XX el mapa cambia. Alemania se convierte en la gran potencia naval emergente y el centro de gravedad se desplaza al mar del Norte. La amenaza ahora llega desde el este. La flota alemana tenía su base en Wilhelmshaven y competía con la Royal Navy en tamaño y modernización. Ese giro obligó a los británicos a replantear su geografía militar. Si el objetivo era vigilar a la flota alemana y bloquear su salida al océano, la base principal debía situarse más al norte. Scapa Flow encajaba a la perfección en esa nueva lógica. Desde aquí la Grand Fleet podía salir hacia el mar del Norte con rapidez y mantener una presión constante sobre el Imperio Alemán.

Cuando uno se sitúa frente a esas aguas tranquilas cuesta imaginar las decenas de acorazados anclados en formación. Aun así, durante la Primera Guerra Mundial, Scapa Flow se convirtió en el corazón de la marina británica. Y esto trajo consigo prosperidad y comercio, ya que la afluencia de soldados obligaba a crear nuevas infraestructuras a la que no estaban acostumbrados en la calma de estas islas.

En 1919 ocurrió un episodio que todavía está grabado en la memoria local. Tras el armisticio, la flota alemana rendida en alta mar fue llevada a Scapa Flow mientras se negociaban las condiciones del tratado de paz en Francia. El 21 de junio de ese año, el almirante Ludwig von Reuter ordenó hundir sus propios barcos capturados para evitar que fueran repartidos entre las potencias vencedoras. Los marineros alemanes, prisioneros en sus propios navíos, sabotearon y mandaron a pique más de cincuenta buques que acabaron en el fondo de la bahía. Luego se rindieron. Algunos de estos pecios fueron reflotados en las décadas siguientes, pero otros permanecen sumergidos y actualmente son uno de los destinos de buceo más conocidos entre los aficionados.

La Segunda Guerra Mundial volvió a situar la bahía en el centro del conflicto. En 1939 el submarino alemán U-47 logró penetrar en la base, torpedeó el acorazado HMS Royal Oak y causó la muerte de más de ochocientos británicos. Este ataque sacudió la moral del ejército y aceleró la remodelación de las **Churchill Barriers**, las barreras de hormigón que conectan varias islas del sur y que todavía se utilizan como carreteras de cruce. Caminar o conducir por ellas te despierta una sensación curiosa, porque lo que fueron antiguas estructuras militares están totalmente integradas en el paisaje.

En una de estas pequeñas islas, Lamb Holm, prisioneros italianos capturados en el norte de África construyeron, mientras duró la guerra, una pequeña capilla con materiales improvisados, la **Italian Chapel**, que conserva frescos pintados a mano. Es toda una obra de arte y a la vez un eterno testimonio de que, incluso en tiempos de guerra, el ser humano busca crear algo que trascienda el conflicto para evadirse de él.

Cuando recorres hoy la zona de Scapa Flow sin todo este contexto, no es fácil imaginar el peso de la historia que se acumula bajo esas aguas. Sin embargo, basta caminar por la costa para encontrar los restos de muchas baterías defensivas abandonadas que te transportan a esa etapa. Hoxa Battery es un buen ejemplo, aunque todo el litoral conserva huellas similares que recuerdan la importancia militar de este lugar.

Episodio: "Las islas Orcadas" (47:33)

La esencia de las Orcadas

Una de las cosas que más me gusta de viajar a estas islas es que sientes que estás en una parte de Escocia que no se parece a ninguna otra. Ni siquiera a Shetland por proximidad.

Además de todo lo que hemos visto hasta ahora, hay paisajes que te invitan a recorrerlos con paciencia, sobre todo paisajes de costa. En el extremo occidental de Mainland hay un paseo que te lleva por acantilados de película en la zona de **Yesnaby**. Nada tienen que envidiar a los famosos acantilados de Moher en Irlanda, pero una vez más, el llamamiento turístico es nulo en cuanto a publicidad. En un día normal puedes ver algún senderista local caminando por allí, pero por lo general no verás grandes autobuses procedentes de los cruceros, que en las pocas horas de las que disponen, se dedican a recorrer los vestigios arqueológicos y poco más.

Aunque también las encontrarás en otros archipiélagos como en las Hébridas, las **"Honesty Boxes"** en Orcadas son muy comunes. Una honesty box es un pequeño sistema de venta basado en la confianza. En vez de haber una persona cobrando, la mercancía se deja expuesto junto a una caja donde el comprador deposita el dinero correspondiente. Cada uno de los productos tiene su precio y suele haber monedas y billetes por si se necesita cambio (en algunas, incluso datáfono para pagar con tarjeta). Y las hay de muchos tipos: huevos frescos, repostería casera, artesanía, lácteos, etc. Funciona porque la comunidad comparte una cultura de respeto y la confianza va en las dos direcciones. Suelen estar cerca de la carretera y algunas están muy elaboradas con ornamentos para llamar la atención. Mi consejo es parar en todas las que veas porque siempre puedes encontrar algo curioso y comprar en ellas es ayudar a los vecinos que suelen hacer las cosas con mucho cariño.

Y en este sentido, otro alto en el camino que resulta muy curioso es *Betty's Reading Room*, una casita abierta veinticuatro horas al día en el puerto de Tingwall (de paso necesario si quieres cruzar a la isla de Rousay). Allí podrás encontrar una biblioteca con sofás y una mesa. Es un memorial a Betty Proctor, una profesora muy querida en los alrededores y una apasionada a la lectura.

En el apartado gastronómico, los orcadianos elaboran uno de los salmones ahumados más reconocidos de Escocia. En mis circuitos suelo mostrar el proceso en una fábrica local gestionada por una familia que lleva más de cuatro generaciones dedicada a este oficio. Su ahumadero se encuentra en Kirkwall, dentro de un antiguo búnker antibombas construido en la Primera Guerra Mundial y adaptado después de la Segunda para uso civil.

Tanto el salmón ahumado tradicional como el que ahúman en caliente, se pueden encontrar en tiendas locales y en restaurantes y lo cierto es que no probarás ninguno igual fuera de Orcadas. También el queso que producen allí y las galletas saladas de avena son populares y se venden incluso en Edimburgo, algunas veces como productos gourmet.

La elaboración de cerveza artesanal y whisky tiene su hueco. En cuanto a cerveza, la fábrica local más conocida es Orkney Brewery con un rango amplio y variado de pale ale e IPA. Sus cervezas se encuentran en cualquier punto de Escocia. Y con el whisky ocurre algo similar con sus dos destilerías, Scapa y Highland Park.

Aunque hay islas que puedes visitar sin necesidad de ferry, gracias a las barreras de Churchill, el norte está plagado de pequeñas comunidades aisladas a las que puedes navegar si dispones de tiempo. Como curiosidad, el vuelo comercial más corto en cualquier país se da en dos de estas islas, conectando los 2,7 km que separan Westray de Papa Westray en cincuenta y seis segundos.

Mi recomendación para tomar algo rápido en Kirkwall es para el Helgi's, un pub cerca del puerto con decoración vikinga. Y si buscas algo más formal y moderno tienes, no muy lejos de allí, el restaurante Twenty One.

Capítulo 28. Las islas Shetland

Más al norte que las Orcadas, las islas Shetland forman un archipiélago remoto en el extremo nororiental de Escocia, tan al norte que están más cerca de Bergen que de Edimburgo. Son alrededor de un centenar de islas y aunque solo una quincena está habitada, se reparten en un territorio amplio y muy abierto al mar. Viven aquí algo más de veinte mil personas y muchas lo hacen en Lerwick y sus alrededores, la pequeña capital, que además es el centro administrativo del archipiélago.

El paisaje es en esencia costero. Acantilados que caen directamente al mar, playas de pequeños guijarros, amplias extensiones de páramo y turba y una sensación constante de inmensidad. Apenas hay árboles y el horizonte suele estar dominado por el cielo y el agua. Esa combinación de amplitud y mar aporta una serenidad muy común en las islas del norte.

El clima está suavizado por el océano y por la corriente del golfo de México, lo que evita temperaturas extremas incluso en invierno, pero el viento hace que el clima sea muy cambiante. Los vientos son casi una constante y la lluvia aparece con frecuencia, a menudo varias veces en un mismo día. No es raro que el tiempo evolucione en cuestión de minutos, alternando claros con niebla y chubascos. En verano, en cambio, la luz se alarga hasta el límite y en meses como junio y julio apenas anochece.

Piensa que solo el hecho de llegar a las Shetland es toda una experiencia ya que solo puedes acceder por mar o por aire. El ferry nocturno desde Aberdeen, incluyendo camarote, es casi un ritual para muchos viajeros. Despertar al amanecer y ver aparecer Lerwick entre colinas verdes y casas de piedra oscura deja una impresión difícil de olvidar. El avión desde las principales ciudades es más rápido, pero yo prefiero sin duda el viaje en barco desde Aberdeen porque puedes percibir desde el principio el aislamiento de estas islas remotas.

Por su ubicación y su carácter, Shetland no es un destino de turismo masivo y esto es muy positivo. Suele atraer a viajeros curiosos, interesados en la naturaleza y en las historias que tienen que ver con el imaginario nórdico. Hay quienes llegan por la fauna marina, por las aves o por los paisajes costeros, pero lo mejor es la sensación de estar en un sitio diferente. Otros vienen empujados por la literatura, las series de televisión como "Shetland" o por el festival del Up Helly Aa. En cualquier caso, las Shetland son quizá uno de mis rincones favoritos de Escocia.

Historia del archipiélago

Estas islas miraron en la antigüedad más hacia el norte que hacia el sur. Fue alrededor del siglo IX cuando los vikingos llegaron hasta aquí y se establecieron. Vinieron para quedarse, sin limitarse a pasar de largo ni a construir asentamientos temporales. Desde entonces y durante casi seiscientos años, las Shetland formaron parte del mundo nórdico, primero bajo control noruego y después danés. Basta con fijarse en los nombres de las aldeas, en muchas tradiciones o en la mentalidad de las personas que viven allí para darse cuenta de que Escandinavia nunca estuvo lejos.

En todo ese tiempo, las islas se regían por leyes de origen nórdico y se hablaba un idioma propio, el norn, que no desapareció del todo hasta bien entrado el siglo XVIII. Cuando recorres las Shetland hoy, es fácil entender por qué su identidad es tan distinta. Su legado es la consecuencia de siglos de aislamiento y de una historia que discurrió por otros caminos distintos a los de la Escocia de Gran Bretaña.

El paso a manos escocesas se produjo por una combinación de diplomacia y problemas económicos. En 1469, el rey Cristián I de Dinamarca y Noruega acordó casar a su hija con Jacobo III de Escocia. Como no pudo pagar la dote prometida, ofreció las Orcadas y las Shetland como garantía. La intención era recuperarlas más adelante, pero el dinero nunca llegó y las islas quedaron al final incorporadas permanentemente a la Corona escocesa. Este momento es clave porque marca el inicio de una relación que nunca ha sido del todo sencilla. Pasaron décadas, e incluso siglos, y las Shetland siguieron funcionando de manera diferente al resto de Escocia. Incluso después de la anexión, las antiguas leyes nórdicas siguieron aplicándose antes de ser sustituidas por el sistema legal escocés, así que ese cambio político no borró de golpe la identidad anterior. Las islas siguieron siendo remotas y difíciles de alcanzar. Esa distancia reforzó un carácter propio muy especial y se nota cuando hablo con gente local, algo que he hecho muchas veces, y es habitual que se definan primero como shetlanders y solo después como escoceses. Para ellos es más una cuestión cultural que política. Aquí no encontrarás tantos kilts ni gaitas como símbolos predominantes (aunque los hay). Tienen una forma de vida muy particular, conectada al mar y al trabajo con la lana. Su esencia aparece en los curiosos ponis de las islas y en los jerséis tradicionales que siguen presentes en su cultura.

Las Shetland también jugaron un papel importante en el siglo XX. Durante la Primera Guerra Mundial, su puerto principal también se convirtió en un elemento fundamental para los convoyes del Atlántico Norte, y el impacto humano fue enorme para una comunidad tan pequeña. En la Segunda Guerra Mundial, su posición estratégica volvió a ser decisiva. Tras la ocupación alemana de Noruega, las islas se convirtieron en base de operaciones para una de las historias más insólitas del conflicto. El llamado "Shetland Bus" fue una red clandestina de barcos que cruzaban el mar para llevar agentes, armas y suministros a la resistencia noruega y evacuar a quienes huían del régimen nazi. Navegar esas aguas en invierno, de noche y esquivando patrullas alemanas era una auténtica prueba de supervivencia. Esa historia pertenece al orgullo local y explica la buena relación que aún existe entre Shetland y Noruega.

El otro gran punto de inflexión llegó en los años setenta con el descubrimiento de petróleo en el mar del Norte. La construcción de la terminal de Sullom Voe transformó por completo la economía del archipiélago. De repente, uno de los puntos más remotos del Reino Unido se convirtió en una pieza clave del suministro energético británico. Y a diferencia de lo ocurrido en otros sitios, aquí se tomó la importante decisión de que los ingresos generados por el petróleo se canalizarían hacia un fondo comunitario que todavía en el presente financia infraestructuras locales. Esa gestión explica en buena medida por qué las Shetland, pese a su aislamiento, tienen una calidad de vida notable y unas de las mejores redes de carreteras de toda la geografía escocesa.

Hoy, las islas viven entre ese pasado vikingo ancestral y la huella del petróleo más contemporánea. Definirlas como un museo al aire libre o un decorado de paisajes bonitos sería quedarse muy corto. Más bien, yo diría que son un reducto con problemas y contradicciones, pero también con una coherencia que cuesta encontrar en otras regiones escocesas. Cada vez que regreso, tengo la sensación de que aquí las cosas siguen ocurriendo a su propio ritmo, al margen de modas y de prisas. Y quizá por eso, para quien las visita con tiempo y curiosidad, las Shetland no se olvidan nunca.

Lugares de interés

En la punta meridional de la isla principal (también conocida como Mainland aquí) se encuentra el **faro de Sumburgh** sobre un gran acantilado de roca negra. Tras más de dos siglos guiando a los barcos que navegan por estas aguas rebeldes, actualmente está automatizado y en él puedes encontrar un centro de interpretación. Toda la costa sirve también como observatorio de aves marinas y es zona de paso en la ruta migratoria de muchas especies de ballenas.

Muy cerca tienes otra visita que no puedes pasar por alto a uno de los yacimientos más relevantes y completos en **Jarlshof**.

La importancia de este antiguo asentamiento radica en que fue una comunidad permanente durante más de cuatro mil años consecutivos, así que puedes ver, en un mismo lugar, restos prehistóricos, casas de la Edad del Bronce, estructuras de la época picta y langhús vikingos.

Y si hemos hablado de los brochs en otros capítulos, aquí debo destacar el **Broch of Mousa** por ser la torre prehistórica mejor conservada de Escocia, construida en la Edad del Hierro hace más de dos mil años. Su estructura circular de piedra alcanza unos trece metros de altura y conserva escaleras interiores. Se encuentra en la pequeña isla de Mousa, al este de Mainland y para visitarlo hay que usar por fuerza una pequeña embarcación organizada desde Sandwick o Leebitton, ya que no existe ferry regular.

Como uno de los paisajes más bonitos te recomiendo el **tómbolo de St Ninian's**, una franja natural de arena que une la isla con Mainland. A ambos lados se abren playas amplias de arena blanca que contrastan con el paisaje más abrupto del entorno. Es uno de los pocos tómbolos activos del Reino Unido y cambia sutilmente con el viento y las mareas.

Del mismo modo que ocurre en Hébridas y Orcadas, verás que las Shetland están formadas por pequeñas islas en las que viven comunidades sencillas. Cruzar a **Trondra** y **Burra** es fácil porque puedes hacerlo por carretera a través de sus puentes. El paisaje bien merece el cruce con vistas a la costa de la isla principal y playas de arena fina en las que es habitual avistar focas junto a ovejas. Para llegar al resto, el gobierno de Shetland opera una red pública de ferries interinsulares con precios muy bajos y distancias cortas. Si conduces hacia el norte, llegarás a la terminal de Toft, donde un ferry te permitirá el cruce a **Yell**. Allí verás por todos lados los curiosos ponies autóctonos, con su pequeño tamaño y su larga crin, son los auténticos protagonistas del paisaje. Más al norte se encuentra **Unst**, la última de las islas, en la que aparece **el castillo de Muness**. Esta es la última fortificación al norte de Escocia y aunque se trata de unas ruinas, su estado de conservación es excelente.

También en Unst puedes visitar el **Unst Viking Project**, una reconstrucción a escala real de un langhús vikingo. El edificio se levantó siguiendo técnicas tradicionales, utilizando material similar al del periodo nórdico. Se hizo dentro de un proyecto educativo que explica la presencia vikinga en Shetland y justo al lado puedes embarcar en la reproducción de un drakar a tamaño real que no deja indiferente a nadie.

Mi última recomendación para almorzar es precisamente en el último fish and chips al norte de la geografía escocesa, el Frankie's Fish and Chips, que se encuentra en el pequeño pueblo de Brae y solo utiliza pescado fresco para sus frituras. Destacan también los mejillones autóctonos tan famosos y su manera de prepararlos con distintas salsas como la marinera o su famosa "blue cheese and bacon".

Para terminar, quiero aclarar que todas las recomendaciones de restauración que aparecen en el libro responden a lo que considero que tiene sentido dentro de un viaje. Son establecimientos que conozco por haber trabajado con ellos o por haber estado a nivel personal. No hay acuerdos detrás, solo mi opinión sincera que espero que te resulte útil.

Agradecimientos

Si has llegado hasta aquí, gracias de verdad. Por leer, por confiar y por dejar que tu viaje a Escocia empiece con Diana y conmigo. Este libro se ha escrito a fuego lento, a base de millas, de libretas abiertas en cafeterías, de volver a lugares que ya conocíamos para mirarlos otra vez con ojos nuevos y de muchas horas intentando ordenar todo lo que queríamos contar. También descartando cosas para evitar hacer de esto una enciclopedia. No hemos hablado de los unicornios a propósito, para que al menos te sorprendas con algo cuando vengas.

Decían algunos que no tenía sentido una "guía de viajes" sin una sola foto. Nosotros pensamos que lo mejor es que las fotos las hagas tú. Aquí.

Gracias a Escocia por lo que nos ha dado.

Y gracias doblemente si eres de los que llevas más de un año esperando desde que solté aquello de "estoy escribiendo un libro". En ese tiempo el podcast se quedó en silencio, las preguntas de "¿cómo va?" se convirtieron en banda sonora y mi respuesta habitual siempre fue "ya queda menos". De corazón, espero que la espera haya valido la pena.

Gracias a Cassandra Scott, por lanzarse a leer el primer borrador y decirnos con ojos escoceses lo que funcionaba y lo que no.

A Sara García, gran devoradora de libros, por leerlo y darnos su opinión desde la perspectiva de quien aún no conoce Escocia ni ha estado nunca aquí (de momento…)

Y a nuestra querida Ana Barrera de Lovely Scotland, por adentrarse en él la última y poner orden como solo lo hace alguien que vive entre libros.

A Marcos, de W de Whisky, por evitar que en el capítulo 12 escribiera alguna herejía imperdonable.

A Almudena, de Forastera en Escocia, por su constancia y su "¿cómo va el libro?", que ha sido una mezcla perfecta de presión y cariño, además de ese toque de atención constante de que había que terminarlo.

A Carlos, de Somos Escocia, por estar siempre, en los días buenos y en los de replanteárselo todo.

Y a José, por su mirada crítica y por esa forma suya de aterrizar cualquier idea en la realidad.

Cuando tienes cerca a gente así, todo se vuelve más fácil.

Gracias, por último, a todos los compañeros de profesión que cada día salís a enseñar Escocia (con lluvia horizontal y viento, o con ese sol que dura lo justo para hacer una foto) y conseguís que quienes vienen se lleven a casa algo más que un viaje.

Y a ti, otra vez, por estar al otro lado.

Porque ya lo sabes…
Escocia es así. **Escocia te atrapa.**

Sobre los autores

Andrés Val Parras (Valencia, 1979) llegó a Escocia en junio de 2013. Con el tiempo comenzó a trabajar como guía, una actividad que desarrolla desde hace nueve años acompañando a viajeros por distintas regiones de Escocia. Es fundador de Mundo Escocia Tours ltd, un proyecto dedicado a organizar viajes y rutas por el territorio. De forma paralela desarrolla otras iniciativas relacionadas con la divulgación y la interpretación cultural.
Instagram: @escocia_sin_limites

Diana García Palacios (Madrid, 1981) es historiadora del arte, licenciada por la Universidad Autónoma de Madrid. Desde muy joven sintió una fuerte atracción por la historia, las leyendas y los paisajes escoceses. Con el tiempo, gracias a su formación y experiencia en distintas instituciones culturales ha podido acercarse con mayor profundidad a su patrimonio artístico. En la actualidad también comparte esa pasión divulgando y comentando distintos aspectos del arte y la cultura en Escocia.
Instagram: @arte.escoces

Tus anotaciones

www.ingramcontent.com/pod-product-compliance
Lightning Source LLC
LaVergne TN
LVHW020703110826
845149LV00012B/2093

* 9 7 8 1 0 3 6 9 6 0 5 6 8 *